Ein Spiel, sie zu knechten,
Sie ewig zu binden,
Ans Brett sie zu fesseln,
Den Mattzug zu finden.

Ein Spiel für sie alle,
Ob König, ob Dirne,
Für Alte und Kinder
Mit Grips in der Birne.

Ein Spiel um zu lernen
Und um zu verstehen –
Und trotzdem so spannend
Wie Krimis zu sehen.

Jörg Hilbert hat als Autor und Zeichner zahlreiche Bücher veröffentlicht. Bekannt wurde er unter anderem durch *Fritz und Fertig* sowie durch seine *Ritter Rost* Kinderbuchmusicals (Musik: Felix Janosa). In ihrer Theaterfassung gehören sie zu den beliebtesten Kinderstücken im deutschsprachigen Raum. Auch in der *Sendung mit der Maus* tritt der Ritter Rost mittlerweile auf. Jörg Hilbert ist mit einer Pianistin verheiratet, hat zwei Kinder und lebt im Ruhrgebiet.

Björn Lengwenus arbeitet als Lehrer in Hamburg. Neben seiner umfangreichen Tätigkeit als Jugend-Schachtrainer hat er mehrere CD-ROMs zu Themenbereichen wie etwa der Eröffnung veröffentlicht. Zusammen mit Jörg Hilbert hat er außerdem die vielfach preisgekrönte Kindersoftware *Fritz und Fertig – Schach lernen für Kinder* konzipiert, die auf dem weltweit bekannten Schachprogramm *Fritz* basiert und mittlerweile in über zwanzig Ländern erschienen ist.

Genehmigte Lizenzausgabe für Impian GmbH, Hamburg, 2019

Schachdidaktisches Konzept: Björn Lengwenus
Erzähltext, Illustrationen, Diagramme, Layout und Gesamtgestaltung: Jörg Hilbert
Lektorat: Sabine Brügel-Fritzen, Schachredaktion: Pascal Simon

Umschlaggestaltung: Nele Schütz Design unter Verwendung von Motiven von Jörg Hilbert
Druck und Bindung: UAB BALTO print
Printed in Lithuania

ISBN 978-3-96269-052-6

www.impian.de

JÖRG HILBERT BJÖRN LENGWENUS

Wie Geht SCHACH?

impian

Inhalt

Teil 1 – Die Figuren

Teil 2 – Das Trainingslager

Teil 3 – Das Duell

Teil 4 – Dieses und jenes

Teil 1
Die Figuren

Beruf: König

König zu sein ist gar kein schlechter Beruf: Man ist sein eigener Chef, lebt in einem Schloss mit Hofangestellten und wenn man mal Geld braucht, erhöht man die Steuern. Doch leider sind Arbeitsstellen für Könige heutzutage ziemlich rar und so verwundert es nicht, dass viele von ihnen diesen schönen Beruf an den Nagel hängen um stattdessen einen anderen zu erlernen: Tortenbäcker etwa. Oder Malermeister.

Früher hatten es die Könige da leichter. Damals dachte man noch, die Welt sei ein großer quadratischer Obstkuchen und ungefähr so flach wie Omas Kuchenblech. Und so teilte man sie einfach auf in lauter kleine Stückchen, bis jeder König sein eigenes hatte. »Lieber kurz und klein, doch mein«, pflegten sie zu sagen, »als ein Tortenbäcker sein«, denn Tortenbäcker müssen früh aufstehen, und das machen Könige nicht gern.

Hauptsache, das Landstück war groß genug um ein Schloss darauf zu errichten. Ein ordentliches Schloss solltest du als König nämlich schon haben, sonst merken die anderen Leute womöglich gar nicht, dass du einer bist. Also ließen sich die Könige dieser Welt allesamt prachtvolle Herrschaftssitze errichten und bunt streichen, damit man sie nicht verwechselte:

König Brauns Schloss wurde schokoladenfarben angemalt, damit man es nicht für das von König Grün hielt.

König Grün ließ sich ein froschfarbenes Schloss anfertigen, damit man nicht denken konnte, es gehöre König Banane.

König Banane und seine Frau ließen ihr Schloss hingegen mit einem honiggelben Außenanstrich versehen, denn Gelb war ihre Lieblingsfarbe. Doch gerade als man dazu übergehen wollte, die Innenräume zu tapezieren, brachen jene schrecklichen Tortenkriege aus, von denen später noch die Rede sein soll. Und weil die verängstigten Malermeister lieber zu Hause blieben, musste König Banane das Tapezieren selber übernehmen.

Doch so geschickt Könige in ihrem außergewöhnlichen Beruf auch sein mögen – in den kleinen, ganz alltäglichen Dingen sind sie leider manchmal ein bisschen dullidulli. Jedenfalls ist nur so zu erklären, dass König Banane die Wände nicht mit Tapeten beklebte, sondern mit leuchtend gelben Bananenschalen, und dies auch noch für eine ausgezeichnete Idee hielt. Doch schon bald begannen diese Schalen zu faulen und zu riechen, bis sie schließlich derartig stanken, dass das schöne neue Schloss gleich wieder abgerissen werden musste.

Auf den Ruinen saß König Banane und fand, dass einzig und allein die Tortenkriege Schuld an seinem Scheitern waren. Und damit dies niemals wieder geschehen konnte, beschloss er in einer Mischung aus Rache, schlechtem Gewissen und gutem Willen, etwas gegen diese Sauerei zu unternehmen.

Aber auch davon später mehr, denn zunächst soll die Rede von König Weiß sein.

König Weiß

Das Land von König Weiß lag am Knusperrand der damals bekannten Kuchenblechwelt. Dahinter kam nur noch Wasser. Und was hinter dem Wasser kam, wusste man nicht so genau.

Mitten in diesem Land nun hatte König Weiß der Erste in der Zeit vor den Tortenkriegen ein hübsches Schloss errichten lassen, in dem inzwischen sein Sohn, König Weiß der Zweite, residierte. Alles hier war weiß: die Wände, die Möbel, die Fensterläden, die Türen, die Säulen, die Vorhänge und sogar die Mäuse auf dem Dachboden.

In diesem schönen weißen Schloss nun saß König Weiß der Zweite eines schönen Morgens in seinem schönen weißen Mantel neben seiner schönen weißen Gattin auf seinem schönen weißen Thron und klagte: »Weiß, weiß, weißer geht's nicht. Ich weiß nicht, aber irgendwie möchte ich dieses ewige Weiß einfach mal für eine Weile nicht mehr sehen.«

»Verständlich«, sagte die Königin. »Wir könnten ja mal zu König Bunt und seiner Gattin rübergehen und Hallo sagen.«

»Nicht schon wieder«, stöhnte der König. »Außerdem gehe ich jede Wette ein, dass König Bunt sowieso wieder zum Mittagessen bei uns auftaucht.«

»Wie wär's stattdessen mit einem kleinen Privatduell zur Aufmunterung?«, fragte die Königin. »König Grün hätte ganz sicher Lust. Er hat mich erst neulich wieder gefragt, ob du nicht …«

»Du weißt doch ganz genau, dass ich außer Übung bin«, unterbrach sie ihr Gatte mürrisch.

»Du müsstest halt mal wieder ein bisschen trainieren.«

»Verzichte.«

»Oder wollen wir ein paar Tage Urlaub am Meer machen?«

»Wollen schon. Aber als König kann ich unmöglich weg. Das Land will schließlich regiert sein.«

»Du könntest dich doch vertreten lassen.«

»Von wem denn – von König Schlabberlatz etwa? Oh nein, einen mit seinen Manieren möchte ich nicht im Haus haben. König Blau hat gerade Ärger mit den Taschengeldforderungen seiner Tochter, wie man hört. König Rot bekommt sicher wieder keine Erlaubnis von seiner Frau. Und König Bunt ist auch keine gute Idee, sonst ist die Speisekammer nämlich wieder leer, wenn wir zurückkommen.«

»Ich dachte da eher an unseren Sohn«, entgegnete die Königin. »Schließlich ist er alt genug und irgendwann wird er ohnehin König Weiß der Dritte sein. Außerdem ist ja seine Kusine Bianca gerade zu Besuch, die kann ihm helfen.«

Fritz, das war der Prinz des Landes – ein kluger, freundlicher Junge und der Liebling aller älteren Tanten, die ihm eine glänzende Zukunft als Schwiegersohn voraussagten. Vorausgesetzt allerdings, er würde seine Schüchternheit noch ablegen, denn Fritz war eher von der vorsichtigen Sorte.

Seine Kusine Bianca war ganz anders: unordentlich, voller Tatendrang und mit einem ziemlich vorlauten Mundwerk ausgestattet. Galt es etwas auszuprobieren, war sie die Erste, die sich draufstürzte und wenn wohlmeinende Erwachsene darauf hinwiesen, dass das vielleicht nicht besonders klug sei, machte sie es extra.

»Meint ihr wirklich, dass ihr mich vertreten könnt?«, fragte König Weiß die beiden. »Immerhin ist es eine große Verantwortung, Ersatzkönig zu sein.«

»Natürlich können wir das«, sagte Bianca. »Wir sind doch keine Babys mehr.«

»Nun gut. Eigentlich kann ja auch nicht viel passieren, solange ihr hier keinen Unsinn anstellt …«

»Wir stellen hier keinen Unsinn an«, versprach Fritz.

»… und euch dreimal täglich die Zähne putzt.«

»Wenn's unbedingt sein muss«, murrte Bianca.

»… und vor dem Essen die Hände wascht.«

»Auch das noch!«

»… und solange ihr keine Tortenschlachten macht.«

»Warum eigentlich nicht?«

»… und, ganz wichtig«, König Weiß erhob mahnend den Zeigefinger, »hütet euch vor König Schwarz! Er ist tückisch. Man weiß nie, ob er vielleicht …«

»Können wir jetzt?«, unterbrach ihn seine Frau ungeduldig.

»Äh … ja«, sagte ihr Gatte, »wir können.«

Und dann machten sich die beiden auf in den Urlaub.

Ladung zum Duell

Bianca schwang sich erst mal auf den Thron.
»Und?«, fragte sie, »wie fühlt sich mein lieber Herr Cousin denn so als Ersatzkönig?«

»Mittelgut bis halbschlecht«, antwortete Fritz. »Ist jedenfalls ein komisches Gefühl, plötzlich den Job des eigenen Vaters zu machen. Ich hoffe nur, es wird nicht so schwierig.«

»Also ich find's einfach großartig, Chef zu sein«, erklärte Bianca, während sie lässig die Beine über die Armlehne schwang. »Und was soll denn überhaupt schwierig daran sein? Als König kannst du machen, was du willst – fertig. Wie wär's zum Beispiel mit einer kleinen Tortenschlacht gegen König Schlabberlatz? Oder einer großen?«

»Bloß nicht!«, rief Fritz erschrocken. »Wir haben hoch und heilig versprochen, dass wir keinen Unsinn machen.«

»Das ist doch kein Unsinn«, widersprach Bianca. »Das ist hochwichtige Regierungsarbeit. Ein König darf da nicht so zimperlich sein.«

»Wir machen es trotzdem nicht!«

»Alter Langweiler!«

In diesem Augenblick ertönte ein Trompetensignal.

Das Tor tat sich auf und ein hochnäsiger Herr in Uniform und mit kühn geschwungenem Hut trat ein.

»Was'n das für'n schnöseliger Heini?«, fragte Bianca.

»Ein Herold«, sagte Fritz. »Was der zu sagen hat, ist meistens ziemlich wichtig!«

Der Ankömmling stellte sich räuspernd in Position und verbeugte sich steif. Dann holte er eine Schriftrolle hervor und las in salbungsvollem Ton:

»Hört ihr Leut' und lasst euch sagen:
König Weiß wird aufgetragen:
Sich von allem loszuwinden
Und zum Kampf sich einzufinden.

König Schwarz ist's, der natürlich
Nutzt der Stunde Gunst gebührlich:
Und er fordert zum Duelle
König Weiß an dieser Stelle.

Zur Arena komm Er bitte
Eilig und mit schnellem Schritte.
Alles andre gilt hier nicht –
Diese Forderung ist Pflicht!«

Dann rollte er seine Schriftrolle wieder zusammen, verbeugte sich erneut und stakste gestelzten Schritts von dannen.

»*Was* wollte der jetzt genau, der Herold-Heini?«, fragte Bianca verständnislos.

»Weiß ich auch nicht genau«, sagte Fritz achselzuckend. »Ich habe nur verstanden, dass ich zu irgend so einem Duell mit König Schwarz in eine Arena kommen soll.«

»Das ist doch dieser Typ, vor dem uns dein Vater gewarnt hat. Was ist denn so ein Duell überhaupt?«

»Ich weiß nur, dass mein Vater Duelle nicht besonders mag.«

»Und diese Arena? Wo ist die?«

»Woher soll denn ich das wissen? Ist mir aber auch egal, ich geh sowieso nicht hin.«

»Aber du *musst* – hat doch der Herr Herold extra gesagt: Eilig und mit schnellem Schritte, ab durch die Mitte, oder so ähnlich.

Jetzt guck doch nicht so! Vielleicht wird's ja auch ganz lustig.«

»Wir können ja mal König Bunt fragen, ob er weiß, wo diese Arena ist«, schlug Fritz vor. »Dann gehen wir kurz hin und sagen König Schwarz, dass er mit dem Duell warten soll, bis meine Eltern zurück sind.«

König Bunt

Vom weißen Schloss bis zum Land von König Bunt war es nur ein Spaziergang. Doch kaum waren Fritz und Bianca losgegangen, da kam er ihnen auch schon entgegen, um sich im Schloss von König Weiß zu einem zweiten Frühstück inklusive Mittagessen mit Kaffeetrinken und anschließendem Abendbrot einzuladen.

»Hallo, ihr beiden«, begrüßte er sie, »wohin so eilig?«

»Wir suchen so eine Arena«, sagte Fritz. »Sie kennen nicht zufällig eine?«

»Und ob ich eine kenne. Aber was wollt ihr denn dort?«

»Seine Eltern sind doch im Urlaub«, ergriff Bianca das Wort. »Wir führen derweil die Regierungsgeschäfte, sitzen huldvoll auf dem Thron und planen superwichtige Tortenschlachten. Vorhin hat Fritz sogar eine Einladung zu seinem persönlichen Arenaduell gegen König Schwarz bekommen. Na, was sagen Sie jetzt?«

König Bunt sagte gar nichts, doch er sah ziemlich erschrocken aus.

»Ist das denn was Schlimmes?«

»Oh ja, allerdings! Das heißt: nein, nicht wirklich. Man kann sich bei einem Königsduell nicht wehtun, wenn du das meinst. Allerdings ist es eine Frage der Ehre, daran teilzunehmen.

Und es muss leider auch gesagt werden, dass König Schwarz ein vorzüglicher Duellant ist. So viel ich weiß war der Letzte, der ihn besiegen konnte, König Weiß der Erste – dein seliger Großvater, Fritz. Es war ein großartiger Kampf! Alles sah danach aus, dass König Schwarz gewinnen würde. Tatsächlich war er auch kurz davor. Aber der Eifer hat ihn blind gemacht, so dass er den heimlichen Plan deines Großvaters glatt übersah.«

»Klingt spannend«, fand Bianca.

»In der Arena ist es immer spannend«, bestätigte König Bunt, »denn im Publikum wird auch Torte verkauft und man weiß nie, ob man ein Stückchen abbekommt. König Schwarz dürfte so etwas allerdings egal sein, denn er will sich immer nur duellieren um allen zu zeigen, dass er der Beste ist. Offenbar hat er nur darauf gewartet, dass ein Kind auf dem Thron sitzt, um Rache für damals zu üben – Rache am weißen Königshaus.«

»Und ich darf es jetzt ausbaden«, stöhnte Fritz.

»Du könntest dich ja krankmelden«, schlug Bianca vor. »Ich male dir auch rote Punkte ins Gesicht.«

»Solche Ausreden werden leider nicht akzeptiert«, entgegnete König Bunt. »Wer zum Königsduell gefordert wird, muss noch am selben Abend in der Arena antreten, ob's ihm gefällt oder nicht. Andernfalls gilt er als ehrlos. Tut mir Leid, aber das ist nun mal königliche Tradition und die gilt für euch beide genauso wie für mich und alle anderen.«

»Wieso für *uns beide?*«, wunderte sich Bianca. »Ich denke, das Duell ist allein Fritz' Sache und ich schau Torte essend zu, wie er von König Schwarz eins auf den Deckel kriegt.«

König Bunt blickte die beiden kopfschüttelnd an und sprach: »Kann es sein, dass ihr nicht den blassesten Schimmer habt, wie so ein Duell abläuft?«

»Kann gut sein«, sagte Fritz. »Ich nehme an, wir müssen da schießen, fechten oder Karate machen.«

»Also, ich kann sensationell gut boxen«, bemerkte Bianca und trommelte zum Beweis auf König Bunts dickem Bauch herum.

»He, da kriege ich Hunger von«, lachte der und schob Bianca von sich. »Nicht, dass ich besonders viel Ahnung davon hätte, aber so viel kann ich sagen: Schießen und Boxen sind unnötig. Es handelt sich eher um eine Mischung aus Fußball, Mensch-ärgere-dich-nicht, Halma und Schiffeversenken. So ähnlich wie beim Fußball stehen sich dabei zwei Mannschaften gegenüber, allerdings nicht mit elf Spielern, sondern mit sechzehn. Eine ist weiß und eine in der Regel schwarz, was aber nicht weiter schlimm ist, solange du nicht König Schwarz persönlich bist. Das Spielfeld ist ähnlich wie beim Schiffeversenken in acht mal acht Quadrate aufgeteilt.« 1

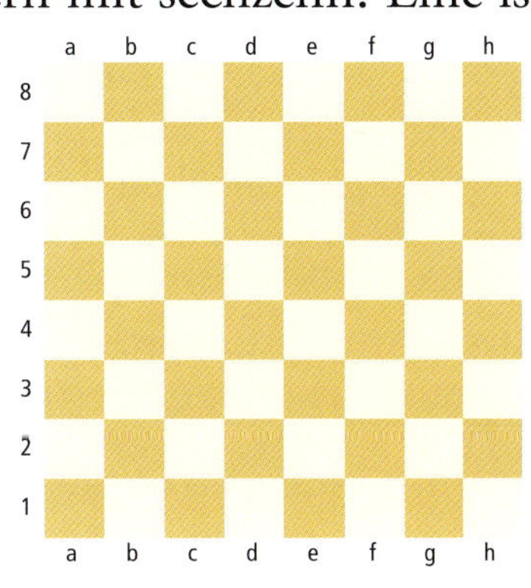

1

»Also, so ungefähr ziemlich genau neunundvierzig«, bemerkte Bianca.

»Quatsch, das sind doch vierundsechzig«, verbesserte Fritz.

»Jedes dieser Felder hat seinen eigenen Namen«, fuhr König Bunt fort. »Das in der Ecke unten links zum Beispiel ist immer dunkel und heißt a1. Das Feld e4 ist eher in der Mitte und h8 ist oben rechts. Darauf stehen wie beim Halma Figuren, die du wie beim Mensch-ärgere-dich-nicht schlagen kannst.«

»Ist ja pipi«, sagte Bianca. »Also, Würfel raus und los geht's.«

»Oh ja, würfeln wäre schön«, seufzte König Bunt. »Doch leider ist so ein Königsduell kein Glücksspiel. Es kommt vielmehr darauf an, was man im Kopf hat – und ich hab's halt leider mehr im Bauch. Nein, beim Königsduell ist man immer abwechselnd mit einem Zug dran. Und Weiß fängt grundsätzlich an.«

Bianca rieb sich die Hände und sagte: »Da kann sich König Schwarz aber ganz schön auf was gefasst machen, jetzt, wo wir wissen, wie es geht.«

»Nicht so voreilig, junge Dame«, entgegnete König Bunt. »Zunächst müsst ihr die wichtigsten Regeln kennen lernen. Darüber hinaus gibt es ein paar andere Dinge, die ihr wissen solltet: Wie beginne ich zum Beispiel ein Duell am klügsten? Wie gewinne ich es? Wie trickse ich meinen Gegner aus? Aber solche Fragen solltet ihr lieber jemandem stellen, der ein bisschen mehr von der Sache versteht als ich. Am besten, ihr stattet der Muckibude für Hirngymnastik noch einen Besuch ab, bevor es losgeht. Könnte sein, dass das was bringt.«

»Der *was für'n Ding?*«, fragte Bianca verständnislos.

»Die Muckibude für Hirngymnastik sollt ihr besuchen. Das ist so eine Art Trainingslager für angehende Duellanten. Sie befindet sich übrigens direkt neben der Arena, zu der ihr wollt. Kommt, ich führe euch hin und esse einfach unterwegs. Hier kriege ich ja doch nichts.«

Gripstraining 1: Das Spielfeld

Frage 1
Wie heißen diese Felder?

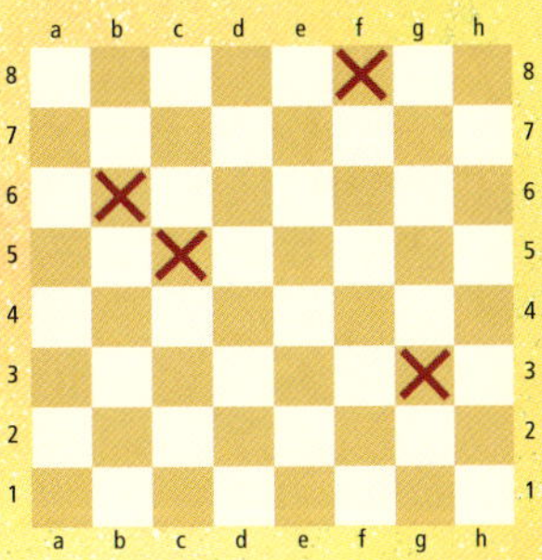

Sie heißen b6, c5, f8 und g3.

Frage 2
Eine Schätz-Aufgabe

Das Spielfeld ist selber ein Quadrat und besteht aus vierundsechzig Quadraten. Diese lassen sich, wie im Beispiel unten zu sehen, aber auch zu vielen anderen Quadraten zusammenstellen. Wie viele verschiedene Quadrate sind es insgesamt?

a) 144 Quadrate
b) 204 Quadrate
c) 256 Quadrate
d) 1066 Quadrate

Die richtige Antwort ist b.

Gripstraining zu zweit:
Schaf und Wolf

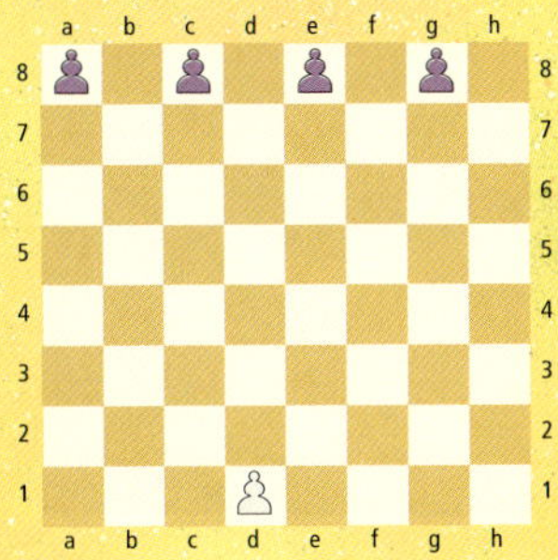

Dieses Spiel wird nur auf den weißen Feldern des Spielfeldes gespielt. Dazu benötigt man eine weiße Figur und vier von der anderen Farbe. Diese stellt man so auf, wie hier abgebildet (Weiß auf d1, Lila auf a8, c8, e8 und g8).
Die dunklen Figuren sind die jagenden Wölfe, die weiße Figur ist das fliehende Schaf.

Alle Figuren dürfen jeweils einen Schritt diagonal vorwärts ziehen – das Schaf darf zusätzlich rückwärts gehen. Das Schaf gewinnt, wenn es die gegnerische Grundreihe erreicht. Gelingt es den Wölfen, das Schaf zuvor so einzukesseln, dass es sich nicht mehr bewegen kann, so haben die Wölfe gewonnen. Das Schaf hat den ersten Zug.

Gripstraining zu zweit:
Schiffeversenken

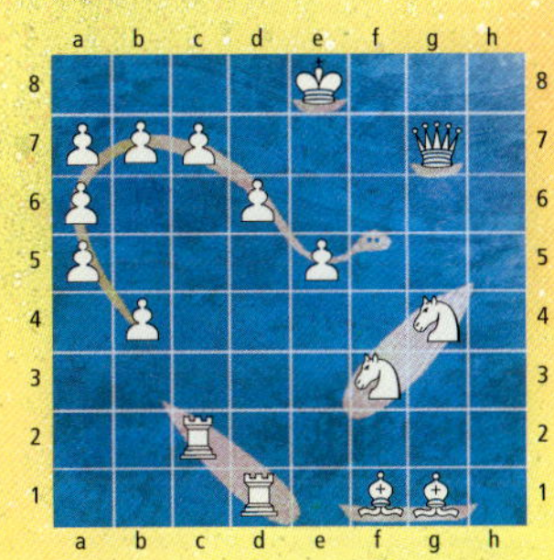

Jeder Spieler benötigt ein eigenes Schachbrett mit Figuren. Diese stellt er so, dass sie der andere Spieler nicht sehen kann, auf seinem Brett auf. Gleiche Figuren werden neben gleiche gestellt. Eine Figur (den Bauern) gibt es achtmal – daraus wird eine Seeschlange gemacht. Die anderen Figuren stehen entweder paarweise auf Nachbarfeldern oder, wenn es sie nur einmal gibt, allein. Diese Gruppen sind die Schiffe, aber keins darf ein anderes berühren – es muss immer ein Feld dazwischen sein.

Nun befragen sich die beiden Spieler abwechselnd. Der eine könnte zum Beispiel fragen: »a5?« Die Antwort wäre: »Kein Schiff«, wenn der Schuss danebenging oder »Treffer«, wenn er saß. Bei einem Treffer wird die getroffene Figur entfernt und der andere ist gleich noch einmal dran mit fragen. Wenn ein Spieler keine Figuren mehr auf dem Brett hat, hat er verloren.

König und Opposition

Der Weg führte die drei durch das kleine Reich von König Bunt mit all seinen hübschen Blumenwiesen und prachtvoll blühenden Obstbäumen.

»Früher, als ich noch rank und schlank war, habe ich auch mal in der Muckibude trainiert«, verriet der König Fritz und Bianca. »Dann habe ich meine liebe Frau kennen gelernt und die kochte leider viel zu gut. Doch ich war sowieso ungeeignet für eine Sportlerkarriere, denn ich habe immer nur verloren und es war mir auch ziemlich egal. Dabei liegt mir die Rolle des Königs im Duell eigentlich.

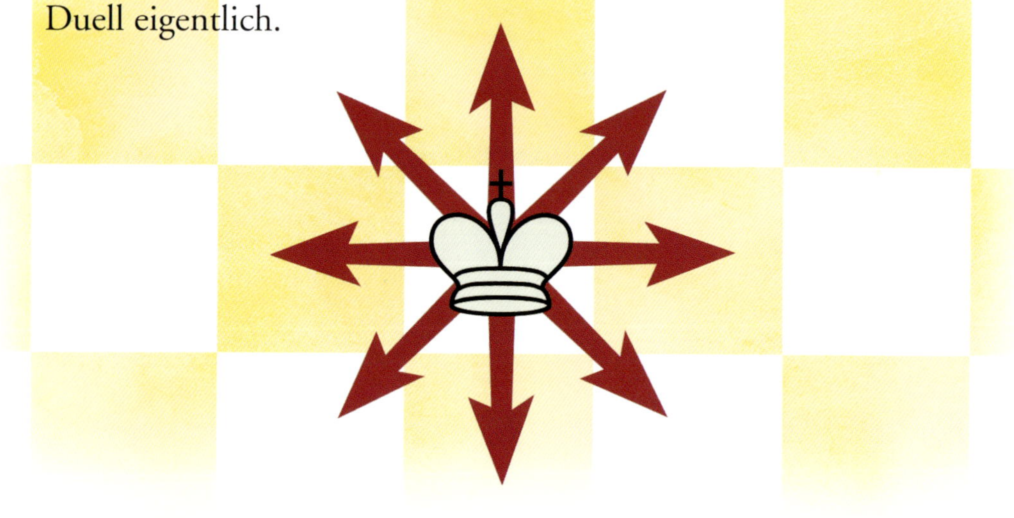

Er ist die wichtigste Figur auf dem Feld. An ihm entscheidet sich, ob man gewinnt oder verliert. Ansonsten ist er ein recht gemütlicher Typ, der immer ganz behutsam einen einzigen Schritt nach dem anderen zieht – vorwärts, rückwärts oder schräg.[1] Die Richtung ist egal. Jede der beiden Mannschaften hat ihren eigenen König. Die Herrschaften dürfen allerdings niemals nebeneinander stehen; die Felder zwischen ihnen sind für sie tabu.

1) Wie die Figuren ziehen und die anderen Regeln kannst du auch ab Seite 178 nachlesen.

Gefährdet, wie er ist, sollte man den König am Anfang eines Duells lieber erstmal möglichst gut verstecken – das haben sie mir damals in der Muckibude für Hirngymnastik jedenfalls so beigebracht. Seine große Stunde kommt später, wenn mehr Platz ist. Dann kann so ein König allerdings sehr wichtig werden, zum Beispiel um den gegnerischen Kollegen an den Rand zu drängen. Stellt euch mal vor, zwei Könige stehen sich im Duell gegenüber: ein lilafarbener auf dem Feld f8 und ein weißer auf f6.[2] Ich glaube, ich erinnere mich sogar noch, wie man das nennt, nämlich *Opposition*. 2

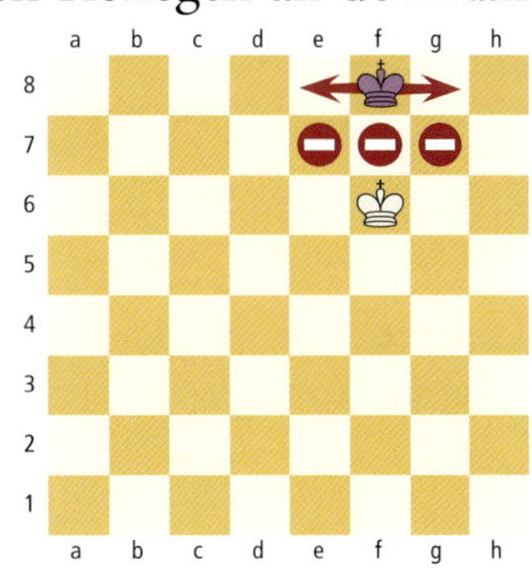

2

Lila ist dran und muss ziehen. Aber er hat ein Problem, denn auf die Felder neben König Weiß darf er ja nicht treten. Also kann er nur noch nach links auf e8 oder nach rechts auf g8 ziehen. Sagen wir mal, der König zieht von f8 auf e8. Das kann man ähnlich wie beim Schiffeversenken aufschreiben:[3]

2) Mit einem Schachspiel kannst du alles in diesem Buch ganz einfach nachspielen.

Kf8-e8

Das *K* ist hierbei die Abkürzung für *König*, f8 ist das Feld, von dem er losgeht und e8 ist das Feld, auf dem er ankommt. Dazwischen ist ein Strich um zu zeigen, dass dies ein ganz normaler Zug war.

3) Eine zusammenhängende Erklärung dieser Schreibweise findet sich auf Seite 180.

So, jetzt lasst uns doch mal sehen, wie der weiße König darauf reagiert, denn nun ist er dran mit ziehen. Er findet es natürlich großartig, dass er seinen Gegner so schön an den Rand gedrängt hat und möchte ihn dort am liebsten auch behalten. Also macht er einen Schritt in dieselbe Richtung wie König Lila eben, nämlich von f6 und auf e6. Und das schreibt sich dann so:

Kf6-e6 3

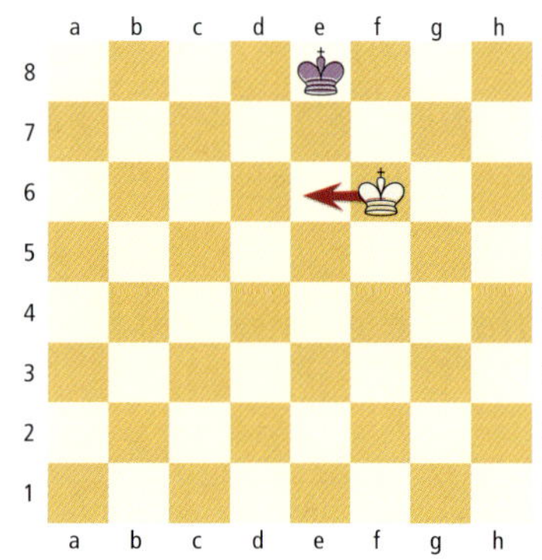

3

König Lila kann wieder nur zur Seite gehen – Weiß hat die Opposition und hält ihn am Rand. Egal, wie es jetzt weiter geht, Lila hat keine Chance zu entwischen. Weiß kann ihm jederzeit folgen und ihn mit Hilfe der Opposition hübsch am Rand halten. Dort kann es ziemlich gefährlich werden für Lila, weil man ihn da gemein ins *Schach* stellen oder sogar *schachmatt* setzen kann. Zum Beispiel mit einer Dame.«

»Schwach … *was für'n Ding?*«, fragte Bianca.

»Schach[1]«, wiederholte König Bunt. »Wenn ein König angegriffen wird, sagt man, er steht im Schach. Und dann muss er schleunigst daraus verschwinden, das ist die Regel. Wenn er das nicht mehr kann, so ist er schachmatt und hat verloren. Aber das sollen sie euch in der Muckibude für Hirngymnastik genauer erklären, damit kenn ich mich nämlich nicht so gut aus. Dafür kann ich aber französische Speisekarten lesen.«

1) Das Wort kommt aus dem Persischen und heißt *König*.

»Und wer ist diese komische Dame, von der eben die Rede war?«

»Die große Hilfe des Königs. Sie ist hochgefährlich und mit Abstand die stärkste Figur auf dem ganzen Feld.«

»Klingt wie ein Job für mich«, fand Bianca.

Gripstraining 2: Der König

Frage 1
Welcher Weg zur Torte ist der schnellste?

Alle drei Wege sind gleich schnell: Egal, welchen von ihnen man geht, man benötigt immer sieben Züge.

Frage 2
Wie viele Züge braucht der König für diese Wege?

a) Von a1 nach b7
b) Von b7 nach g4
c) Von g4 nach a1?

a) Er braucht sechs Züge.
b) Er braucht fünf Züge.
c) Er braucht sechs Züge.

Gripstraining zu zweit:
Wer kommt zuerst auf die andere Seite?

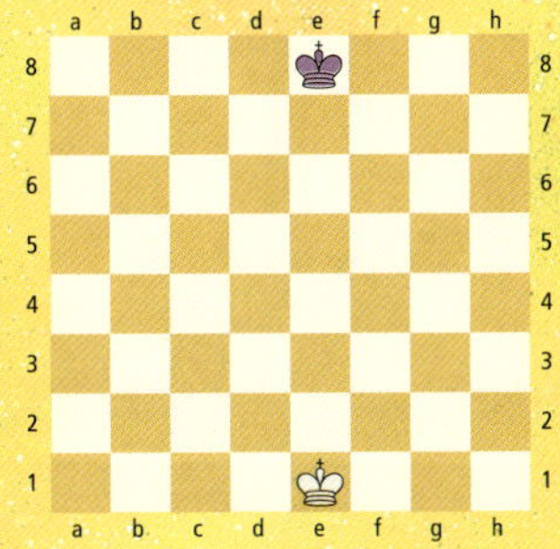

Besonders Pfiffige nutzen für dieses Spiel die *Opposition.* Denn zwei Könige dürfen niemals direkt nebeneinander stehen – es muss immer ein Feld dazwischen sein.

Gripstraining zu zweit:
Wer frisst dem anderen die leckere Torte weg?

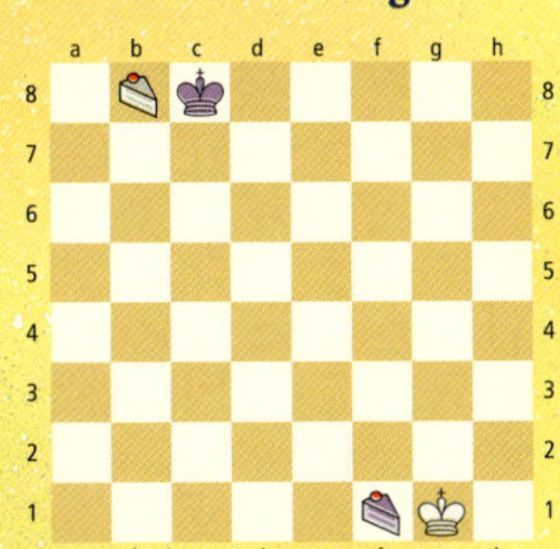

Gripstraining zu zweit:
Wer ergattert mehr Tortenstücke?

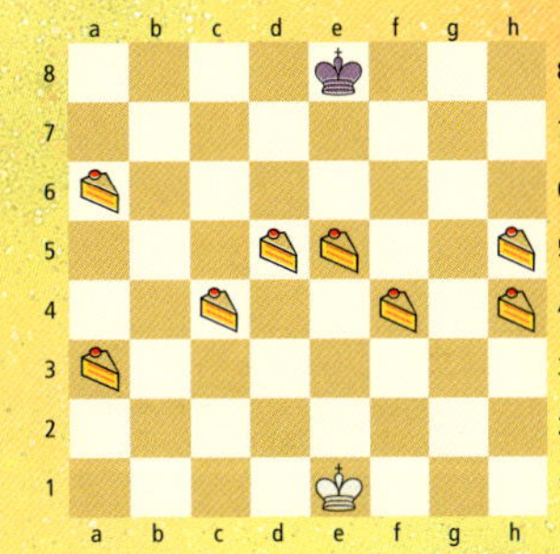

Weiß hat hier den ersten Zug.

Gripstraining zu zweit:
Wer hat zuerst seine Tortenstücke eingesammelt?

Jeder sammelt seine eigenen Tortenstücke ein. Die des anderen dürfen nicht eingesammelt werden. Sie blockieren allerdings den Weg.

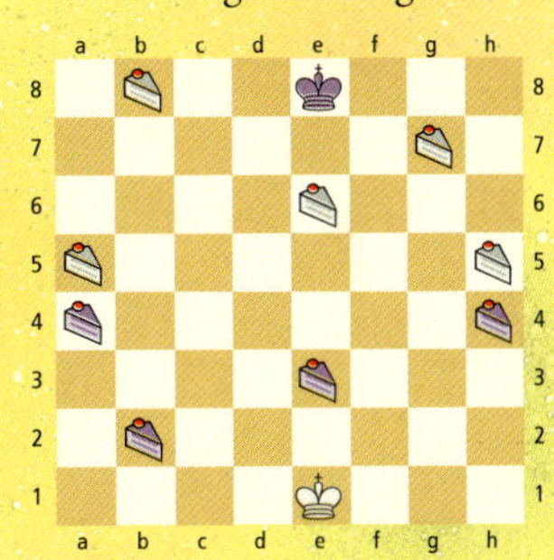

TIPP TIPP TIPP TIPP TIPP TIPP TIPP TIPP TIPP TIPP

Statt Tortenstücken kann man für die Gripstraining-Spiele auch ganz normale Spielfiguren verwenden. Weiß bedeutet helle Figuren, lila dunkle. Bei bunten Tortenstücken ist die Farbe egal.

Die Dame

Die Dame«, erklärte König Bunt, »ist enorm vielseitig, denn sie kann sowohl gerade ziehen als auch schräg.«

»Das kann der König doch auch«, bemerkte Fritz.

»Ja, aber immer nur einen Schritt nach dem andern. Die Dame jedoch kann dabei so weit gehen, wie sie möchte.

Wenn der Weg frei ist, kommt sie in kürzester Zeit überall hin. Da es aber am Anfang eines Duells eher wuselig zugeht, sollte die Dame ihren großen Auftritt lieber nicht zu früh starten.«

»Meine Mutter macht das auch so«, erzählte Bianca. »Wenn sie ausgehen will, schminkt sie sich stundenlang, während mein Vater wie auf Kohlen sitzt. Er hat Hunger und will los.

Aber Mama sagt dann immer, typisch, und er solle sich gefälligst nicht so anstellen. Außerdem würde ihr neues Abendkleid viel mehr beachtet, wenn sie zu spät kämen.«

»Aber für ein Königsduell ist diese Vorgehensweise genau richtig«, sagte König Bunt. »Stell dir einfach mal vor, du stehst als Dame auf dem Feld d1, Bianca. Wohin kannst du gehen?« 4

»Ich könnte beispielsweise gerade ziehen auf die Felder a1, h1 oder d8«, überlegte Bianca. »Aber schräg nach a4 oder h5 ginge auch. Und auf den Feldern dazwischen kann ich natürlich ebenfalls stehen bleiben. Zum Beispiel auf c2 oder b3, oder?«

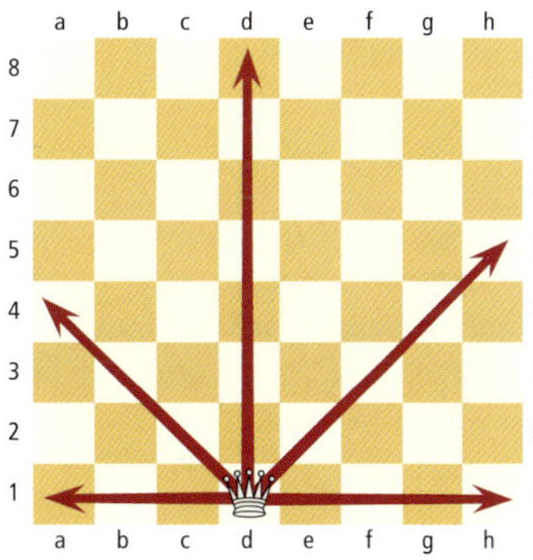

4

»Stimmt genau«, bestätigte König Bunt. »Und auch das kann man natürlich auf die Schiffe-versenken-Weise schreiben.«

Dd1-b3

»Die *Dame* hat also den Buchstaben *D*«, sagte Fritz. »Und sie zieht von dem Feld d1 zum Feld b3.«

»Ist nicht besonders schwierig, nicht wahr? Sonst hätte ich es mir wohl auch schwerlich gemerkt, fürchte ich. Aber jetzt noch etwas sehr Wichtiges, das ihr unbedingt wissen sollt:

Wenn einer von euch einen Schnellimbiss sieht, sagt er es mir bitte. Mit meinem Hunger ist es nämlich inzwischen nicht besser geworden.«

Gripstraining 3: Die Dame

Frage 1

Auf wie viele Felder kann die Dame von ihrem Feld aus ziehen?

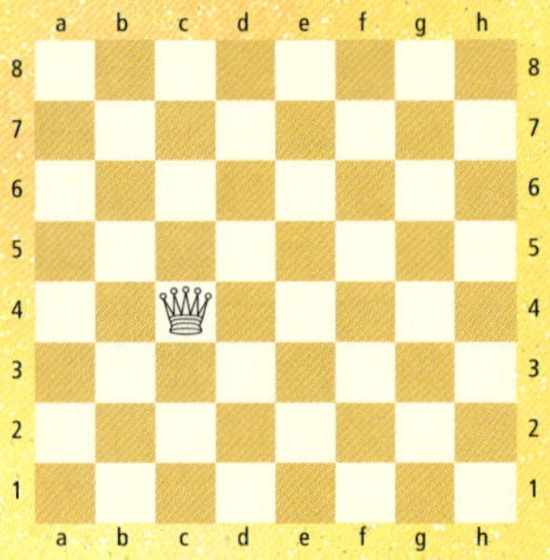

Fünfundzwanzig, und zwar alle zwischen a4 und h4, c1 und c8, in der Diagonale a2 und g8, sowie a6 und f1.

Frage 2

Wie viele Möglichkeiten hat die Dame hier, um in zwei Zügen auf das Tortenfeld zu kommen?

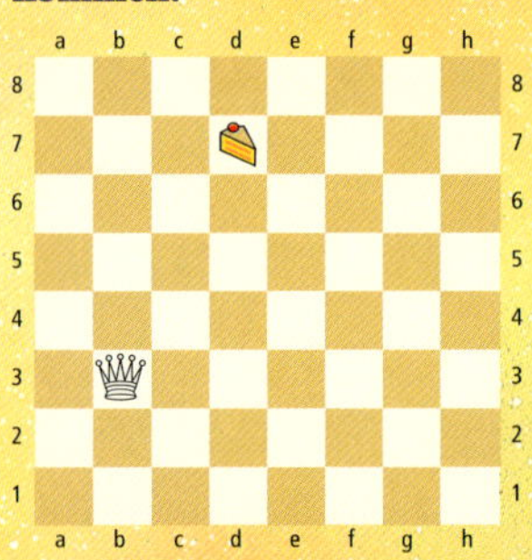

Sie hat neun Möglichkeiten, nämlich über a4, b5, b7, d1, d3, d5, e6, f7 und h3.

TIPP TIPP TIPP TIPP TIPP

Frage 3

Wie viele Tortenstücke kann die Dame hier mit ihrem nächsten Zug erreichen?

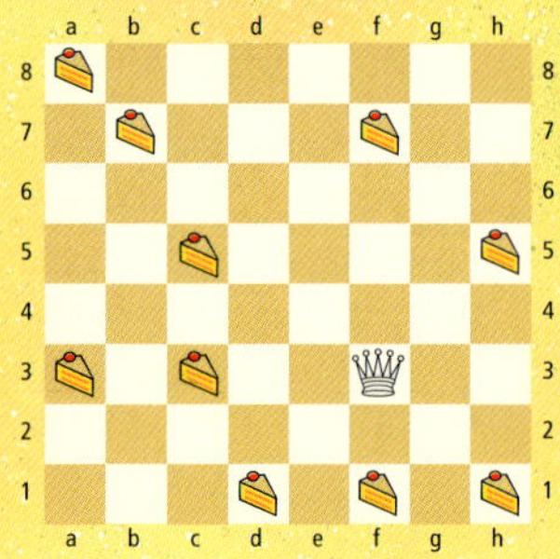

Es sind sieben Tortenstücke, nämlich die auf d1, f1, h1, c3, b7, f7 und h5.

Frage 4

Wie viele Züge braucht die Dame hier mindestens, um alle Tortenstücke aufzugabeln?

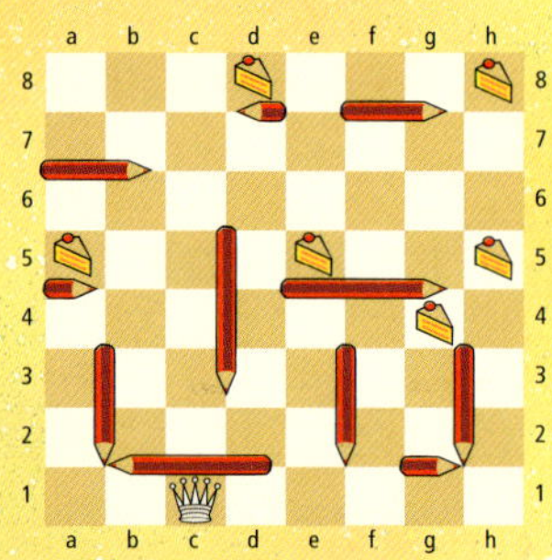

Mindestens sieben Züge: c1-e1, e1-a5, a5-d8, d8-h8, h8-e5, e5-h5 sowie h5-g4.

Frage 5

Welcher Buchstabe erscheint auf dem Spielfeld, wenn die Dame ♕ wie folgt zieht?

Db2-b7, Db7-d5, Dd5-f7, Df7-f2

Anfangsbuchstabe von Maus.

Gripstraining zu zweit:

Torte essen um die Wette

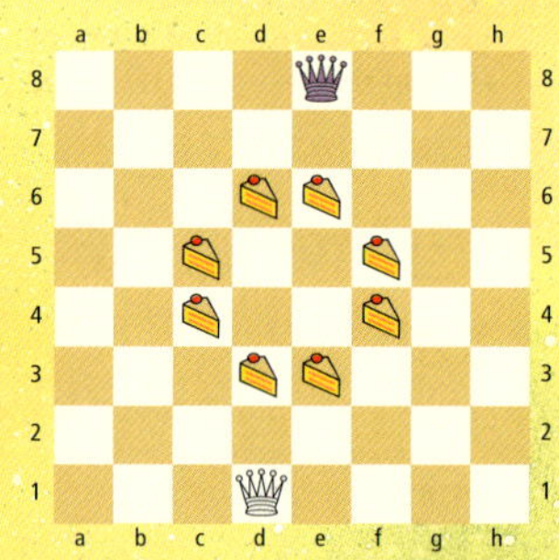

Vor den beiden Damen liegt jede Menge Torte. Diejenige, die am meisten aufgabelt, gewinnt. Wer möchte, kann dieses Spiel so handhaben, dass sich die beiden Damen wie beim Mensch-ärgere-dich-nicht auch gegenseitig schlagen können.

König Rot

Inzwischen hatte sie ihr Weg von den bunten Blumenwiesen in ein rauschendes Wäldchen von Feuerdorn und Blutbuchen geführt. Dort stand inmitten eines Rosengartens ein hübsches Gebäude von der Farbe frisch gepressten Kirschsafts und sonnengereifter Tomaten. Es war das Schloss von König Rot und seiner Gattin und die beiden waren gerade dabei, sich voneinander zu verabschieden.

»… dass du mir nicht wieder so spät nach Hause kommst«, hörte man Königin Rot mahnen. »Ich weiß doch genau, wie es ist: Wenn du mit deinen Königskumpeln erst einmal im *Spieß* sitzt, vergesst ihr die Zeit.«

»Aber da will ich doch gar nicht hin«, entgegnete König Rot. »Ich möchte nur den Bärenthaler Jungs die Daumen drücken.«

»Papperlapapp, das sagst du jedes Mal. Aber dann geht ihr doch in den Spieß und trinkt einen Rotwein nach dem anderen, bis ihr johlend nach Hause kommt und alle Nachbarn aufweckt. Also treib's bitte nicht so doll. Und grüße die Blaus von mir.«

Damit verschwand sie im Schloss, während sich König Rot auf den Weg machte. Am Gartentor traf er auf König Bunt.

»Sieh an, der Herr Nachbar«, begrüßte er ihn und nickte auch Fritz und Bianca zu. »Sie sind wohl ebenfalls auf dem Weg nach Bärenthal, Herr Kollege?«

»Nun, es liegt sozusagen auf dem Weg«, erklärte König Bunt, »und wenn ich's mir recht überlege, könnten wir dort sogar ein kleines Mittagessen zu uns nehmen.«

»Dann begleite ich Sie«, beschloss König Rot. »Allerdings nur bis zum Schloss von König Blau. Ich habe versprochen, ihn abzuholen. Wir wollen gemeinsam die Bauernkloppe besuchen.«

»Kann er sich das denn überhaupt noch leisten?«, fragte König Bunt. »Ich dachte, er sei pleite.«

»Das hat sich erledigt«, winkte König Rot ab. »Zum Glück hat seine Tochter Bluna nicht weiter auf ihren Taschengeldforderungen bestanden.«

»Da bin ich aber erleichtert«, gab König Bunt zu. »Es war ja wohl auch ein bisschen viel, was sie da verlangt hat.«

Dann ging er, angetrieben von der Aussicht auf eine zünftige Brotzeit, mit großen Schritten voran, während ihm die anderen in einigem Abstand folgten.

»Was war denn das für eine Taschengeldgeschichte?«, wollte Bianca wissen.

»Nun, das sollte ich euch wohl lieber nicht erzählen«, sagte König Rot unschlüssig. »Nachher kommt ihr noch auf dumme Gedanken und ich bin schuld daran.«

»Die Gedanken würden mich aber sehr interessieren«, sagte Bianca. »Ich kriege nämlich viel zu wenig Taschengeld.«

»Ich auch«, sagte Fritz.

»Ich doch auch!«, seufzte König Rot. »Einmal Bärenthal in der Woche – mehr ist nicht drin. Meine Frau ist außerordentlich sparsam, müsst ihr wissen. Na schön, ich erzähl's euch.«

Prinzessin Blunas Taschengeld

Es ist noch gar nicht so lange her«, berichtete König Rot, »da kam Prinzessin Bluna zu ihrem Vater König Blau, um mit ihm über ihr wöchentliches Taschengeld zu sprechen.

Der König aber sagte, es gäbe nicht mehr Taschengeld und sie bekomme sowieso schon viel mehr als die anderen. Was man als Vater eben so sagt.

Doch die Kleine wollte gar nicht *mehr* Taschengeld, sie wollte *weniger*, und zwar nur ein einziges Centstück. Aus der Spielkiste kramte sie ein Brett hervor, das bestand aus acht mal acht Feldern und gehörte eigentlich zu einem Damespiel. Dieses legte sie ihrem Vater vor, erbat sich von ihm ein Centstück und legte es in die linke untere Ecke.« 5

»Feld a1 also«, bemerkte Fritz.

»Ganz recht. Dieses Centstück, so sagte Bluna, solle ihr Taschengeld für diese Woche sein. Nicht mehr, nicht weniger. Für die folgende Woche wolle sie dann allerdings genau doppelt so viele Centstücke haben, die auf das zweite Feld gelegt werden sollten.«

	a	b	c	d	e	f	g	h	
8	57	58	59	60	61	62	63	64	8
7	49	50	51	52	53	54	55	56	7
6	41	42	43	44	45	46	47	48	6
5	33	34	35	36	37	38	39	40	5
4	25	26	27	28	29	30	31	32	4
3	17	18	19	20	21	22	23	24	3
2	9	10	11	12	13	14	15	16	2
1	1	2	3	4	5	6	7	8	1
	a	b	c	d	e	f	g	h	

5

»Also auf b1 dann«, sagte Bianca.

König Rot nickte. »Ihr Papa rechnete schnell nach und kam zu dem Ergebnis, dass das Doppelte von einem Centstück genau zwei Centstücke sind. Nicht mehr, nicht weniger. Und so sollte es dann weitergehen: jede Woche das Doppelte der Vorwoche auf das jeweils nächste Feld. Aber nur bis zum letzten Feld mit der Nummer 64. Danach wolle Bluna nie mehr im Leben Taschengeld haben.«

»Kann es sein, dass die ein bisschen dullidulli war, diese Bluna?«, fragte Bianca.

»Das dachte König Blau zunächst auch, denn ein Centstück in der ersten Woche ist ja nicht besonders viel. Auch zwei Centstücke in der zweiten Woche sind kein großer Reichtum. Selbst vier Stück in der dritten und acht in der vierten Woche sind nicht wirklich viel Taschengeld. Und das Ganze sollte nur vierundsechzig Wochen dauern.

Das ist ja gerade mal ein bisschen mehr als ein Jahr, dachte König Blau. Und so willigte er ein.

Bluna aber dankte ihm mit einem artigen Knicks und steckte das erste Centstück in ihre Spardose. In der zweiten Woche bekam sie dann wie vereinbart zwei Centstücke, doch nicht ein Wort der Beschwerde drang von ihren Lippen. König Blau staunte zwar, aber er dachte, Kinder sind eben manchmal etwas wunderlich und machte sich weiter keine Gedanken.«

»Total dullidulli«, sagte Bianca kopfschüttelnd.

»Und so bekam Bluna nun Woche für Woche ihr vereinbartes Taschengeld: In der siebten Woche waren es bereits 64 Centstücke und in der achten immerhin 128. In der zehnten Woche wunderte sich König Blau dann allerdings ein wenig, als seine Tochter plötzlich mehr als fünf Euro von ihm haben wollte – in Centstücken wohlgemerkt. Er rechnete noch einmal nach, aber es stimmte. Und so gab er ihr das Geld, auch wenn es ihm schon etwas Mühe machte, so viele Münzen aufzutreiben.«

»Schon besser«, sagte Bianca. »Und es wird ja noch mehr.«

König Rot nickte. »Erst als sie in der zwölften Woche exakt 2.048 Centstücke verlangte, in der fünfzehnten 16.384 und in der zwanzigsten gar 524.288, dämmerte es ihrem Vater, dass er einen Fehler gemacht hatte. Denn auch wenn die Rechnung bis ins Kleinste stimmte, so war das wöchentliche Taschengeld von Prinzessin Bluna schon jetzt viel mehr als er überhaupt besaß.

Doch Bluna sagte, das sei ja noch gar nichts. Nach einem halben Jahr erwarte sie 33.554.432 Centstücke und einen Monat später über eine halbe Milliarde. In der vierundsechzigsten und letzten Woche wäre es dann schon eine Zahl mit neunzehn Stellen, nämlich 9.223.372.036.854.775.808 Cent. Nicht mehr und nicht weniger. Und zwar immer in einzelnen Centstücken, wie abgemacht, denn übereinander gestapelt käme man damit angeblich zwölf Millionen Mal zum Mond und wieder zurück. Dabei ging es Bluna nicht um die 184.467.440.737.095.516 Euro und 15 Cent Taschengeld, die sie dann insgesamt haben würde. Sie wollte einfach nur ausprobieren, ob die Sache mit dem Mond auch wirklich stimmte.

König Blau aber packte die Verzweiflung. Zusammen mit seiner armen Frau weinte er eine ganze Familienpackung Papiertaschentücher voll, er eine Hälfte, sie eine Hälfte. So viele Centstücke gäbe es doch gar nicht auf der Welt, jammerten sie. Und außerdem verdürbe Geld den Charakter.

Da hatte Prinzessin Bluna Mitleid und vereinbarte wieder ein ganz normales Taschengeld, denn einen schlechten Charakter wollte sie nicht haben. Vor allem aber barst ihr Schrank schon fast vor Geldstücken und es war so gar kein Platz mehr darin für ihre schönen Prinzessinnenkleider. Erleichtert, den Krempel endlich wieder los zu sein, kippte sie die Centstücke mit Hilfe einer Schubkarre aufs Bett ihrer Eltern, bis es durchbrach. Für sich selber behielt sie nur einen knappen halben Zentner. Und deshalb kann König Blau heute mit mir zur Bauernkloppe gehen.«

»Donnerblitzchen, was für eine Geschichte!«, sagte Bianca anerkennend. »Aber ein klein bisschen dullidulli ist sie schon, die blaue Bluna.«

Der Turm

Nach einer Weile erreichte die kleine Gesellschaft eine Weggabelung, wo sich der Buchenwald öffnete und den Blick in ein weites Tal freigab. Etwas seitlich war das himmelfarbene Schloss von König Blau zu erkennen, weiter unten stand ein halb verfallener Turm am Wegesrand und irgendwo weiter hinten lugte ein Dorf aus der Landschaft.

»Das ist bereits Bärenthal«, sagte König Rot.

»Und das dicke fette Dingsbums dahinten?« Bianca deutete zum Horizont, wo ein riesenhaftes Rund zu sehen war. »Was ist das für'n Schuppen?«

»Ach, das ist nur unsere Arena«, sagte König Rot. »Vor der müsst ihr euch aber nicht fürchten – die ist noch nichts für Kinder.«

»Wir müssen aber trotzdem hin«, erklärte Bianca. »Erstens sind wir wahnsinnig frühreif und zweitens haben wir dort eine Verabredung mit König Schwarz.«

»Mit … *wie bitte*?!« König Rot war sichtlich erschrocken. »Hört mal, ihr beiden, ich glaube nicht, dass das eine gute Idee ist! Mit König Schwarz ist nämlich nicht zu spaßen!«

»Ich fürchte, ihnen bleibt aber gar keine andere Wahl«, schaltete sich König Bunt ein. »König Schwarz hat Fritz heute morgen offiziell zum Duell gefordert. Sie wissen, was das bedeutet, Herr Kollege.«

»Ein Kind?«, fragte König Rot ungläubig. »Hat er jetzt tatsächlich *ein Kind* gefordert?«

»Ja, aber da muss er durch«, stellte Bianca fest. »Vermutlich hat ihm sein Arzt gesagt, er bräuchte mal wieder 'ne ordentliche Abreibung. Und auf dem Rezept stand: Frag bei Fritz und Bianca, die geben dir eine. Immerhin wissen sie schon, wie Dame und König ziehen. Und den Rest kriegen wir auch noch raus.«

»Aber … aber …!« König Rot fehlten die Worte.

»Tja, das ist wirklich eine ernste Sache«, sagte König Bunt. »Aber wir wollen versuchen, das Beste daraus zu machen. Und jetzt müssen wir weiter, denn erstens ist nicht mehr viel Zeit bis dahin und zweitens wächst mein Hunger. Auf Wiedersehen, Herr Rot, schöne Grüße an den Kollegen Blau – und machen Sie doch bitte den Mund zu, sonst glaubt man am Ende ja noch, Sie hätten die Fassung verloren.«

Ihr Weg führte König Bunt, Fritz und Bianca ins Tal hinab und an dem Turm vorbei, den sie von oben gesehen hatten. Er machte allerdings einen recht heruntergekommenen Eindruck, denn es fand sich darin nur Heu.

»Ursprünglich hatten ihn König und Königin McSparpfennig als Aussichtsturm geplant«, wusste König Bunt zu berichten. »Leider waren die beiden ein bisschen knauserig, denn sie hatten schottische Vorfahren. Also ließen sie den Turm nicht oben errichten, wo die Aussicht am schönsten war, sondern hier unten im Tal, wo das Bauland billiger war. Seither steht er sinnlos herum, denn wer benötigt schon einen Aussichtsturm ohne Aussicht? Die einzigen, die ihn hin und wieder betreten, sind die Bärenthaler Bauern, die ihn als Scheune nutzen.

Übrigens werdet ihr auch bei eurem Duell zwei Türme haben. Und wenn ihr schlau seid, stellt ihr sie besser auf als die McSparpfennigs. Wenn sie richtig stehen, sind die Türme nämlich eine feine Sache. Sie sind zwar nicht ganz so stark wie die Dame, können aber ebenfalls so weit gehen wie sie möchten. Allerdings nur nach links, rechts, vorne oder hinten.«

»Türme ziehen also gerade«, stellte Fritz fest. »Und was macht man so damit?«

»Gewinnen. Vorausgesetzt, man wirft sie nicht gleich zu Anfang ins Schlachtgetümmel, sondern wartet, bis Platz ist. König Banane, der mich in der Muckibude trainierte, pflegte immer zu sagen: *Langsam, Junge! Am Anfang steht der Turm dumm rum, am Ende haut er'n König um.* Aber ich wollte nie langsam machen, sondern so schnell wie möglich fertig werden.

So ein Duell kann nämlich ganz schön lange dauern. Manche vergessen darüber glatt das Essen, was mir, bei all meinen sonstigen Schwächen, allerdings niemals passieren würde. Aber so hat eben jeder seine starken und schwachen Seiten. Normalerweise dauert ein Duell jedoch nicht länger als ein Mensch-ärgere-dich-nicht-Spiel. Und wenn man es ganz besonders eilig hat, kann man auch ein Blitzduell vereinbaren. Das geht dann zackizacki, ohne groß nachzudenken und ist in ein paar Minuten erledigt.«

»Zackizacki finde ich gut«, bemerkte Bianca.

»Dann hätte ich eine schöne Aufgabe für dich. Dabei geht es um das Wegputzen einer anderen Figur. Stell dir mal vor, deine Türme stehen auf a1 und a2. Die Türme deines Gegners stehen auf a8 und h8. Was würdest du tun, wenn du dran wärst?« 6

Bianca überlegte eine Weile. Dann sagte sie: »Also, beim Mensch-ärgere-dich-nicht würde ich meinen Turm auf a2 nehmen und damit den lila Turm auf a8 wegputzen. Zackizacki!«

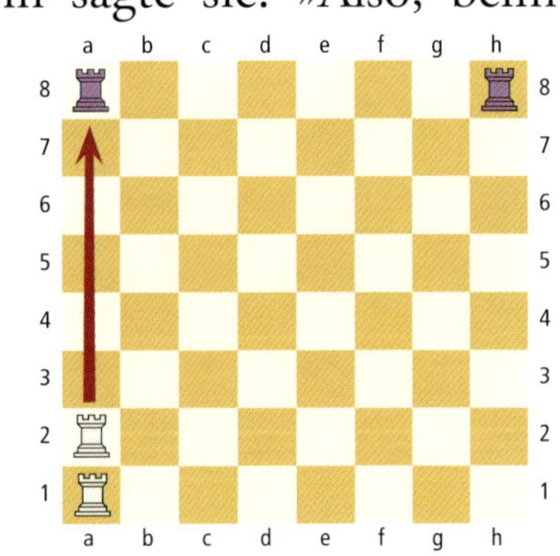

6

»Ausgezeichnete Idee«, sagte König Bunt. »Und das schreibt sich dann so:

Ta2xa8

Das große *T* steht natürlich für

Turm. Das *x* bedeutet, dass hier jemand geschlagen wird, und zwar auf a8. Wäre es ein normaler Zug, stände dort nur ein Minus-Zeichen.«

»He Fritz!«, rief Bianca begeistert. »Ich habe gerade meinen ersten Turm geschlagen!«

»Glückwunsch«, sagte Fritz. »Aber freu dich lieber nicht zu früh. In der anderen Ecke auf h8 steht nämlich noch einer. Der kann jetzt deinen weißen Turm auf a8 zurückschlagen.«

Th8xa8

»He, Gemeinheit!«, empörte sich Bianca. »Das hatte ich ja total übersehen! Aber halt, ich habe ja noch so'n Ding auf a1. Pass mal auf, das mach ich gleich nochmal: Turm auf a1 schlägt Turm auf a8. Zackizacki, weg isser.

Ta1xa8 7

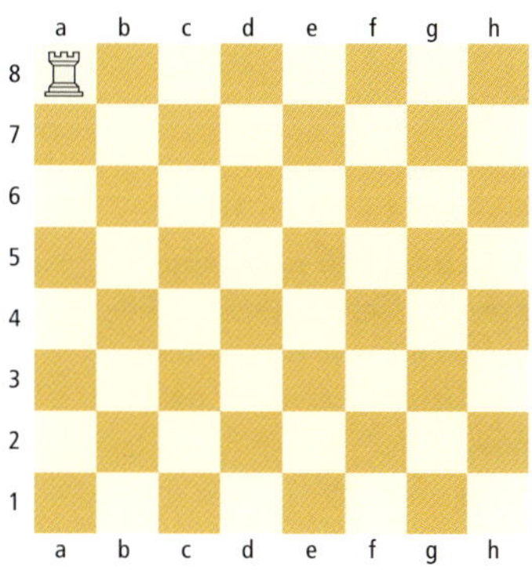

7

Wäre doch wirklich toll, wenn wir König Schwarz genauso schlagen könnten, oder?«

»Schon«, sagte Fritz nachdenklich. »Aber was ist, wenn König Schwarz hingeht und stattdessen *unsere* Türme schlägt? Oder mich selbst?«

»Das geht gar nicht«, beruhigte ihn König Bunt. »In eurem Duell wirst du König Weiß sein und einen König kann man gar nicht schlagen. Man kann ihm höchstens Schach bieten, indem man ihn angreift. Erst wenn du aus diesem Schach nicht mehr herauskommst, bist du schachmatt und hast verloren.

Und ich bin verloren, wenn wir nicht bald was zu Essen kriegen. Aber zum Glück sind wir ja schon fast bei König Rösselsprung. Von da aus ist es nicht mehr weit.«

Gripstraining 4: Der Turm

Frage 1

Wie viele Züge braucht Weiß mindestens, damit der Turm zur Torte kommt?

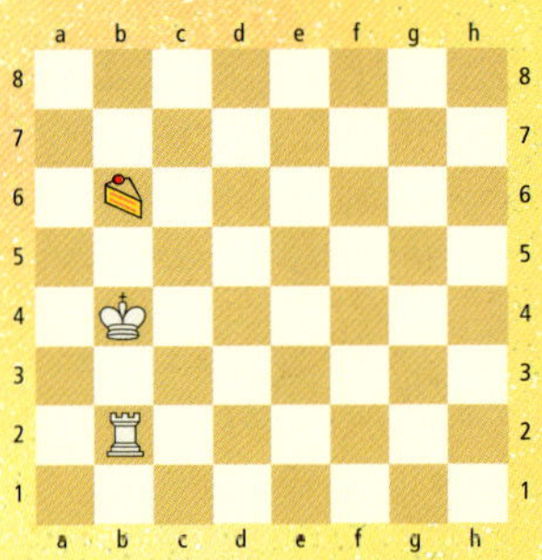

Es geht mit zwei Zügen, wenn der König zur Seite geht (also z. B. nach c4). Will der Turm aber um den König herumgehen, benötigt Weiß drei Züge.

Frage 2

Wie kann Weiß hier seinen Turm auf f8 beschützen (König Lila könnte ihn nämlich sonst beim nächsten Zug schlagen)?

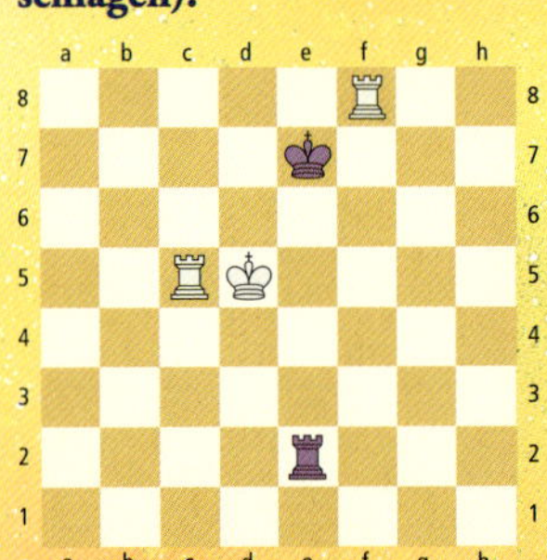

Die Lösung ist Tc5-c8. So deckt der Turm nämlich seinen Kollegen auf f8.

Frage 3

Wohin kann der Turm ziehen, um beim nächsten Zug die Torte zu bekommen?

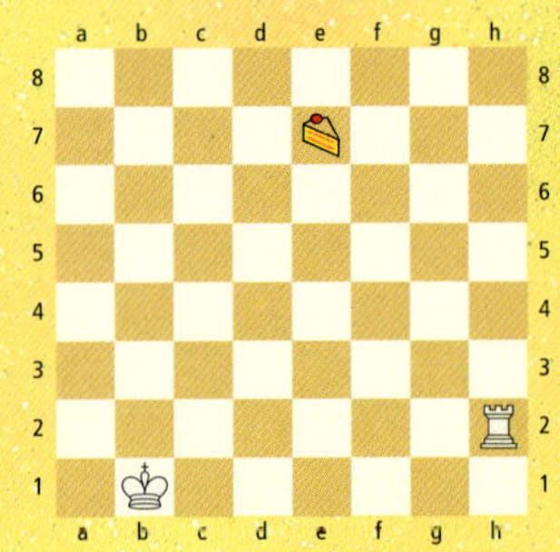

Nach e2 oder h7.

Frage 4

Auf welches Feld müsste man die weiße Dame stellen, damit sie beide Türme gleichzeitig angreift und selbst nicht geschlagen wird?

Das geht hier nur auf dem Feld d4.

Gripstraining zu zweit:

Dame gegen zwei Türme

Wer frisst mehr Torte, die Dame oder die Türme?

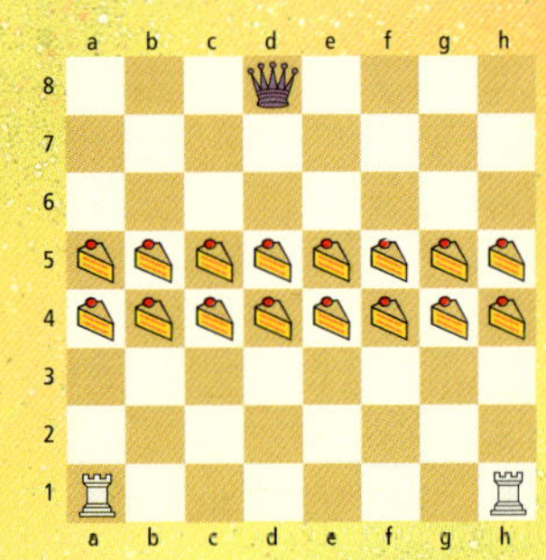

Aber aufgepasst: Dame und Türme können sich auch gegenseitig schlagen!

Gripstraining zu zweit:

Torte essen um die Wette

Vor den beiden Türmen gibt es jede Menge Torte. Derjenige, der am meisten aufgabelt, gewinnt. Aber Vorsicht! Die Türme dürfen sich auch gegenseitig schlagen.

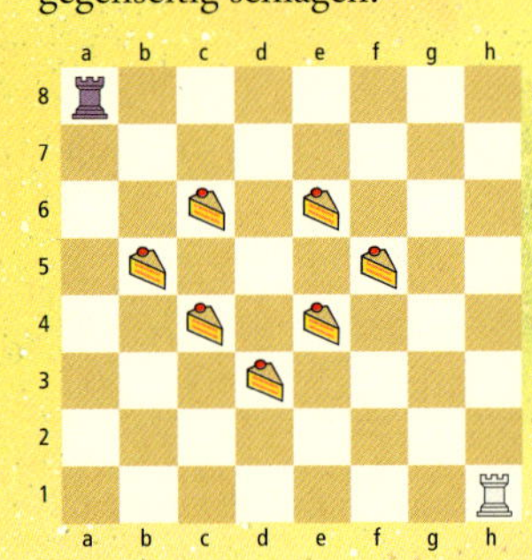

Der Springer

Schon von Kindesbeinen an war König Rösselsprung ein begeisterter Reiter. Und so saß er auch heute wieder hoch zu Ross und ritt seine graziösen Figuren. Sein Pferd hatte den schönen Namen *Springer* und war des Königs ganzer Stolz.

Der Reitplatz war eingeteilt in acht mal acht Felder und lag kurz vor dem Ortseingang nach Bärenthal. Hier übte der König täglich den berühmten *Rösselsprung* – jene kunstvolle Dressur, die seinen Namen trug, denn er hatte sie sich als junger Prinz selber ausgedacht.

»Ich kann«, so hatte er damals seinen Eltern gegenüber behauptet, »mein Pferd so springen lassen, dass es jedes der vierundsechzig Reitplatzfelder genau einmal berührt. Nicht mehr, nicht weniger – wetten, dass?«

»Unmöglich, das ist viel zu schwer für ein Kind«, hatten die Eltern erwidert. »Doch wir wollen mal nicht so sein: Wenn es dir gelingt, erhältst du ab heute das Doppelte an Taschengeld. Klappt es aber nicht, was wahrscheinlicher ist, so musst du vierundsechzig Wochen lang den Abwasch machen. Bedenke, das ist mehr als ein Jahr.«

»Top, die Wette gilt!«, hatte ihr Sohn gerufen und war aufs Pferd gestiegen um von d8 aus sämtliche Felder des Reitplatzes genau einmal anzuspringen – nicht mehr, nicht weniger.

Noch ehe sich's die Eltern versahen, war er damit fertig.

»Und das«, so hatte er ihnen anschließend verkündet, »kann ich von jedem beliebigen Feld aus.«

Jedes Mal wenn er daran zurückdachte, musste König Rösselsprung schmunzeln. Denn so eindrucksvoll diese Dressur auch aussah – besonders schwierig war sie nicht. Man musste sie nur ein bisschen trainieren.[1]

»So lass uns denn üben, mein edles Ross«, rief er, »und zwar von d8 nach b7!« Und Springer tat ihm den Gefallen. Denn so sprang er immer: zwei vor und einen zur Seite.

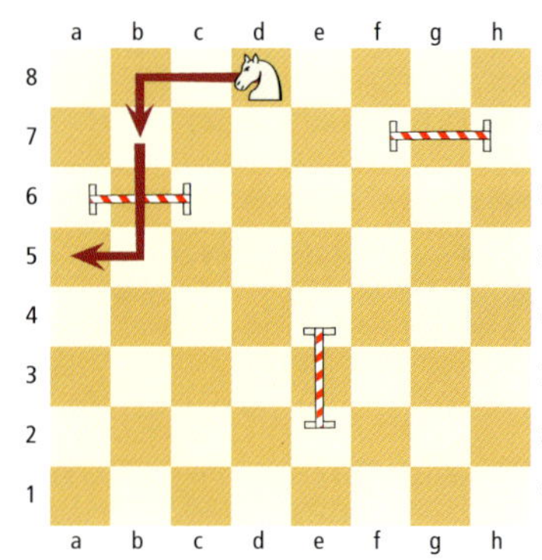

8

1) Wer den Rösselsprung nachmachen möchte, kann auf Seite 181 nachsehen.

Sd8-b7 8

»Jetzt weiter nach a5! Hühott!«

Springer schnaubte überrascht, denn da stand ein Hindernis im Weg. Aber er trug seinen Namen nicht zu Unrecht, und überwand es mit einem einzigen graziösen Sprung.

Sb7-a5

»Braves Ross!« König Rösselsprung klopfte dem Pferd anerkennend auf den Hals. »Und jetzt weiter nach b3!«

Doch bevor es dazu kam, war plötzlich ein merkwürdiges Geräusch zu hören: ein tiefes Brummen und Knurren, wie von einem wilden Tier, das sich im Unterholz verbarg.

Springer erschrak und bäumte sich wiehernd auf.

»Ho, Brrr!« König Rösselsprung musste seine ganze Reitkunst aufwenden um seinen Gaul wieder unter Kontrolle zu bekommen.

Was war das bloß gewesen? Versteckte sich da etwa ein hungriger Bär? Ein gieriger Löwe? Oder ein Rudel wilder Wölfe?

Im selben Augenblick kam König Bunt in Begleitung zweier Kinder des Wegs.

»Vorsicht, Herr Kollege!«, warnte König Rösselsprung. »Hier versteckt sich irgendwo ein knurrendes Untier! Es muss etwas besonders Gefährliches sein, sonst würde mein armer Springer nicht so scheuen! Sehen Sie nur, wie er zittert!«

»Oh, pardon, ich fürchte, das war mein Magen«, gab König Bunt schuldbewusst zurück. »Aber wir sind schon auf dem Weg ins Wirtshaus, wo ich das Knurren mit einem original Bärenthaler Läuferspieß kurieren möchte. Ich bitte sehr um Entschuldigung.«

»Halb so wild«, entgegnete König Rösselsprung erleichtert, dass es nichts Schlimmeres war. »Und guten Appetit derweil!«

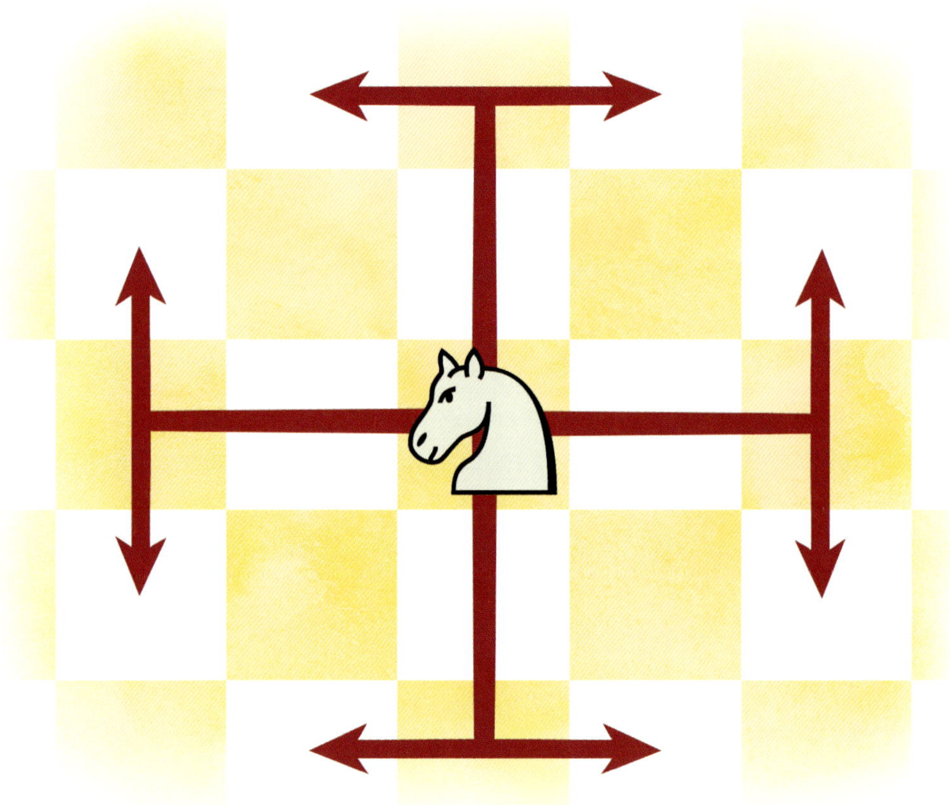

»Habt ihr gesehen, wie der Kollege Rösselsprung da eben geritten ist?«, fragte König Bunt Fritz und Bianca, als sie das Bärenthaler Ortsschild passierten. »Ganz ähnlich wird es auch im Duell gemacht, denn dort hat man ebenfalls ein Springerpaar zur Verfügung. Zwei Felder vor, eins zur Seite, so hüpfen sie. Und wenn was im Weg steht, springen sie einfach darüber.

Am sinnvollsten steht ein Springer mitten im Geschehen, denn dort hat er die meisten Felder zur Auswahl. Zusammengenommen ergeben sie einen Kreis, den sie in der Muckibude immer *Springerrad* nannten. Ich selber sage dazu lieber *Pizza* – das kann ich mir besser merken. 9

9

Steht ein Springer am Rand oder in der Ecke, so hat er weniger Felder, auf die er hüpfen kann. In aller Regel ist er dort also weniger nützlich als in der Mitte. *Springer am Rande bringt Kummer und Schande,* pflegten sie in der Muckibude zu sagen. Ich sag da nur: Halber Teller, halber Spaß. 10

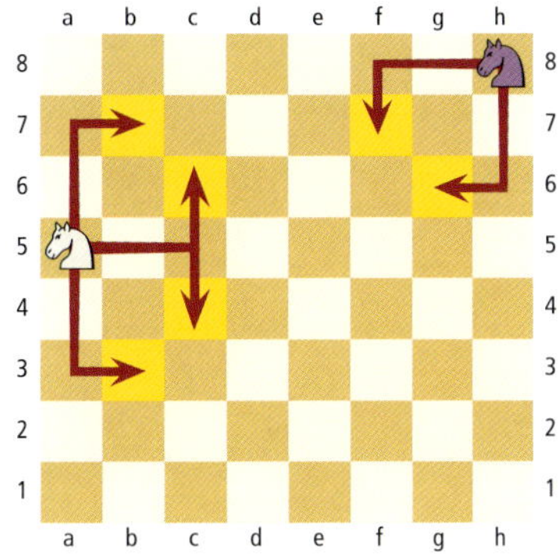

10

Überhaupt finde ich den Springer ausgesprochen kompliziert mit seinem ständigen Um-die-Ecke-Gehüpfe. Eigentlich kann ich es mir nur mit der Gabel merken.«

»Messer rechts, Gabel links neben den Teller«, sagte Fritz, »was soll denn daran so schwierig sein? Ich verstehe nur nicht, was so ein Königsduell ausgerechnet mit Tischmanieren zu tun haben soll.«

»Leider gar nichts«, seufzte König Bunt und knurrte dabei derartig mit dem Magen, dass alle Hunde Bärenthals fiepend die Schwänze einzogen. »Höchstens, dass du mit der Gabel andere Figuren vernaschen kannst. 11

Stellt euch mal vor, der lila König steht auf e8, seine lila Lieblingsdame auf a8 und euer Springer lauert auf d5. Was ist wohl los, wenn er von dort aus nach c7 zieht?«

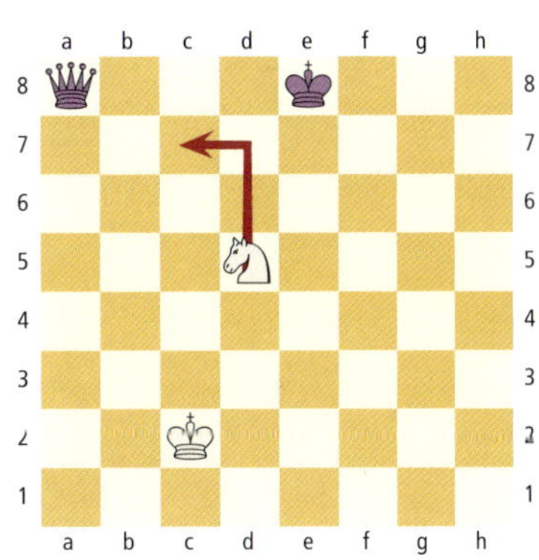

11

Der Springer hat übrigens den Buchstaben *S*. Das würde man dann auf die Schiffe-versenken-Weise so schreiben:

Sd5-c7 12

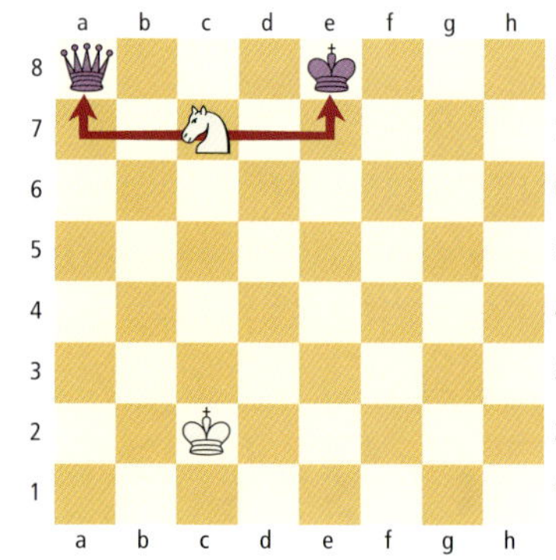

12

Auf c7 macht der Springer Lila ganz schön Schwierigkeiten, denn von dort aus greift er die Dame und den König *gleichzeitig* an. Er gabelt sie sozusagen auf. Daher der Name.«

»Heißt das, dass König Lila jetzt im Schach steht?«, erkundigte sich Fritz.

»Ja, das heißt es. Und deshalb muss man hinter den letzten Zug eigentlich ein Kreuz schreiben. Also nicht nur Sd5-c7, sondern:

Sd5-c7+

Schach! Das ist jetzt besonders bitter für König Lila, denn wenn man im Schach steht, muss man da raus und wenn das nicht mehr geht, ist man schachmatt.[1] Ganz so schlimm steht es hier noch nicht um ihn, denn König Lila hat ja noch mehrere Fluchtfelder. Allerdings dürfte der weiße Springer im nächsten Zug seine wertvolle Dame schlagen und er kann rein gar nichts dagegen machen.

Ach, wäre ich doch nur dieser Springer! Für einen Apfel und ein Ei würde ich König Lila die Dame lassen, um frohgemut und satt in mein Verderben zu rennen.«

1) *Schachmatt* wird übrigens mit einem Doppelkreuz vermerkt. Also nicht nur + sondern ++.

Gripstraining 5: Der Springer

Frage 1

Wie viele Züge braucht der Springer mindestens, um auf sein Nachbarfeld zu gelangen?

Mindestens drei Züge, z. B. e4, c5, d3.

Frage 3

Wie viele Züge braucht der Springer mindestens von einer Ecke zur anderen?

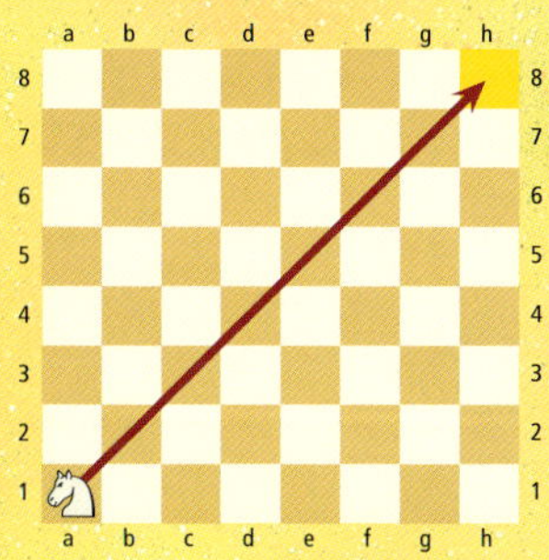

Mindestens sechs Züge, z. B. c2, e3, f5, h6, f7, h8.

Frage 5

Auf welches Feld muss dieser Springer ♘ gesetzt werden, damit er eine Gabel macht?

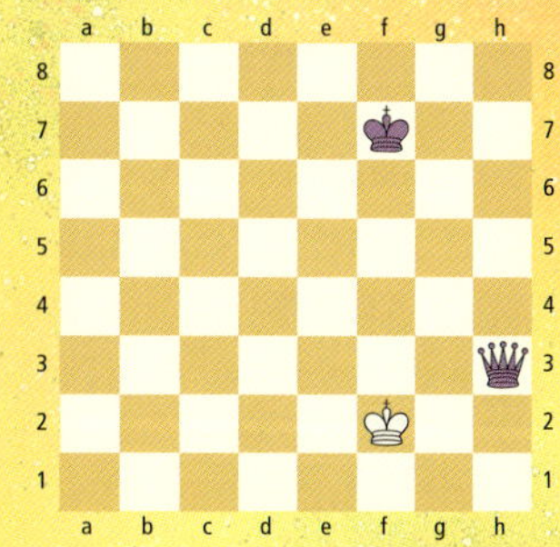

Die Lösung ist Feld g5.

Frage 2

Wie viele Züge braucht der Springer um alle Hindernisse zu überspringen und wieder auf sein gelbes Feld zurückzukommen?

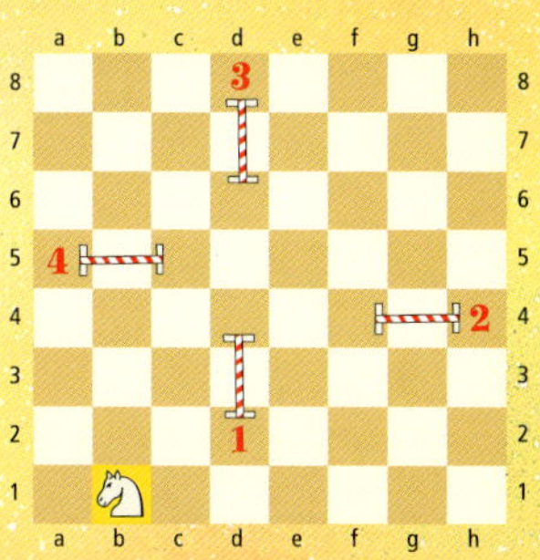

Mindestens zehn Züge: c3, e2, g3, f5, e7, c8, b6, a4, c3, b1.

Frage 4

Auf welches Feld muss dieser Springer ♘ gesetzt werden, damit er König und Dame Lila mit einer so genannten *Gabel* bedroht?

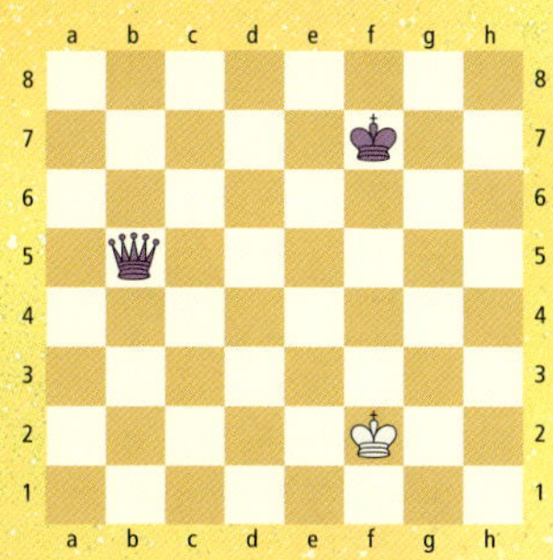

Gemeint ist hier natürlich das Feld d6.

Gripstraining zu zweit:

Wer frisst zuerst die Tortenstücke des Gegners auf?

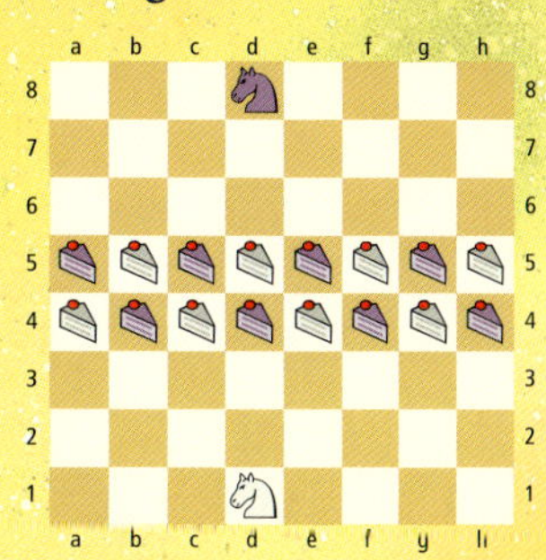

Aber Achtung: Auch hier ist das Schlagen erlaubt!

Sie waren die einzigen Besucher des Wirtshauses *Zum Spieß*. Das lag natürlich an der beliebten Bauernkloppe, einer Art Volksfest, das einmal im Jahr stattfand und die gesamte Umgebung von Bärenthal in helle Aufregung versetzte.

König Bunt bestellte ein gewaltiges Mittagessen: belegte Brötchen und Limonade für Fritz und Bianca und für sich selber eine Familienportion original Bärenthaler Läuferspieß. »Das ist die hiesige Spezialität«, erklärte er. »Übrigens kann man auch im Duell einen Spieß einsetzen, zum Beispiel mit dem Läufer.

Der Läufer ist so eine Art Dame minus Turm. Er kann schräg gehen wie die Dame, aber nicht gerade. Bleibt der Vorteil, dass man ihn mit einem einzigen Zug quer über das gesamte Feld scheuchen kann.

Am Anfang des Duells hat man zwei Läufer. Sie können sich jedoch niemals auf einem Feld begegnen, denn der eine zieht nur über die hellen und der andere nur über die dunklen Felder. Nebeneinander gestellt können die Jungs dadurch allerdings ganz schön wirkungsvoll sein.«

»Und was hat das mit einem Spieß zu tun?«, wollte Fritz wissen.

»Stellt euch vor, euer Läufer steht auf c1. Euer Gegner hat einen König auf d4 und einen Turm auf g7. 13 Was würdet ihr jetzt machen, wenn ihr am Zug wärt?«

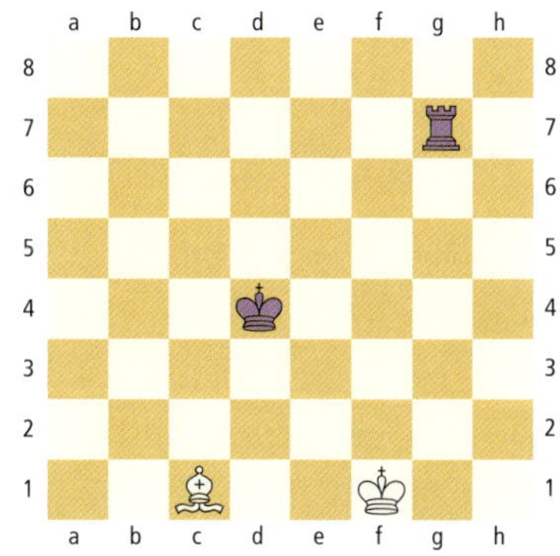

13

»Ich weiß schon«, sagte Bianca. »Wir können mit dem Läufer schräg auf h6 gehen und bedrohen den Turm auf g7. Der kann unseren Läufer nicht schlagen, denn ein Turm kann ja nur gerade ziehen.«

»Das wäre eine Möglichkeit«, sagte König Bunt. »Aber es gibt noch eine viel bessere.«

»Ich weiß!«, rief Fritz plötzlich. »Der Läufer geht auf b2 und setzt den König ins Schach!«

Lc1-b2+

»Und was soll daran so viel besser sein?«, fragte Bianca.

»Der Läufer zielt sozusagen durch den König auf den Turm!« 14

»Und genau das nennt man einen Spieß«, bestätigte König Bunt. »Der aufgespießte lila König steht jetzt im Schach und muss wegziehen, obwohl er das sicher nicht möchte.

Kd4-d5

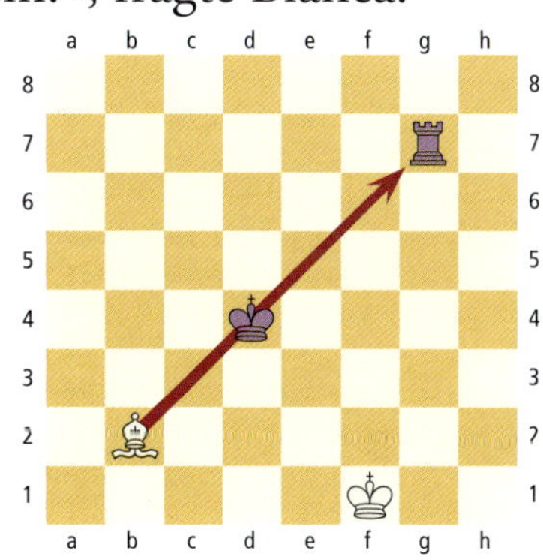

14

Wohin der König geht, ist eigentlich egal, denn danach kann sich der Läufer in jedem Fall den Turm schnappen. Herzlichen Glückwunsch. Oder sagen wir lieber: Guten Appetit.«

Lb2xg7

In diesem Moment kam das Essen: Brötchen für die Kinder und ein riesiger Schaschlik-Spieß für König Bunt.

»Das soll ein Bärenthaler Bauernspieß sein?«, wunderte sich Bianca. »Sieht eigentlich eher aus wie original ostindisches Elefantenschaschlik.«

Aber König Bunt schmeckte es ausgezeichnet. Und wie er so aß, tat sich die Tür auf und ein Trupp aufgeregter Bauern stürmte herein. Sie kamen direkt von der Bärenthaler Bauernkloppe, wollten nur eben was trinken und dann schnell wieder zurück. Wie sich herausstellte, hatte Bärenthal eben einen knappen Sieg gegen die Nachbargemeinde Burenstetten errungen. Und gleich sollte schon der nächste Kampf stattfinden, der außerordentlich spannend zu werden versprach.

»Das wollen wir uns natürlich ansehen!«, sagten Fritz und Bianca. Und weil König Bunt ohnehin mit Essen beschäftigt war, stopften sie sich kurz entschlossen ihre Brötchen in den Mund und folgten den Bauern zum Kampfplatz.

Gripstraining 6: Der Läufer

Frage 1

Stelle den Läufer ♗ so auf, dass er auf möglichst viele andere Felder ziehen kann.

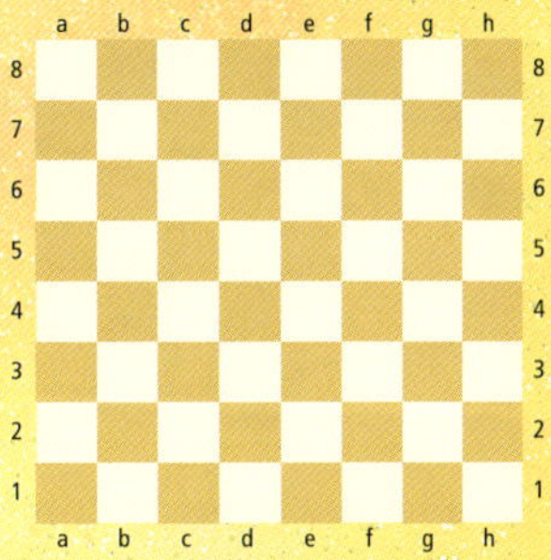

Richtig sind die vier mittleren Felder d4, e4, e5 und d5, das so genannte *Zentrum*. Von hier aus kommt er nämlich auf *dreizehn* andere Felder. Woanders sind es weniger.

Frage 3

Mit wie vielen Zügen kann der weiße Läufer den lila König ins Schach stellen?

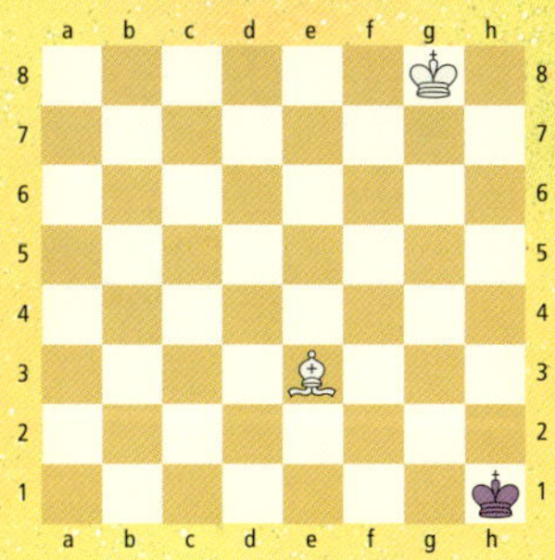

Er kann ihn *überhaupt nicht* ins Schach stellen, weil er nur auf den *dunklen* Feldern gehen kann, der lila König jedoch auf einem *hellen* Feld steht.

Frage 5

Auf welche Weise kann hier ein weißer Läufer einen so genannten *Spieß* ansetzen?

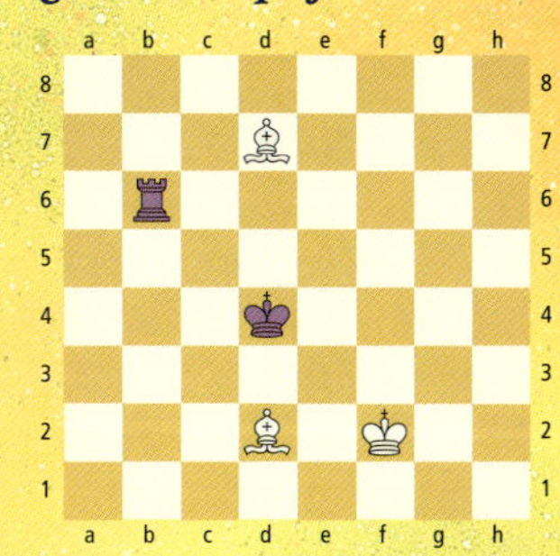

Mit Ld2-e3+.

Frage 2

Mit welchem Zug kann hier ein weißer Läufer einen so genannten *Spieß* ansetzen?

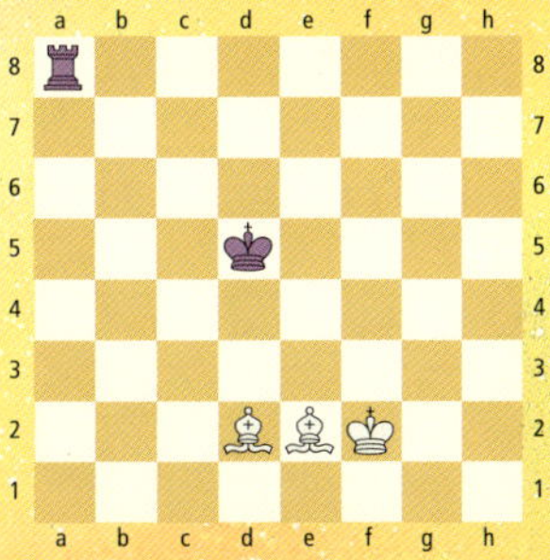

Mit Le2-f3+.

Frage 4

Wie kann hier ein weißer Läufer einen so genannten *Spieß* ansetzen?

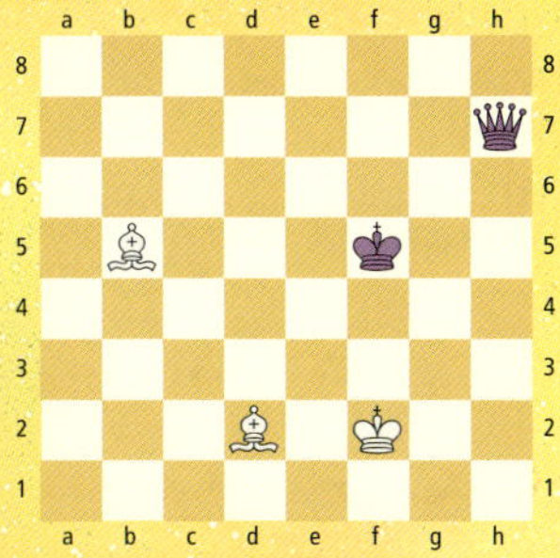

Mit Lb5-d3+.

Gripstraining zu zweit:

Wer schafft es als Erster, im Uhrzeigersinn seine beiden Figuren um die Mittelmauer herumzusteuern? Ziel sind die Ausgangsfelder. Schlagen ist nicht erlaubt.

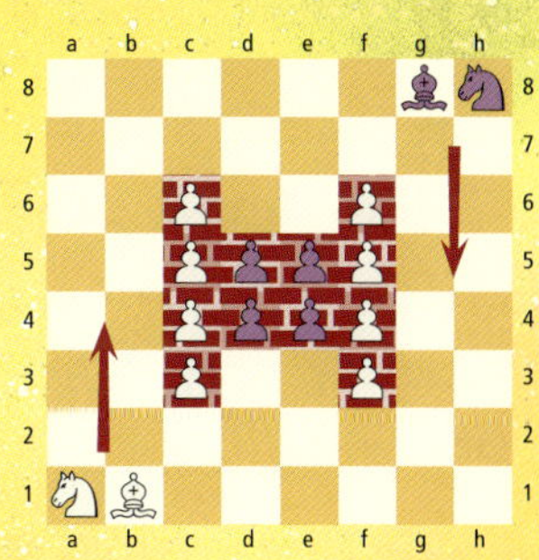

Der Bauer

Auf dem Weg durchs Dorf erklärten die Bauern, was es mit der Bärenthaler Bauernkloppe auf sich hatte: »Sie ist ein Turnier zwischen uns und den umliegenden Dörfern«, sagten sie. »Die Spielregeln sind so einfach wie beliebt: Zwei Mannschaften von je acht Bauern stehen sich gegenüber und jede versucht, einen Mann bis ganz hinten auf der gegnerischen Seite durchzubringen. Wer das als Erstes schafft, hat gewonnen.« **15**

»Aha«, sagte Bianca, »und was hat das mit kloppen zu tun? Es heißt ja schließlich Bauernkloppe und nicht Bärenthaler Bauerndurchbringe.«

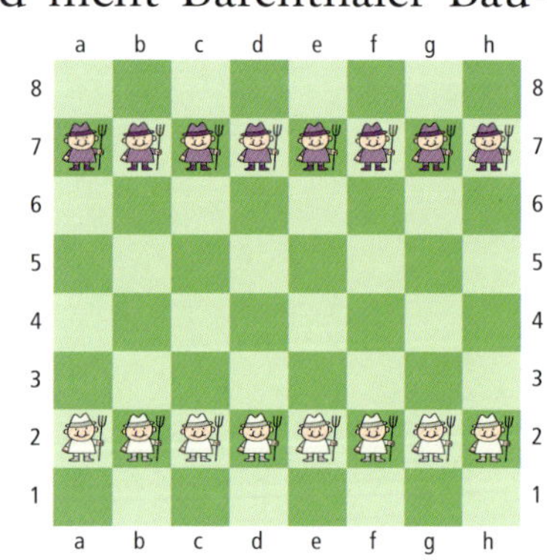

15

»Die Klopperei ist der eigentliche Spaß an der Sache«, grinste ein Bauer. »Du kannst deinen Gegner nämlich schlagen. Nicht in echt, natürlich – aber er darf dann zumindest nicht mehr mitspielen und muss auf die Ersatzbank.«

»Wenn du Pech hast, wirst du jedoch selbst geschlagen«, sagte ein anderer. »Also aufgepasst, sonst hast du ein Problem.«

Damit erreichten sie das quadratische Spielfeld, um das man Bierbänke gestellt hatte, auf denen die Fans saßen. Sie jubelten, tröteten und schwenkten begeistert Fahnen in den Farben ihrer Dörfer.

Soeben waren zwei Mannschaften aufgelaufen und hatten jeweils auf der zweiten Reihe ihrer Seite Aufstellung genommen. Die weiße Mannschaft gehörte zu Bärenthal, die andere zum Nachbardorf Hohenpattingen.

»Da sitzt ja König Rösselsprung«, sagte Bianca und zeigte in die Menge. »Komm, wir setzen uns zu ihm.«

In diesem Moment machte Bärenthal seinen ersten Zug und ein ohrenbetäubender Jubel brach aus. Auf einer Anzeigetafel erschien die Schrift:[1]

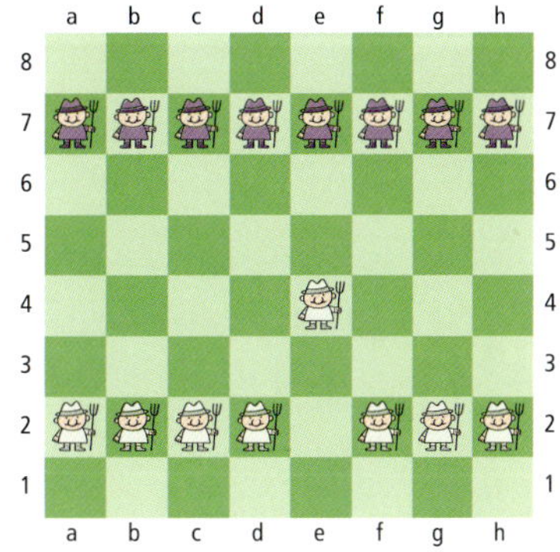

16

1. e2-e4 16

»Das ist immer ein guter Anfangszug«, bemerkte König Rösselsprung.

»Verstehe ich nicht«, wunderte sich Fritz. »Warum steht da jetzt eine Eins davor? Und warum ist da kein *B*? Schließlich ist es doch ein *Bauer*, der den ersten Zug gemacht hat.«

»Die Eins bedeutet, dass dies der erste Zug des Kampfes ist«, erklärte König Rösselsprung. »Und das mit dem fehlenden B liegt daran, dass die Anzeigetafel kaputt ist. Aber man hat sich längst dran gewöhnt und inzwischen schreiben sie sogar bei den großen Königsduellen in der Arena die Bauernzüge ohne B.«

Er wurde unterbrochen von lauten Buh-Rufen der Bärenthaler Fans, denn soeben hatte Hohenpattingen mit einem ebenfalls

1) Am besten, du spielst die Bärenthaler Bauernkloppe mit einem Schachspiel nach.

sehr guten Anfangszug geantwortet. Der Jubel war jetzt auf der anderen Seite und auf der Anzeigetafel erschien:

1. e2-e4 ***e7-e5***

»Die ist schon wirklich *sehr* kaputt, eure Anzeigetafel«, fand Bianca. »Eigentlich müsste da doch jetzt eine Zwei stehen, oder? Denn schließlich war es der zweite Zug.«

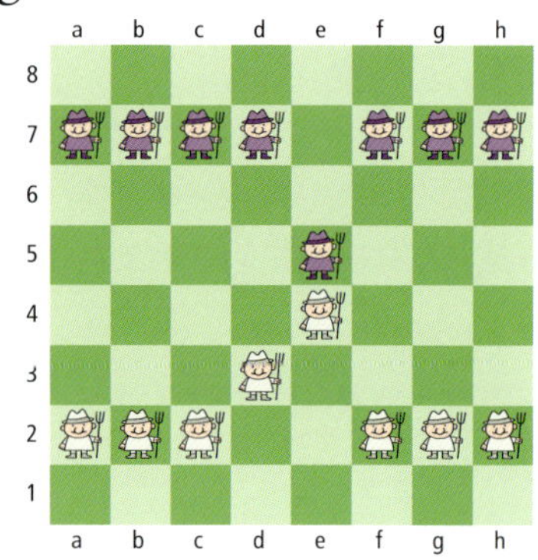

17

»Nein, das stimmt schon so wie es ist«, sagte König Rösselsprung, »denn für Lila war es ja auch der erste Zug. Die Zwei kommt erst gleich.«

Und so war es dann auch, denn noch während er sprach, zog Bärenthal den Bauern auf der d-Linie einen Schritt nach vorne auf das Feld d3.

1. e2-e4 e7-e5
2. d2-d3 17

»Moment mal«, wunderte sich Fritz, während um ihn herum erneut Jubel ausbrach, »warum ist der jetzt *einen* Schritt gegangen? Die anderen Bauern sind doch bisher immer *zwei* Schritte vorgerückt. Dürfen die sich das einfach aussuchen?«

»Ja und nein«, sagte König Rösselsprung. »Normalerweise darf ein Bauer tatsächlich nur ein Feld nach vorne gehen. Damit es am Anfang jedoch nicht so lange dauert, dürfen es bei seinem ersten Zug ausnahmsweise auch zwei Schritte sein. Aber nur beim allerersten.«

Plötzlich ertönten wieder ungehaltene Buh-Rufe der Bärenthaler Fans, denn die Mannschaft des Nachbardorfes hatte nachgezogen:

1. e2-e4 e7-e5
2. d2-d3 ***d7-d5***

»Das waren jetzt wieder zwei Schritte«, kommentierte Fritz fachmännisch, doch seine Worte gingen in schier unbeschreiblichem Geschrei unter, denn im selben Moment schlug Bärenthal gnadenlos zu:

1. e2-e4 e7-e5
2. d2-d3 d7-d5
3. *e4xd5* 18

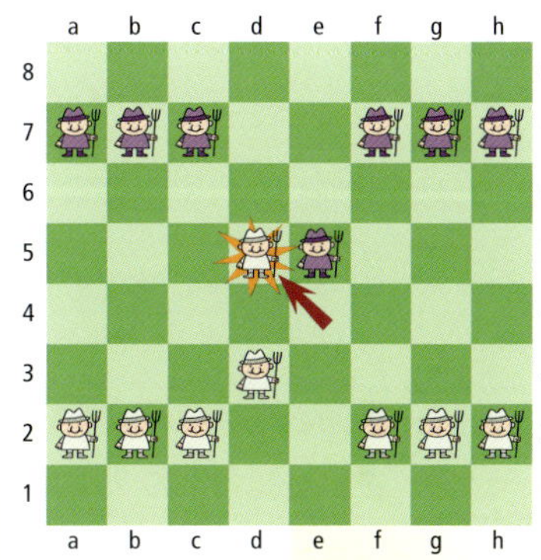

18

»Halt!«, rief Bianca erregt, während ein geschlagener Bauer des lila Teams missmutig zur Ersatzbank trottete, »das kann überhaupt nicht sein! Wir haben doch gerade erst gelernt, dass die Bauern *gerade* gehen!«

»Das ist auch ganz richtig so«, sagte König Rösselsprung. »Aber ich hatte vergessen zu sagen, dass sie nur schräg schlagen können. Und somit hat auch das hier seine Richtigkeit.«

»Das ist ja wahnsinnig kompliziert«, fand Fritz.

»Überhaupt nicht«, widersprach König Rösselsprung, »außerdem wisst ihr jetzt schon fast alles, was man wissen muss:

Bauern gehen gerade und schlagen schräg. Grundsätzlich ziehen sie immer ein Feld vor. Nur beim allerersten Zug dürfen sie ausnahmsweise zwei Felder vorgehen. Aber jetzt müssen wir gucken, denn es wird spannend!«

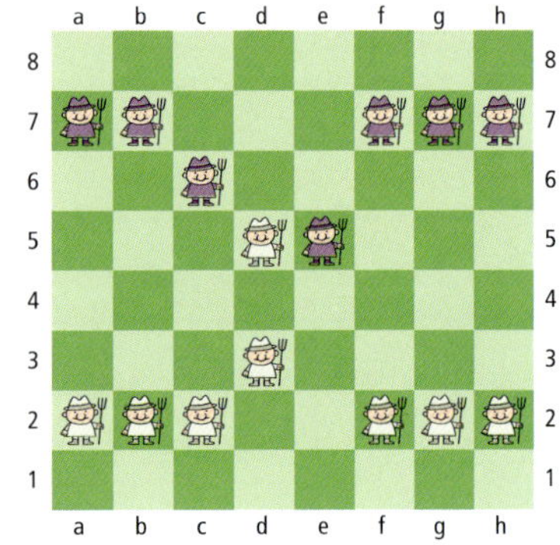

19

Genau in diesem Augenblick tat die Mannschaft des Nachbardorfes ihren nächsten Zug:

1. e2-e4 e7-e5
2. d2-d3 d7-d5
3. e4xd5 *c7-c6* 19

Da brach unter den fachkundigen Anhängern der Bärenthaler Mannschaft ein noch viel größerer Jubel als zuvor aus, denn sie hatten eine Schwachstelle in der lila Reihe ausgemacht. »Bärenthal! Bärenthal!«, riefen sie, während sie ihre Hüte in die Luft warfen und: »Nach d6, nach d6!«

»Das gerade war ein ziemlich dummer Zug«, erklärte König Rösselsprung. »Jetzt haben die Hohenpattinger so gut wie verloren.«

»Genau«, sagte Bianca. »Der Bauer auf c6 kann nämlich von dem Bauern auf d5 geschlagen werden. Schließlich schlagen die Bauern schräg, das habe ich mir nämlich gemerkt.«

»Es geht noch viel besser«, entgegnete König Rösselsprung.

»Von d5 nach d6«, brüllten die Bärenthaler Fans, die total aus dem Häuschen waren, »d6, d6, d6!«

»Aber was wäre denn so toll daran, wenn der Bauer von d5 nach d6 ginge?«, fragte Bianca. »Wäre es nicht viel besser, er schlägt einfach den Popelbauern auf c6? Das könnte er doch, oder?«

»Stimmt«, sagte Fritz nachdenklich. »Aber wenn er den Bauern auf c6 schlagen würde, könnte ihm das der lila Bauer auf b7 gleich heimzahlen. Ich nehme mal an, dass d6 irgendwie besser ist.«

Immer lauter tobten die Bärenthaler Fans und ein paar von ihnen zettelten vor lauter Begeisterung sogar eine Laola-Welle an. In diesem Augenblick zog der Bärenthaler d-Bauer einen Schritt vor:

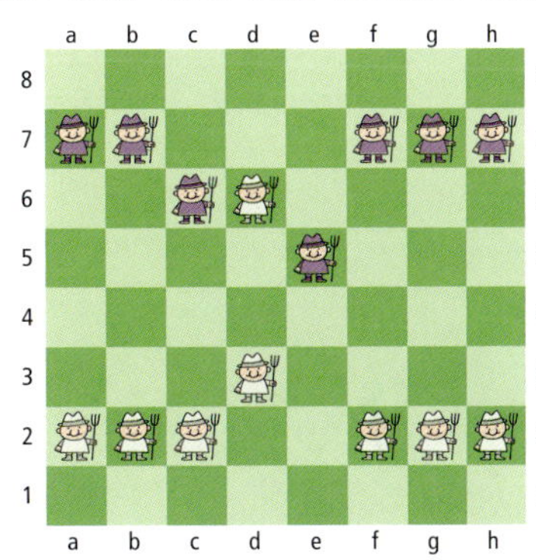

20

1. e2-e4 e7-e5
2. d2-d3 d7-d5
3. e4xd5 c7-c6
4. *d5-d6* 20

Der Jubel war unbeschreiblich.

»Und was war da nun so supertoll an diesem Zug?«, wunderte sich Bianca.

»Bärenthal gewinnt jetzt auf jeden Fall!«, rief Fritz, der zunehmend von der Begeisterung angesteckt wurde, »weil nämlich der Bauer auf d6 nicht mehr geschlagen werden kann.«

»Ein so genannter Freibauer«, erklärte König Rösselsprung. »Er kann jetzt bequem bis zur anderen Seite durchspazieren.«

Und so kam es dann auch: Die Mannschaft des Nachbardorfs konnte schlichtweg nichts mehr gegen den Bärenthaler Freibauern auf seiner d-Linie ausrichten und musste sich mit irgendwelchen nutzlosen Zügen begnügen.

1. e2-e4 e7-e5
2. d2-d3 d7-d5
3. e4xd5 c7-c6
4. d5-d6 f7-f6
5. d6-d7 ***g7-g5***

Dann war es so weit und der Bauer konnte seinen allerletzten Zug vollführen, der den gewitzten Bärenthaler Bauern den endgültigen Sieg über die Hohenpattinger einbrachte: **21**

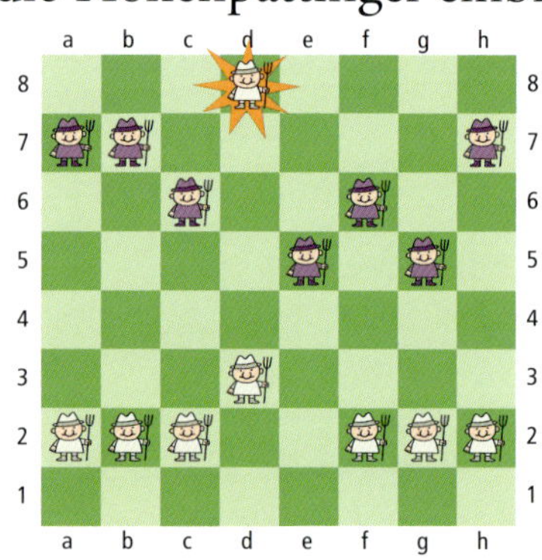

21

6. d7-d8

»Bärenthal! Bärenthal!«, riefen die Fans aus voller Kehle und warfen wiederum ihre Hüte in die Luft.

Da gab es auch kein Halten mehr für Fritz und Bianca – sie mussten einfach mitbrüllen.

Gripstraining 7: Der Bauer

Frage 1
Welcher weiße Bauer darf einen Doppelschritt machen?

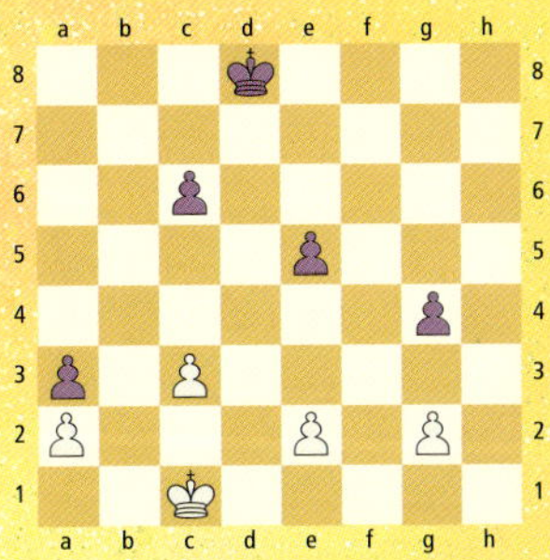

Nur der Bauer auf e2. Die anderen sind alle zugebaut oder haben schon gezogen.

Frage 3
Welcher weiße Bauer darf hier wen schlagen?

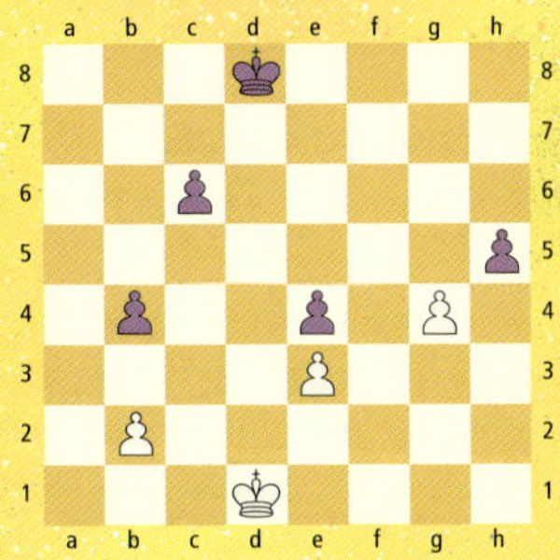

Der Bauer auf g4 darf den lila Bauern auf h5 schlagen.

Gripstraining zu zweit:
Ein toller Turm gegen acht arme Bäuerchen

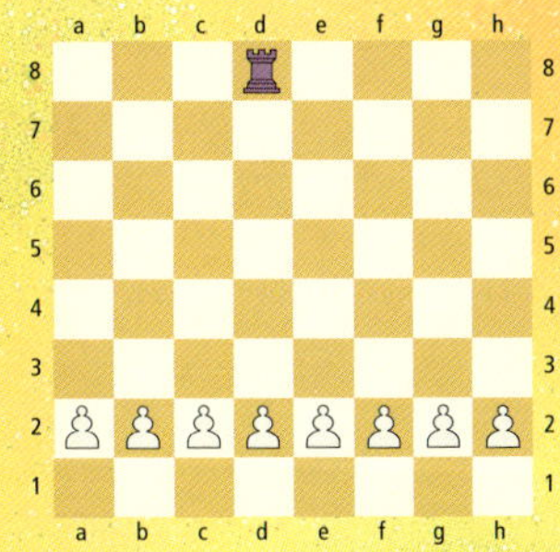

Schafft es der tolle Turm die armen Bäuerchen wegzufressen, bevor eins die andere Seite erreicht? Ausprobieren!

Frage 2a
Wie viele weiße Bauern können sich hier überhaupt bewegen?
Frage 2b
Wie viele unterschiedliche Züge könnten die weißen Bauern insgesamt machen?

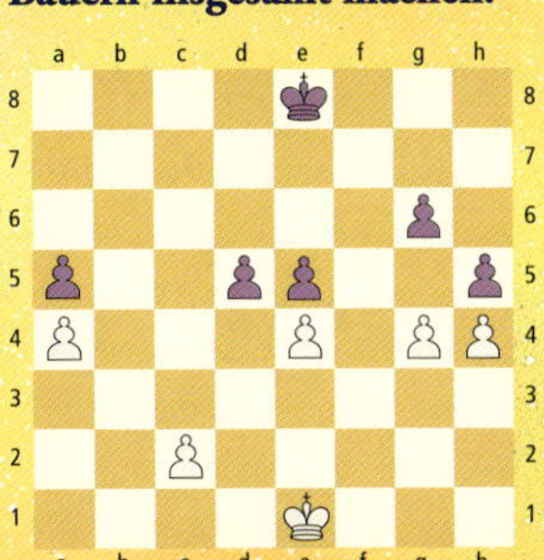

a) Drei, nämlich der c-Bauer, der e-Bauer und der g-Bauer.
b) Insgesamt fünf.
c-Bauer: c3 oder c4,
e-Bauer: d5
g-Bauer: g5 oder h5

Frage 4
Wie viele Möglichkeiten haben alle weißen Bauern zusammen für den ersten Zug?

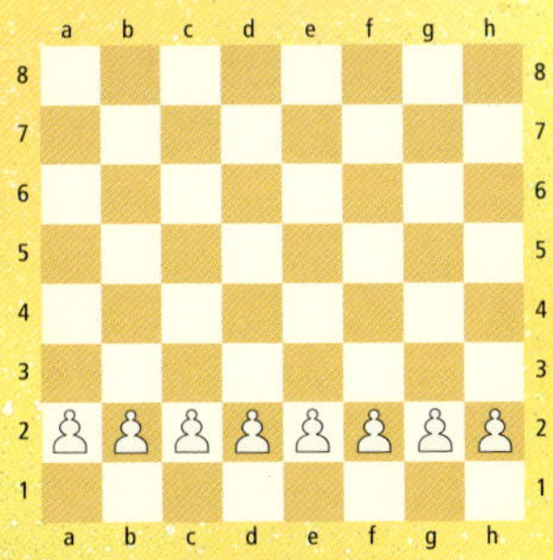

Sechzehn. Jeder der acht Bauern hat ja zwei Möglichkeiten: Ein Schritt oder zwei.

Gripstraining zu zweit:
Zwei tolle Türme gegen acht arme Bäuerchen

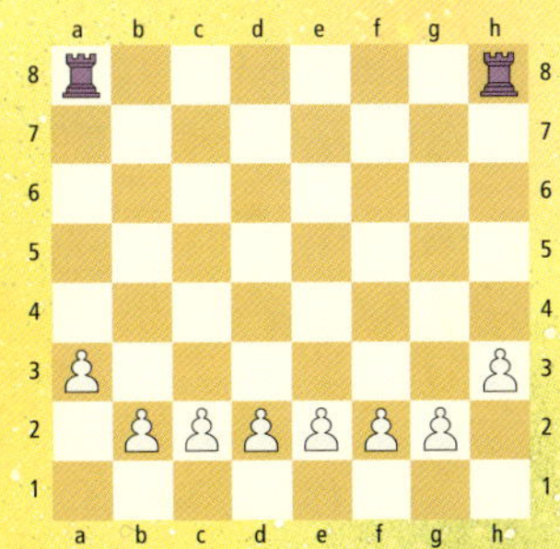

Fast dasselbe Spiel wie oben. Allerdings hat der tolle Turm jetzt einen Partner. Gemeinsam versuchen sie die armen Bäuerchen zu fressen, ehe eins die andere Seite erreicht. Die beiden äußeren Bauern dürfen bei der Aufstellung übrigens einen Schritt nach vorn.

Es folgten einige weitere Kämpfe zwischen Weißenburg, Niederkönigshausen, Schwarzbach, Bischoffshofen und anderen Nachbargemeinden Bärenthals. Mittlerweile konnten Fritz und Bianca dem Geschehen schon gut folgen, denn sie kannten ja nun die Zugmöglichkeiten der Bauern. Gemeinsam mit den anderen riefen sie Dinge wie: »Von d2 nach d3!« oder: »Mittelbauer vor!«

Am Ende hätten sie am liebsten selber mitgespielt.

»Mir ist übrigens was aufgefallen«, sagte Fritz. »Die Bauern können sich scheinbar ziemlich gut gegenseitig beschützen, wenn sie schräg hintereinander stehen. **22**

Der Randbauer auf a2 deckt seinen Nachbarn auf b3. Dieser beschützt wiederum den Bauern auf c4 und der Kollege auf d3 hilft ihm sogar dabei. Stehen die Jungs jedoch ganz allein in der Gegend herum, so sind sie eine leichte Beute.« **23**

»Wenn sie hingegen direkt hintereinander stehen, können sie sich nicht mehr richtig bewegen«, wusste Bianca. »Nebeneinander sind sie offenbar nützlicher als in einer Einkaufsschlange.« **24**

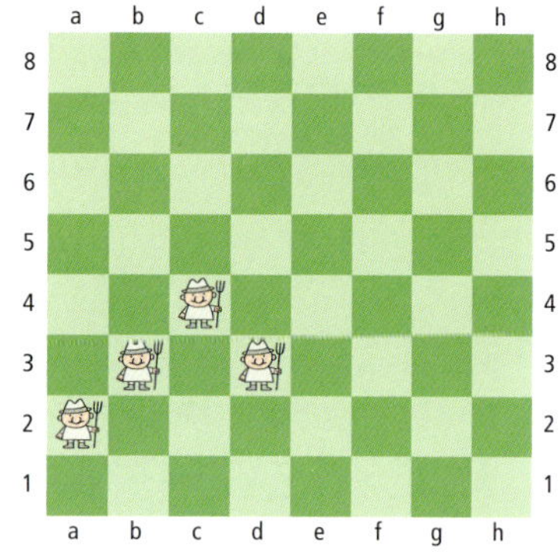

22

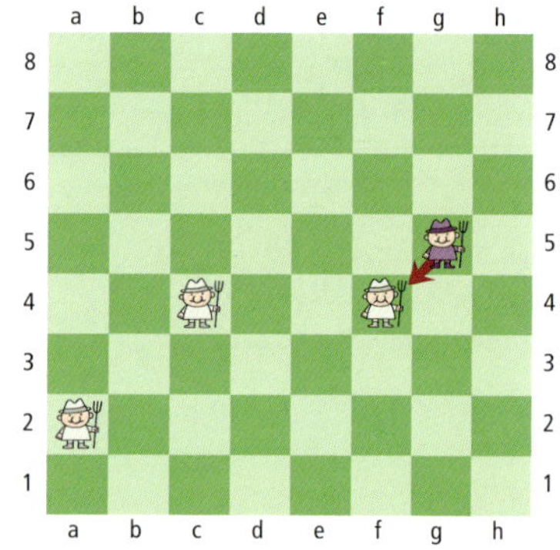

23

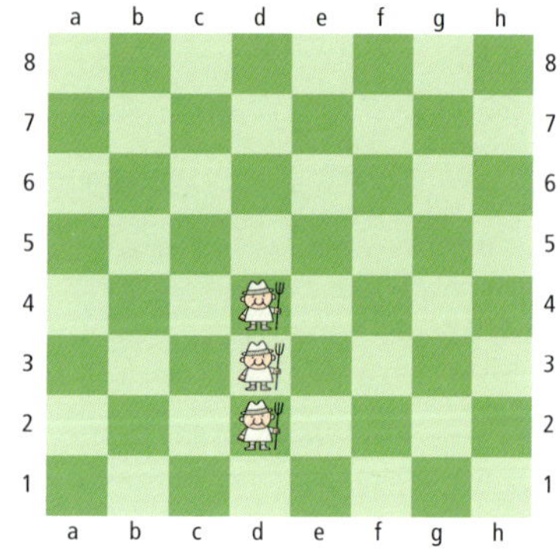

24

Dann fiel ihnen noch etwas auf, was sie sich zunächst gar nicht erklären konnten: Einer der Bauern zog nicht auf das Feld eines gegnerischen Bauern, um ihn zu schlagen, sondern auf eins dahinter. Dennoch galt der Bauer als geschlagen und schlurfte beleidigt auf die Ersatzbank. **25**

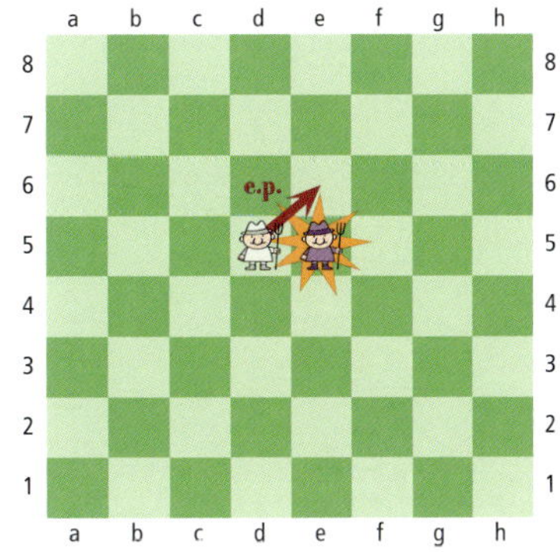

25

Doch König Rösselsprung konnte auch das erklären: »Dies eben war *en passant*[1] geschlagen«, sagte er. »Das ist französisch und heißt *im Vorübergehen.* Wenn ihr so wollt, ist es die Abseitsregel der Bauernkloppe. *En passant* kommt aber nur sehr selten vor – so selten, dass viele Leute es gar nicht kennen und sogar für einen Fehler halten. Diese besondere Spezialität ist so entstanden: Früher durften die Bauern alle immer nur einen Schritt machen, auch beim ersten Zug. Weil die Wettkämpfe aber viel zu lange dauerten, wurde irgendwann eingeführt, dass sie beim ersten Zug ausnahmsweise auch zwei Schritte machen dürfen, was ihr ja schon wisst. Trotzdem durfte so ein Zweischrittbauer weiterhin so geschlagen werden, als ob er nur einen einzigen Schritt getan hätte. Und das ist eben dieses *Schlagen en passant*, abgekürzt: e.p. Aber auch hier muss es immer gleich sofort passieren, das ist die Regel. Beim nächsten Zug ist diese einmalige Chance bereits vertan.«

1) Im Deutschen spricht man es ungefähr so aus: *ong passong.*

Und schon erschien auf der Anzeigetafel der Zug von eben:

d5xe6 e.p.

»Seht ihr, da steht's ja schon«, sagte König Rösselsprung.

Gleichzeitig erschien auch König Bunt bei der Bauernkloppe. »Na, Herr Kollege?«, fragte er höflich, »hat sich Ihr Gaul wieder beruhigt?«

»Durchaus«, war die Antwort. »Und was macht der geschundene Magen?«

»Bestens, bestens. Er ist wohlgefüllt und knurrt jetzt hoffentlich nicht mehr vor dem Kaffee trinken.«

»Wir wissen jetzt übrigens, wie Omiopasohn geht«, erklärte Bianca mit wichtiger Miene.

»En passon«, verbesserte Fritz.

»Meinetwegen. Und wie die Bärenthaler Bauernkloppe geht, wissen wir auch.«

»Ausgezeichnet«, lobte König Bunt. »Die ist nämlich einem Duell in der Arena sehr ähnlich.«

»Abgesehen von ein paar Kleinigkeiten natürlich«, bemerkte König Rösselsprung. »Wenn du im Königsduell einen Bauern durchbringst, hast du nämlich noch längst nicht gewonnen. Allerdings erhältst du eine fürstliche Belohnung dafür.«

»Eine Taschengelderhöhung?«, fragte Bianca.

»Nicht ganz. Du kannst deinen Bauern in eine Figur deiner Wahl umwandeln – Turm, Springer, Dame, was auch immer. Nur einen zweiten König kannst du natürlich nicht haben.«

»Dann würde ich mir wohl eine zweite Dame aussuchen«, sagte Fritz.

»In der Regel wird das auch so gemacht. Aber es gibt ganz hin und wieder Ausnahmen, da ist ein Springer die bessere Wahl. Zum Beispiel um eine Gabel anzuzetteln oder um dem gegnerischen König den entscheidenden Stoß zu geben. Man sollte zumindest mal kurz darüber nachdenken, wenn es so weit ist.«

Dann war es Zeit. König Bunt und die Kinder verabschiedeten sich von König Rösselsprung und machten sich wieder auf den Weg. Bald hatten sie Bärenthal hinter sich gelassen und die Arena rückte näher. Sie war ein eindrucksvolles Gebäude, obwohl sie ein klein wenig nach verfaulten Bananen roch.

»Das kommt daher, dass sie mit den Steinen von König Bananes altem Schloss gebaut wurde«, erklärte König Bunt. »Zunächst hielten ihn alle für dullidulli, dass er so was macht. Aber dann erkannte man den einmaligen Nutzen dieser Kampfstätte. Seither werden hier alle großen Königsduelle ausgetragen und auch das Ende der Tortenkriege wurde hier besiegelt.«

»Tortenkriege?«, fragte Bianca. »Was ist denn das? Klingt ganz schön dullidulli.«

»Das waren sie auch, wenn du so willst«, sagte König Bunt. »Lecker zwar, doch ansonsten eine grandiose Sauerei.«

Gripstraining 8: Bauernspezialitäten

Frage 1a

Welcher lila Bauer darf den weißen Bauern (b2-b4) hier *en passant* schlagen?

Frage 1b

Wo steht er danach?

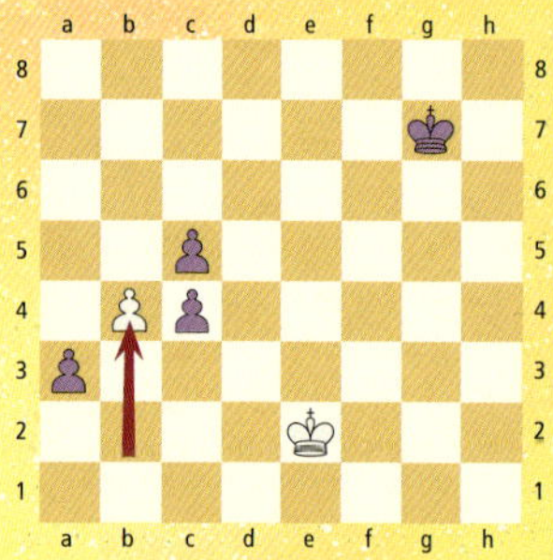

Der Bauer auf c4 darf *en passant* schlagen. Er steht danach auf dem Feld b3.

Frage 3

In welche Figur sollte sich der weiße Bauer am besten umwandeln, nachdem er im nächsten Zug von d7 nach d8 gegangen ist?

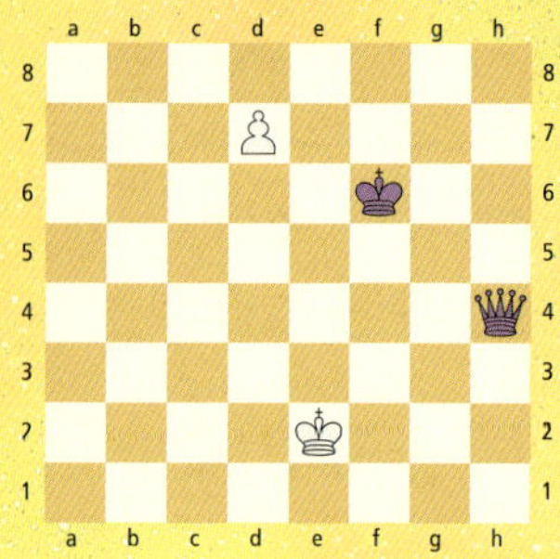

In eine Dame. Denn dann spießt er König und Dame Lila auf.

Frage 5

In welche Figur sollte sich der weiße Bauer wohl hier am besten umwandeln, nachdem er den Umwandlungszug g7-g8 getan hat?

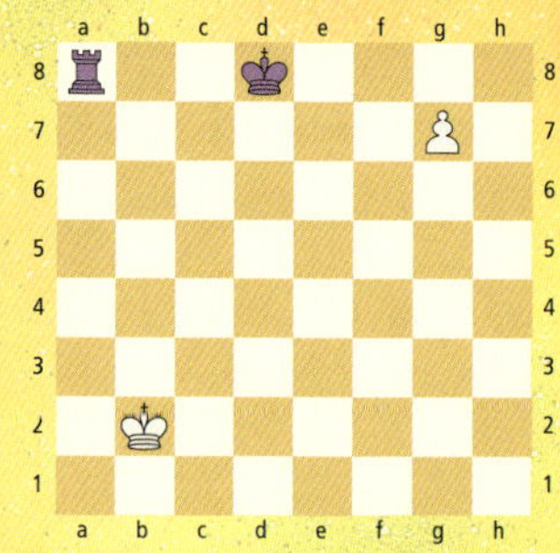

In einen Turm oder in eine Dame. Damit werden Turm und König Lila aufgespießt.

Frage 2

Der weiße König zog eben von a1-b2. Darf Lila den weißen Bauern auf d4 jetzt *en passant* schlagen?

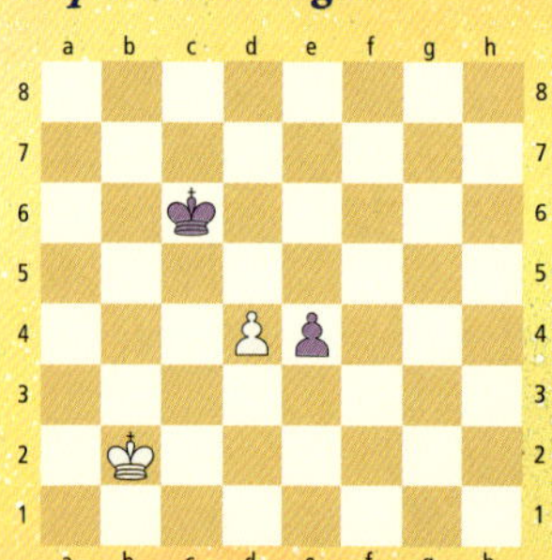

Nein. Schlagen *en passant* geht nur *sofort* nachdem der gegnerische Bauer einen Doppelschritt gemacht hat. Wenn der König zwischendrin zieht, ist die Chance vertan.

Frage 4

In welche Figur sollte sich der weiße Bauer hier umwandeln, wenn er sein Umwandlungsfeld e8 erreicht?

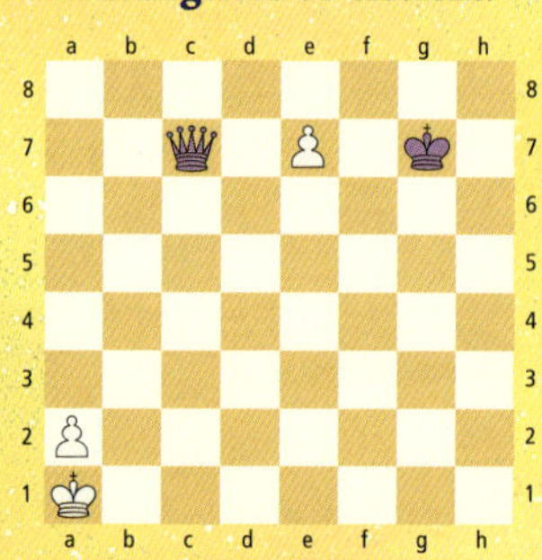

In einen Springer. Denn dann hat er gleich eine prima Springergabel aufgestellt.

Gripstraining zu zweit:

Bärenthaler Bauernkloppe

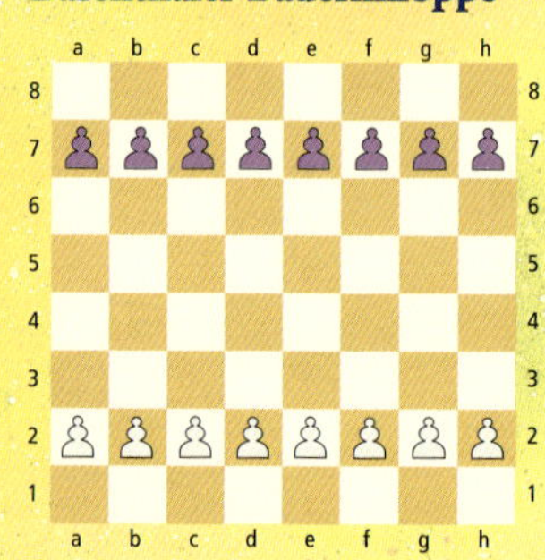

Probiert es selbst mal aus. Wer kommt zuerst auf die andere Seite? Wer die Regeln nicht kennt, kann ja noch einmal die beiden letzten Kapitel lesen.

Die Tortenkriege

Der Ausbruch der Tortenkriege lässt sich genau datieren: Sie begannen pünktlich am frühen Nachmittag des Geburtstags von König Grün, anlässlich dessen er seine Nachbarkönige samt Gattinnen zum großen Tortenessen eingeladen hatte. Alle waren gekommen: König Braun, König Grob-Klotzing, König Farblos und wie sie alle hießen. Leider war aber auch König Schlabberlatz erschienen, der eigentlich überhaupt nicht eingeladen war. Und nun schlabberte und schmatzte er derartig Ekel erregend, dass der leicht reizbare König Grob-Klotzing prompt die Nerven verlor und ihm die nächstbeste Sahnetorte mitten ins Gesicht klatschte.

Dabei bekam auch die Gattin von König Silberblick einen Spritzer ab, dachte jedoch irrtümlich, die Torte käme vom bis dahin völlig unbeteiligten König Schluffendorff. Und so rächte sie sich umgehend: Klatsch, schon hatte der arme Schluffendorff eine halbe Schwarzwälder Kirschtorte im Gesicht. Die andere Hälfte verfehlte ihr Ziel und landete gleichenteils im Gesicht von König Quergestreift und im Schoß seiner Gattin, die ausgerechnet heute ihr bestes Kleid trug. »Frechheit!«, riefen sie, und schon war die wildeste Tortenschlacht im Gang: Einer kämpfte gegen alle und alle gegen einen. Da wurde geschmiert und geschmissen und gepatscht – es war einfach nur widerlich.

Dann drohte die Munition auszugehen. Doch in diesem Augenblick trugen die Hofangestellten König Grüns den Nachtisch herbei: Sahnepudding, Windbeutel, backfrischen Bienenstich in Eierlikörsauce und was die Küche sonst noch so hergab. Klatsch, schon hatten sie eine Torte im Gesicht und so beteiligten auch sie sich an der Schlacht, indem sie ihrem König beistanden mit Schokoladentorte, Quarkstrudel, Edelkirschlikörcreme, Eischnee, Zuckerguss und kübelweise Vanillesauce.

Solche unfaire Verstärkung wollten sich die anderen Könige natürlich nicht bieten lassen. Gleich riefen auch sie ihre Hofangestellten zu Hilfe und so kämpfte schließlich König gegen Königin, Königin gegen Hofstaat, Hofstaat gegen König und jeder gegen jeden.

Es war ein elendes Gewürge: Wie Schneeflocken im Wintersturm wirbelten die Sahneschnittchen durch die Luft, es hagelte Pralinen und es trieften die Sonntagskleider vom Rumaroma.

Wer gerade nichts Werfbares zur Hand hatte, stellte dem anderen eben ein Bein, dass er der Länge nach in die Pampe platschte. Dieser betrübliche erste Kampftag endete erst, als man vor lauter Dreck nicht mehr erkennen konnte, wer hier wer war.

Doch schon am nächsten Tag ging es weiter mit Frankfurter Kranz, gedecktem Apfelkuchen und Sachertorte. Eilig schickten die Könige zur Bäckerei um Nachschub zu organisieren. Die Bäcker aber buken, was das Zeug hielt und so breiteten sich die Tortenkriege (wie man sie später nannte) in Windeseile aus. Immer mehr Könige beteiligten sich daran, immer weitere Reiche wurden mit hineingezogen, bis schließlich die ganze Welt in Sahne, Buttercreme und Bröselmatsch zu versinken drohte.

Nur König Banane hatte gerade keine Zeit dafür, denn er wollte tapezieren. Begeistert kleisterte er Bananenschale um Bananenschale an die Wand, bis alle Räume des ganzen Schlosses in leuchtendem Gelb erstrahlten.

»Na«, fragte er seine Gattin stolz, »wie findest du es?«

»Schöne Farbe«, lobte die Königin. »Aber meinst du nicht, dass es ein bisschen merkwürdig riecht?«

»Doch«, sagte König Banane, »jetzt wo du's sagst, merke ich es auch. Es riecht ein bisschen nach Banane.«

Und er öffnete alle Fenster um zu lüften. Doch das half nicht viel, denn nach kürzester Zeit faulte es im ganzen Schloss und König Banane beschlich die Ahnung, dass er vielleicht doch besser normale Tapete genommen hätte. Denn die Bananenschalen stanken so unerträglich, dass man schließlich ins benachbarte Gartenhaus übersiedeln musste.

Doch selbst hier war es bald nicht mehr auszuhalten und so kam es wie eingangs schon erwähnt: König Banane musste das schöne neue Schloss wieder abreißen lassen.

Traurig saß er auf den Ruinen und fand, dass einzig und allein die Tortenkriege schuld waren an seinem Scheitern. Und damit solches niemals wieder geschehen konnte, beschloss er in einer Mischung aus Rache, schlechtem Gewissen und gutem Willen, etwas gegen diese Sauerei zu unternehmen.

Und so ließ er die Steine seines zerstörten Schlosses säubern und an gleicher Stelle etwas Anderes daraus errichten – etwas Großartiges, Neues und das wohl aufregendste Gebäude seiner Zeit. In seiner Mitte befand sich ein verkleinertes Modell der Kuchenblechwelt. Drumherum türmten sich Zuschauerränge hoch hinauf. Den Platz in der Mitte ließ König Banane aus Gründen der Sauberkeit mit achtmal acht großen Bodenplatten kacheln – und weil er es nicht selber machte, gelang es diesmal vorzüglich. Er hatte auch schon einen Namen für dieses neue Gebäude, nämlich *Arena*.

König Bananes Plan war dieser: Hier in diesem abgeschlossnen Rund, fernab von der geplagten Außenwelt, sollten die Tortenschlachten künftig stattfinden. Dann, so hoffte er, würden sich auch die Malermeister wieder aus ihren Häusern trauen und nur so konnte zukünftigen Bauherren der Gestank falsch geklebter Tapeten erspart werden.

Doch wie konnte er seine Königskollegen dazu bewegen, ihre Tortenschlachten ausgerechnet hier in der Arena, im Kleinen und auf vierundsechzig pflegeleichten Kacheln auszutragen? Er konnte sie ja nicht dazu zwingen. Besser war es, in ihnen den Wunsch zu erwecken, berühmt zu sein. Dafür benötigt man allerdings viele Zuschauer, denn da kannst du noch so berühmt sein – wenn keiner da ist, der dich dafür hält, nützt es dir nichts. Viele Zuschauer waren aber nur zu erwarten, wenn es in der Arena ähnlich aufregend zuging wie bei der Bärenthaler Bauernkloppe. Also übernahm König Banane einfach deren Regeln, ergänzte sie hier und dort und nannte diese neue Spielart der Einfachheit halber *Königsduell.* Denn das, so fand er, klang sowieso viel aufregender als wenn er sagte: *Tortenschlacht im Kleinen nach den überarbeiteten Regeln der Bärenthaler Bauernkloppe für Könige, die berühmt werden möchten.*

Es kam der Tag der Eröffnung. Und weil es den Leuten eine willkommene Abwechslung vom trostlosen Alltag der Tortenkriege versprach, kamen auch viele: Könige und Königinnen, Diener und Bäcker – ja sogar ein paar Malermeister wurden gesichtet! Staunend nahmen sie Platz auf den Rängen und bewunderten, was König Banane da Großartiges aus den Steinen seines alten Schlosses gemacht hatte.

Am meisten staunten sie jedoch über das, was sich auf dem Spielfeld tat: Dort standen sich nämlich zwei grimmige Duellanten gegenüber, mitsamt Gattinnen, Hofangestellten und alle schwer bewaffnet mit Torten oder Sahnespritzen. Es waren die Könige Schlabberlatz und Grob-Klotzing, die einst die allererste Tortenschlacht ausgelöst hatten. Feindselig blickten sie sich in die Augen, wild entschlossen, Rache am anderen zu üben. Rache für das versaute Kaffee trinken, Rache für die verschmierten Königsroben und überhaupt für diese elenden Tortenkriege.

Denn sie waren es leid! Sie wollten nicht mehr länger für gutes Geld leckere Tortenmunition kaufen, ohne sie selbst essen zu können. Sie hatten keine Lust mehr auf den ständigen Dreck. Und selbst der in solchen Dingen normalerweise nicht so zimperliche König Schlabberlatz sehnte sich danach, mal wieder in Ruhe schlafen zu können. Ohne Sahnereste in den Schlafanzugtaschen, ohne pieksende Krümel auf dem Bettlaken und ohne die beständige Angst vor nächtlichen Attentätern, die einem halbgare Gugelhupfe in die Nasenlöcher stopften. Und so stellten die beiden ihre Wurfgeschosse kurz entschlossen beiseite und fochten ihr Duell einfach ohne aus.

Die Zuschauer reagierten zunächst verwundert. Eine Tortenschlacht ohne Torten – was konnte das wohl werden? Als sie jedoch merkten, dass es auf dem Spielfeld weitgehend nach den Regeln der allseits beliebten Bärenthaler Bauernkloppe zuging, begannen die ersten spontan zu applaudieren. Zögerlich stimmten andere mit ein. Aber dann begannen sie sogar zu johlen und zu singen, denn dieser Kampf gefiel ihnen immer besser! Nach und nach wurden sämtliche Zuschauer von der Begeisterung angesteckt, und schließlich jubelten sie über jeden Zug, dass die Wände der Arena wackelten.

»Schlabberlatz! Schlabberlatz!«, riefen sie im Chor, oder: »Ja, mach ihn fertig, Grob-Klotzing!«, je nach Neigung.

Ohne Zweifel waren die beiden Duellanten die Helden des Tages und das beeindruckte die anwesenden Königs-Kollegen außerordentlich. Ohnehin gefiel ihnen diese neue Form der sauberen Tortenkriegsführung wesentlich besser als die alte und so forderten sie einander noch auf der Stelle zum Duell, denn sie wollten auch mal berühmt sein.

Leider endete der Kampf zwischen König Schlabberlatz und Grob-Klotzing nur unentschieden, doch das Publikum war es dennoch zufrieden, denn es war ein interessanter Kampf gewesen.[1] Selbst die beiden Duellanten schienen erleichtert, diesmal gänzlich unbefleckt davongekommen zu sein. Am Ende schüttelten sie sich sogar, begleitet vom Jubel der Zuschauer, die Hände und von Stund an galten die Tortenkriege als beendet.

1) Wer möchte, kann dieses und andere Duelle nachspielen. Die Züge finden sich ab Seite 186.

König Banane aber freute sich, dass sein Plan so gut aufgegangen war.

Die Aufstellung

Da standen Fritz und Bianca nun mitten in der Arena zwischen hüfthohen Spielfiguren, die Läufer, Springer, Türme und Bauern darstellten. Dame und König fehlten. Hinter einer Abgrenzung türmten sich die Sitzreihen für die Zuschauer auf und vermittelten dem, der unten stand, ein Gefühl von Winzigkeit und Verlassenheit, denn noch war die Arena menschenleer. Doch demnächst würden hier die Zuschauermassen johlen und dann würde die Arena alles andere sein als verlassen.

»Super!«, sagte Bianca.

»Super!«, wiederholte ein Echo.

»Ich stelle mir gerade vor, wie es sein wird, wenn wir hier vor tausenden von Leuten gegen König Schwarz kämpfen.«

»Ich auch«, sagte Fritz kleinlaut.

»Ist das nicht großartig?«, fragte Bianca.

»Großartig?«, machte das Echo.

»Überhaupt nicht«, murmelte Fritz, während sich Bianca versuchsweise auf eine Ecke des Spielfelds stellte.

»Stehe ich hier richtig?«, fragte sie.

»Beinahe«, sagte König Bunt. »Du musst nur noch auf die d-Linie, *d* wie *Dame*. Und als weiße Dame musst du auf das helle Feld, während dein dunkles Gegenüber auf dem dunklen steht. In der Muckibude sagten sie immer: *Die Dame liebt ihre Farbe.*« **26**

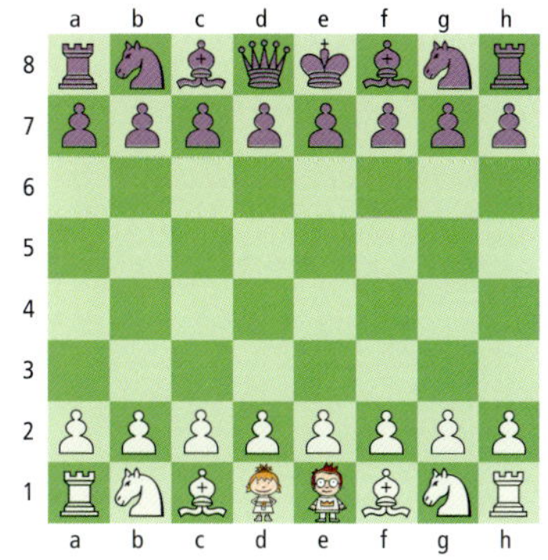

26

»Komm, Fritz!«, rief Bianca. »Stell dich mal rechts neben mich auf. Das ist ein hübsches Plätzchen, wie gemacht für einen Ersatzkönig!«

»Ist auch ganz richtig so«, bemerkte König Bunt, während Fritz missmutig auf das Feld e1 trottete. »Die Könige stehen sich beim Duell immer auf der e-Linie gegenüber. Zusammen mit ihren Damen bilden sie die Mitte des Geschehens. Davor steht eine beschützende Reihe aus acht Bauern. Die kennt ihr ja schon von der Bärenthaler Bauernkloppe.«

»Die bringen wir alle durch«, kündigte Bianca großspurig an. »Und wohin kommen Läufer, Turm und Springer?«

»Die zwei Türme gehören wie bei einer Burg in die Ecken«, sagte König Bunt. »Die Springer müssen jeweils daneben auf die Felder b und g. Ich merke mir das übrigens mit den Anfangsbuchstaben von *brave Gäule*. Die Lücken neben dem Königspaar schließen dann die Läufer.«

»Hoppla, das ist aber kompliziert«, fand Bianca.

»Zwei, drei Mal aufgestellt, dann kannst du's«, behauptete König Bunt. »Oder du machst es wie ich und lässt dir die Aufstellung als Gedicht auf ein Lebkuchenherz schreiben. Leider habe ich meins aufgegessen, aber ich weiß noch, was drauf stand: *Links und rechts die Türme, das Pferd steht gleich dabei, Läufer dann, das Königspaar und Bauern in der Reih.*«

»Und warum werden hier eigentlich keine echten Pferde verwendet?«, fragte Bianca. »Das wäre doch viel schöner.«

»Ursprünglich wurde das auch so gehandhabt«, sagte König Bunt. »Aber die Tiere scheuten und wollten nicht so lange ruhig halten, daher hat man sie ersetzt. Ähnliches gilt für die Hofangestellten – sie müssen nicht unbedingt persönlich da sein, damit das Publikum seinen Spaß hat. Nur König und Königin müssen selbstverständlich anwesend sein.«

»Warum eigentlich?«, wunderte sich Fritz.

»Tja wieso?« König Bunt musste eine Weile überlegen. »Vermutlich, weil ja sonst jeder kommen könnte. Zu einem ordentlichen Königsduell braucht man aber nunmal einen König. Und die Dame dazu ist dann natürlich eine Frage der Höflichkeit.«

»Aber könnte sich der König für das Duell nicht von einem Tortenbäcker vertreten lassen?«, spann Fritz den Faden weiter. »Dann könnte er sein eigenes Duell bequem von der Tribüne aus ansehen und dabei ein paar Tortenstücke vertilgen. Oder man bleibt gleich ganz zu Hause und duelliert sich am Esstisch mit kleinen Figuren und einem Damebrett. Dazu bräuchte man weder Arena noch Zuschauer – ja, nicht einmal ein König müsste dafür sein. Ich wüsste sogar schon einen guten Namen dafür: *Schachmatt*, denn darum geht es ja schließlich. Oder vielleicht auch nur *Schach*. Das müsste doch gehen, oder?«

»Denkbar«, sagte König Bunt. »Allerdings fürchte ich, dass sich sowas niemals durchsetzen würde.«[1]

1) *Schach* hat sich aber trotzdem durchgesetzt! Es gibt allerdings auch die Theorie, dass das mit dem Königsduell alles reine Phantasie ist und dass das Schachspiel vor langer Zeit in Indien erfunden wurde.

Gripstraining 9: Aufstellung

Frage 1
Kannst du alle Figuren auf ihren Platz stellen?

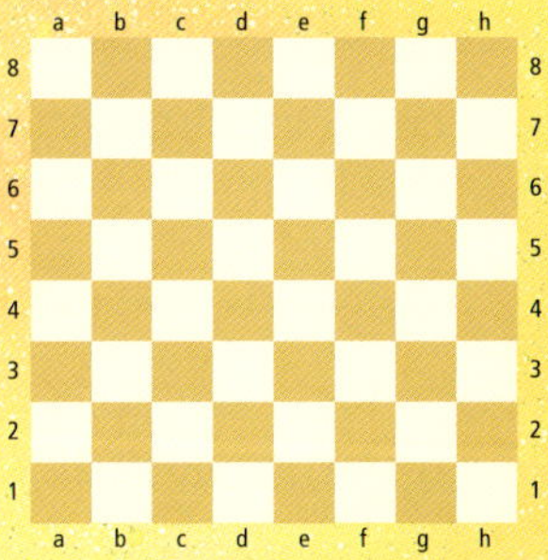

Die richtige Aufstellung kannst du auf Seite 73 nachschlagen.

Frage 2
Welche Figuren sind hier vertauscht?

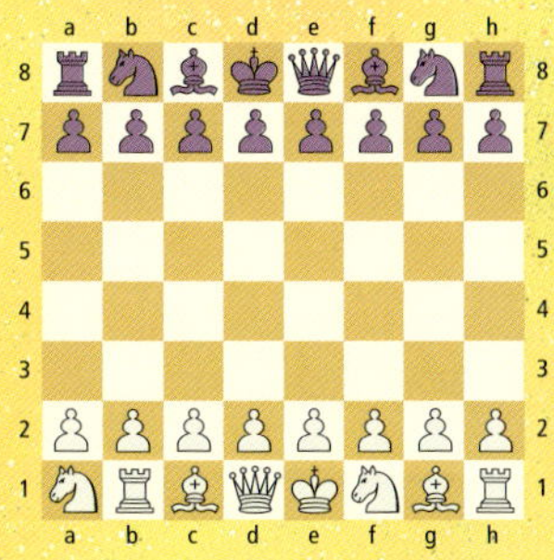

1. Springer a1 und Turm b1
2. Springer f1 und Läufer g1
3. König d8 und Dame e8.

Frage 3
Liegt das Spielfeld hier richtig oder falsch? Und warum?

Es liegt falsch. Das Feld unten links (a1) muss nämlich immer ein *dunkles* sein – hier ist es aber hell. Das wird oft falsch gemacht, sogar im Fernsehen, in Schaufensterdekorationen oder auf Werbefotos. Achtet mal darauf.

Gripstraining zu zweit:
Hallenhalma

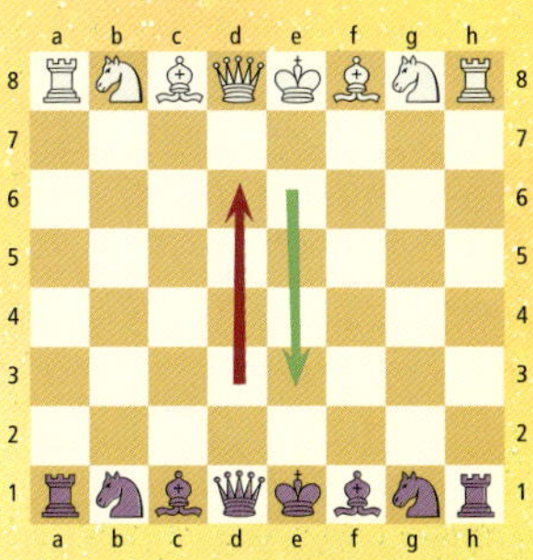

Bei diesem Spiel geht es darum, alle eigenen Figuren so auf die gegenüberliegende Seite zu ziehen, dass sie dort genau auf ihrem Platz zu stehen kommen. Wer das zuerst schafft, hat gewonnen. Schlagen ist hier nicht erlaubt, allerdings kann man seine Figuren dem Gegner natürlich so in den Weg stellen, dass sie ihn ordentlich stören.

Gripstraining zu zweit:
Bäumchen wechsle dich

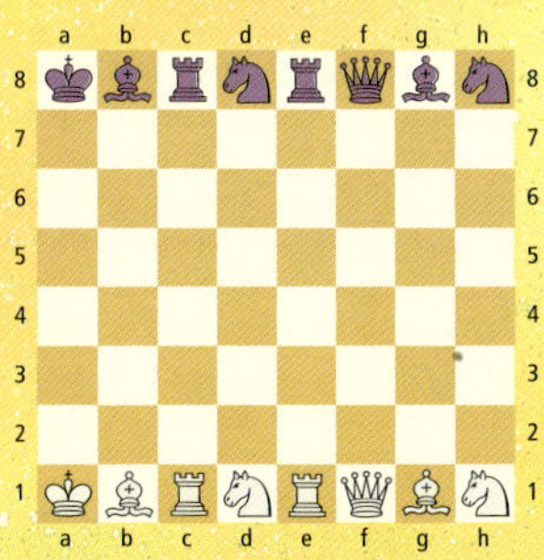

Alle Figuren stehen hier am falschen Platz und sollen nun an den richtigen ziehen. Dies geschieht immer abwechselnd, wobei Weiß mal wieder den ersten Zug hat. Auch bei diesem Spiel ist Schlagen nicht erlaubt, denn es geht nicht darum, dem Gegner Probleme zu bereiten, sondern darum, selber möglichst schnell fertig zu sein.

Gripstraining allein:
Der lila und der weiße Turm sollen ihre Plätze tauschen.

Es sind aber nur zwei Felder frei und die Bauern können sich nicht bewegen. Eine ziemliche Knobelei, aber nicht unmöglich. Wer schafft's?

Am Ausgang erwartete sie ein kleiner finsterer König mit stechenden Augen und fahl schimmernder Krone.

»Herzlich willkommen, König Dreikäsehoch«, sagte er spöttisch zu Fritz. »Oder ist es dir lieber, ich nenne dich *Ersatzkönig Weiß*?«

»König Schwarz!«, rief König Bunt. »Hören Sie mal, was Sie da treiben ist einfach empörend!«

»Ach, sieh an, mein guter alter Freund König Bunt ist auch dabei«, säuselte König Schwarz gespielt freundlich. »Der gute, alte, dicke, einfältige und leider schrecklich untalentierte König Bunt. Na, Herr Bunt, wie geht's denn so? Schmeckt der Nachtisch noch?«

»Sparen Sie sich Ihre Fragen! Sie wissen doch ganz genau, dass es eine ehrlose Unverschämtheit ist, ein Kind zum Duell zu fordern!«

»Nanana!« König Schwarz hob beschwichtigend die Hände. »Mache ich denn etwas falsch? Ist es meine Schuld, dass König Weiß so unvorsichtig war, in den Urlaub zu fahren? Sagen Sie mir bitte, wenn ich gegen die guten Sitten verstoßen habe. Schließlich ist solch ein Duell doch eine Sache der Ehre.«

»Regeln hin oder her«, entgegnete König Bunt aufgebracht, »es ist einfach unverantwortlich, ein Kind zu fordern!«

»Ich würde doch niemals ein Kind fordern«, wiegelte König Schwarz ab. »Ich habe *König Weiß* gefordert, so wie es üblich ist. Was kann ich denn dafür, dass er mir so ein kleines dummes Reservebaby schickt? Am Ende soll ich es wohl noch wickeln, ja? Aber ich will kein Unmensch sein – es wird ihm nicht das Geringste passieren, außer …«, plötzlich verschärfte sich sein Ton, »außer, dass ich ihn besiegen werde! Dass ich ihn fix und fertig machen werde, bis er um Gnade winselt! Dass ich seine Ehre mit den Füßen treten werde und die Ehre seiner ganzen Familie, vor allem die seines gräßlichen Großvaters, der ...«

»... der Sie seinerzeit vernichtend geschlagen hat«, unterbrach ihn Bianca. »Kein Wunder, dass Sie sich seither lieber mit Kleineren anlegen.«

»Dass ich ... *wie*?!«, stotterte König Schwarz, der plötzlich den Faden verloren hatte. »Aber … wer … wer ist denn … *die da*?!«

»Jedenfalls keine, die sich von einem halbgaren Pupsfrosch wie König Schwarz unterbuttern lässt«, sagte Bianca ungerührt. »Ich werde heute Abend Fritz' Dame sein! Außerdem gehen wir jetzt in die Muckibude für Hirngymnastik, nur damit Sie schon mal gewarnt sind!«

Es dauerte einen Moment, bis König Schwarz seine Fassung wiedergewonnen hatte. Aber dann spottete er: »Ach wirklich, die Muckibude? Ich wusste gar nicht, dass die eine Babystation hat. Nun gut, dann wird unser Duell vielleicht ein bisschen interessanter. Schließlich spielt ja auch die Katze mit der Maus, bevor sie sie frisst! Also bitte, ihr Süßen, lasst euch nicht aufhalten. Aber vergesst nicht, dass ich hier auf euch warte – ich, König Schwarz. Und mit mir wartet eine Arena voller Fans, die mir zujubeln werden, wenn ich euch nach allen Regeln der Kunst auseinander nehme.« Dann lachte er noch einmal höhnisch und sprang davon.

»So ein A … ach, ich sag's lieber nicht«, knurrte Bianca, »das gibt nur Ärger.«

Teil 2
Das Trainingslager

Fred Fertig

Die Muckibude für Hirngymnastik war nur einen Steinwurf von der Arena entfernt. Sie stand auf einer großen Wiese voller Fußballtore, Basketballkörbe und anderer Sportgeräte und ähnelte ein wenig einem altmodischen Schulgebäude.

»Ursprünglich war sie das Gartenhaus von König Banane«, erklärte König Bunt. »Zwischenzeitlich wohnte er sogar mal eine Zeit lang hier. Inzwischen ist er allerdings mitsamt seiner Gattin ins benachbarte Hohenpattingen in ein dotterfarbenes Reihenhaus gezogen. Seither nutzt er dieses Gartenhaus als Trainingslager für die Könige, die sich auf ihre Duelle in der Arena vorbereiten möchten. Hier seid ihr in guten Händen. Was ich selber weiß, habe ich euch gesagt: Ihr wisst jetzt, wie die Figuren ziehen und die wichtigsten Regeln kennt ihr auch. In der Muckibude für Hirngymnastik könnt ihr aber sicher noch viel mehr lernen als bei eurem guten alten König Bunt. Viel Glück also. Und bis nachher.«

Damit spazierte er zurück nach Bärenthal ins Wirtshaus *Zum Spieß*, wo er sich zum Nachtisch noch ein bis zwei Stück Torte genehmigen wollte. Oder auch drei. Oder acht.

Das Zeichen der Muckibude war ein Kopf, der statt Ohren zwei Muskelarme hatte. Und so war er auch über der Eingangstür abgebildet.

Fritz und Bianca betraten einen Raum, der einer Turnhalle nicht unähnlich war: Überall standen Heimtrainer, Reckstangen, Sprungkästen und andere Sportgeräte herum, wie man sie aus Fitness-Studios kennt. Am Boden lagen verschiedene Bälle, an den Wänden waren Kletterstangen befestigt und von der Decke hingen Turnringe herab. Auch eine Vitrine für Pokale und ein schwerer Boxsack fanden sich hier. Den meisten Platz beanspruchte jedoch ein Boxring, der, wie das gekachelte Spielfeld in der Arena, in vierundsechzig Felder unterteilt war. Auch hier gab es dieselben hüfthohen Spielfiguren: Bauern, Springer, Läufer, Türme sowie zwei Damen und Könige für Übungszwecke.

Nur König Banane war nirgends zu sehen.

»Da liegt ein Zettel«, bemerkte Bianca und las ihn vor:

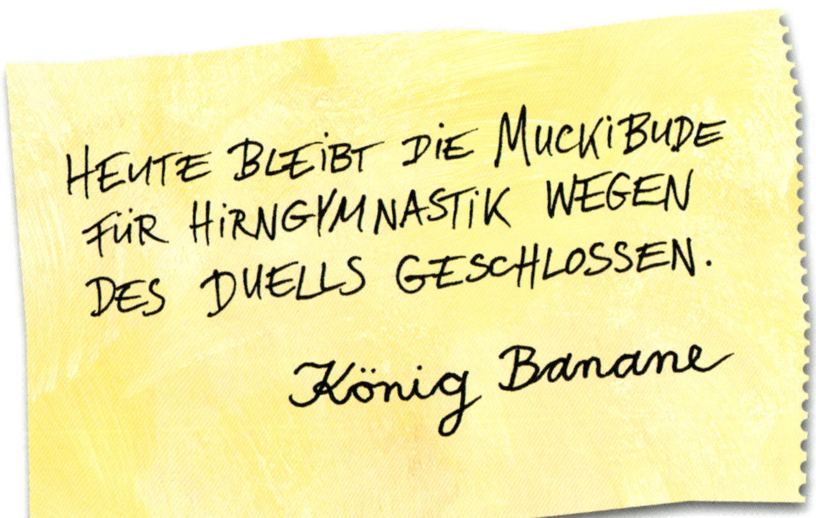

»Verflixt, das hat uns gerade noch gefehlt!« Ärgerlich trat Fritz gegen einen herumliegenden Tennisball, der in ein Loch unter dem Boxring verschwand. Plötzlich rumpelte es dort und etwas Kleines, Zorniges mit einem langen Schwanz kam herausgestürmt.

»Was denn, was denn, was denn?!«, fragte es aufgebracht. »Wenn ihr Streit sucht, dann sagt es lieber mit Worten als mit Tennisbällen!«

»Hoppla, das ist ja 'ne Ratte!«, sagte Bianca verblüfft.

»Was dagegen?!«

»Nö, aber'n bisschen überrascht darf man ja wohl noch sein.«

Fritz murmelte: »Entschuldigung wegen dem Ball eben. War keine Absicht – ich habe mich nur geärgert, dass keiner hier ist, der uns trainieren könnte.«

»Wozu auch?«, entgegnete die Ratte ungehalten. »Schließlich ist das hier kein Kindergarten, sondern ein Trainingscamp für angehende Gripsprofis!«

»Weiß ich selber«, sagte Fritz, »und du kannst mir glauben, dass ich jetzt lieber ganz woanders wäre. Aber König Schwarz hat mich nun mal zum Duell gefordert und da muss ich heute Abend eben ran.«

»Du?«, fragte die Ratte überrascht. »Er hat *dich* gefordert? *Ein Kind?*«

Fritz nickte betreten.

»Du kennst ihn wohl?«, fragte Bianca.

»Und ob! Ich bin zwar nicht mehr der Jüngste, aber ich habe hier im Laufe der Zeit eine Menge Könige trainieren sehen. Jeder von ihnen hatte so seine Spezialtricks, die ich mir natürlich abgeschaut habe. Nur die Tricks von König Schwarz gefielen mir nicht, denn sie waren unfair: Mal kaute er schmatzend Kaugummi, um seinen Gegner beim Nachdenken zu stören. Ein anderes Mal vertauschte er, als sein Gegenüber nicht aufpasste, zwei Figuren, weil er sonst verloren hätte. Der Höhepunkt war aber, dass er eine Maschine auf dem Klo versteckte, die ihm die besten Züge ausrechnete. Ich sag euch, Leute, noch nie hat einer so oft Pipi gemusst, wie König Schwarz an jenem Tag.

Natürlich habe ich ihn zur Rede gestellt, aber da hat König Schwarz nur gelacht und mich zum Duell gefordert. Aber das war ein Fehler, sage ich euch! Ich habe ihn nämlich nach allen Regeln der Kunst fertig gemacht, denn mein Name ist Programm. Gestatten: Fred Fertig, Kanalratte. Aber Freunde dürfen Fred zu mir sagen. Und ihr seid ab jetzt meine Freunde, denn ihr seid die Gegner von König Schwarz!«

»Außerordentlich erfreut«, sagte Bianca. »Und als guter alter Freund kannst du uns vielleicht verraten, wo wir jemanden finden, der uns ein bisschen trainiert.«

»Ist ja nur bis heute Abend«, fügte Fritz hinzu, »danach ist sowieso alles zu spät.«

»Ihr habt ihn schon gefunden«, verkündete Fred. »Das Training werde ich nämlich höchstpersönlich übernehmen, damit ihr diesen hinterhältigen Kinderschreck von einem schwarzen König fix und fertig macht!«

»Fritz und Fertig«, verbesserte Bianca.

»Wie auch immer. Aber eins müsst ihr wissen: Das wird kein Spaziergang durch ein Baby-Bilderbuch, sondern richtige Hirngymnastik. Mit den Muckis in der Birne ist es nämlich nicht anders als mit anderen Muskeln: Wer sie trainieren will, muss bereit zu sein, sie ein bisschen anzustrengen. Doch ich verspreche euch, dass es auch Spaß macht und dass eure Hirnmuckis anschließend ziemlich fit sein werden. Seid ihr also bereit, ein bisschen mitzudenken, wenn wir trainieren?«

»Klar sind wir das«, sagte Bianca. »Ist ja nur bis heute Abend.«

Der Sinn der Sache

Fred merkte wohl, dass diese beiden Kinder nicht dumm waren und auch schon allerhand über Königsduelle wussten. Nur den eigentlichen Sinn der Sache hatten sie noch nicht richtig begriffen, und deshalb begann er noch mal ganz von vorne: »Beim Königsduell ist das so«, sagte er. »Egal, ob du mit den hellen oder dunklen Figuren spielst – Ziel ist es, den gegnerischen König schachmatt zu setzen. Und schachmatt bedeutet, dass er derartig gründlich im Schach steht, dass er einfach nicht mehr herauskommt, egal was er macht.« Er bestieg das Spielfeld im Boxring und schob ein paar Figuren zurecht.

»Dies hier wäre zum Beispiel so ein betrüblicher Fall«, sprach er. 27 »König Lila ist schachmatt. Egal, wohin er auch gehen möchte, Weiß hat etwas dagegen. Die Dame bedroht ihn auf der achten Reihe, während König Weiß den lila Kollegen wunderschön an den Rand drängt.«

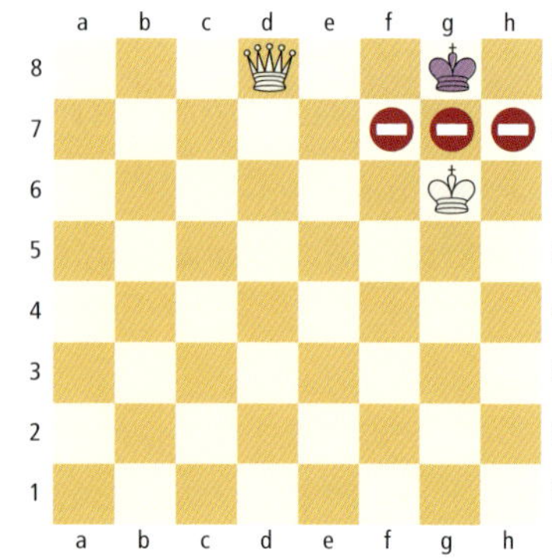
27

»Das kennen wir schon«, bemerkte Bianca. »Das kommt wegen dieser komischen Opasituation-Dingsbums-Trallalala-Sache von vorhin.«

»Opposition«, verbesserte Fritz.

»Genau«, sagte Fred. »So wie hier sieht es oft am Ende eines Duells aus: Die meisten Figuren wurden im Verlauf des Kampfes geschlagen und nur wenige sind noch auf dem Feld. In diesem Fall sind es zwei Könige und eine Dame.

Am Anfang sieht das noch ganz anders aus: Da stehen haufenweise Läufer, Springer und all der andere Krimskrams in Reih und Glied und warten auf den ersten Zug. Das ist zwar hübsch anzusehen, aber da hinten nützen sie dir etwa so viel wie ein Rennwagen in der Garage, nämlich gar nichts. Daher versucht man, die hinteren Figuren erst einmal möglichst gut ins Spiel schicken, sie zu *entwickeln*, wie man sagt! Erst wenn das geschehen ist, können sie ihre besonderen Stärken für uns einsetzen. Diese erste Vorbereitungsphase nennt man *Eröffnung*. Sie ist abgeschlossen, wenn die Figuren in Stellung stehen. Wie man das am besten macht, werden wir später besprechen.

Nach der Eröffnung beginnt das eigentliche Gefecht, auch *Mittelspiel* genannt. Jetzt schlägt die Stunde der kreativen Köpfe, denn es geht darum, seinem Gegner Probleme zu bereiten, indem man ihm die Wege zustellt, seine Bussibussi-Lieblingsfiguren wegschlägt und ihn dabei auszutricksen versucht.

Falls beide Duellanten Eröffnung und Mittelspiel unbeschadet überstanden haben, schließt sich irgendwann jene Phase an, in der nur noch sehr wenige Figuren auf dem Spielfeld sind. Das ist das *Endspiel*, die große Zeit der Könige mit ihren kleinen Schritten. Plötzlich werden sie lebendig, denn endlich können sie ohne Angst vor ungeplanten Überfällen ihren eigenen Leuten zu Hilfe eilen. Auf diese Weise kommt dann zum Beispiel so ein Schachmatt zustande, wie ich es euch eben gezeigt habe.«

»Braucht man denn immer einen König, um einen anderen König schachmatt zu setzen?«, überlegte Fritz.

»Überhaupt nicht«, sagte Fred und schob die Figuren neu zurecht. »Das ist nur eine Möglichkeit von vielen – es geht auch ganz anders. Und damit kämen wir auch schon zu unserer ersten richtigen Trainingseinheit, dem Treppenmatt.«

Zugegeben – ein bisschen merkwürdig fanden es Fritz und Bianca schon, dass sie sich hier ausgerechnet von einer Kanalratte belehren ließen. Doch dieser Fred Fertig schien wirklich Ahnung von der Sache zu haben. Und ein feiner Kerl war er offenbar auch.

»Ihr wisst ja wohl schon, wie der Turm zieht«, sagte Fred, »nämlich gerade. Ein Turm allein ist schon ganz schön stark. Doch zwei von den Dingern sind geradezu unschlagbar – vorausgesetzt, sie arbeiten gut Hand in Hand, so wie diese beiden.« 28

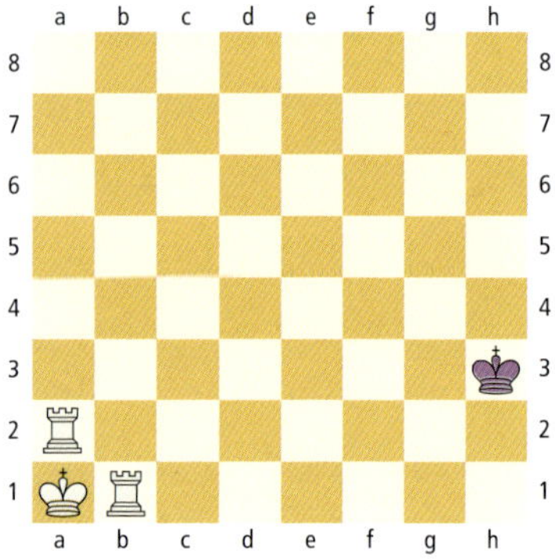

28

Wieder schob er ein paar Spielfiguren auf dem Spielfeld zurecht und sagte: »Weiß hat hier also zwei superstarke Türme rumstehen, die den lila König ganz schön fertig machen können. Und das tun sie jetzt auch mal, damit ihr seht, wie's geht.«

1. Tb1-b3+ 29

»Zackizacki, schon ist er platt und schachmatt!«, kommentierte Bianca.

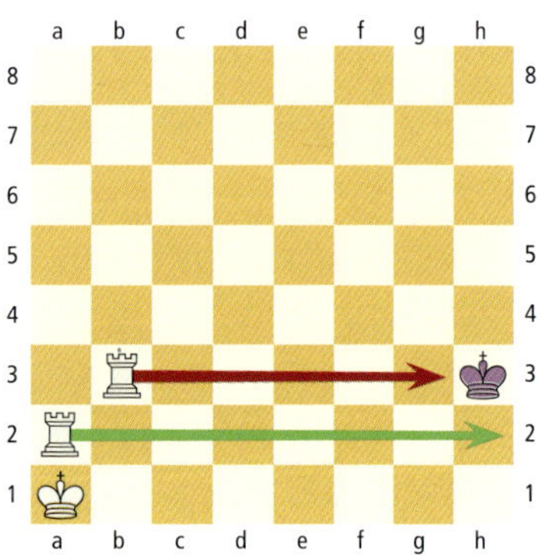

29

»Nö, das ist noch kein Matt«, entgegnete Fred. »Das ist ein ganz normales Schach. Der König kann noch fliehen. Allerdings nicht nach unten auf h2, denn dort stände er im Turmschach. Also geht er hoch zum Feld h4, wo es aber auch ganz hübsch ist.

1. . . . . Kh3-h4

Doch, o Graus, bevor der arme König Lila verschnaufen kann, bedroht ihn auch schon der andere weiße Turm!

2. Ta2-a4+

Lästig, lästig! König Lila muss schon wieder fliehen. Er könnte zwar auch nach links zu den Türmen rübergehen, aber wir lassen ihn jetzt der Einfachheit halber mal nach h5 gehen.

2. . . . . Kh4-h5

Aber dort geht das Spielchen von vorne los. Wie ihr seht, arbeiten die Türme hier geschickt zusammen: Einer passt auf den gegnerischen König auf, das ist der *Wächter*. Der andere ist der *Jäger* und er jagt den armen Kerl eine Reihe weiter. Dann wechseln sie sich ab: Wer der Wächter war, wird zum Jäger und umgekehrt. Und so geht es dann immer weiter, als ob sie die Stufen einer Treppe hinaufsteigen, bis zum bitteren Ende.

3. Tb3-b5+ Kh5-h6
4. Ta4-a6+ Kh6-h7
5. Tb5-b7+ Kh7-h8

Gegen die gebündelte Kraft der Türme hat König Lila keine Chance. Und so kommt es, wie es kommen muss: Sie setzen ihn mit einem letzten höchst betrüblichen Zug so schachmatt, wie man überhaupt nur sein kann.«

6. Ta6-a8++ 30

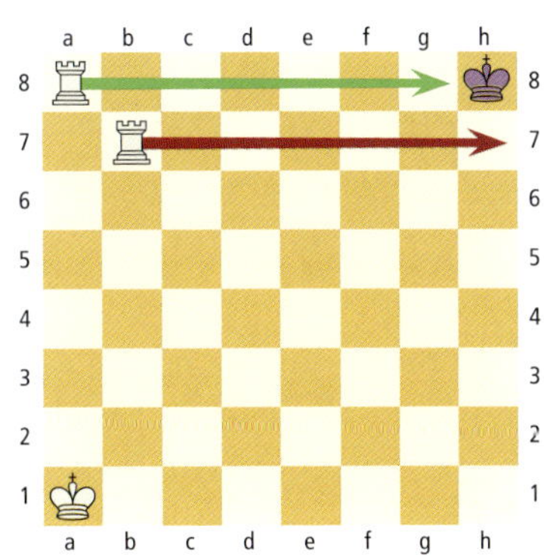

30

»Stimmt«, sagte Fritz, »er hat kein Feld mehr, auf das er jetzt noch kann. Matter ist nur das Matterhorn.«

»Und dieses Wissen, liebe Leute«, sprach Fred mit ausgestrecktem Zeigefinger, »erlangt man durch Übung. Denn Übung macht den Meister und Wissen ist Matt.«

Fred schob die Türme beiseite und holte stattdessen wieder die weiße Dame hervor.

»Zwei Türme, die zusammenarbeiten, sind also ziemlich vorteilhaft«, sagte er. »Aber der schönste Vorteil bringt dir nichts, wenn du ihn nicht zu nutzen weißt. Was machst du zum Beispiel, wenn du im Endspiel neben dem König noch eine Dame hast? Du könntest natürlich stundenlang mit ihr herumziehen und dabei hoffen, den gegnerischen König damit zufällig matt zu setzen. Besser ist aber, du machst es wie die Profis mit der *Volle-Pulle-Damen-Fertigmache.* Und die erkläre ich euch vielleicht am besten anhand einer kleinen Liebesgeschichte mit wunderschönem *happy end*:

Es war einmal eine weiße Dame, die war vernarrt in König Lila auf d4. Der wollte allerdings nichts von ihr wissen, denn er stand eher auf violette Damen. Und weil auch König Weiß nicht weit war, flüchtete er nach e5.

1. . . . . Kd4-e5 31

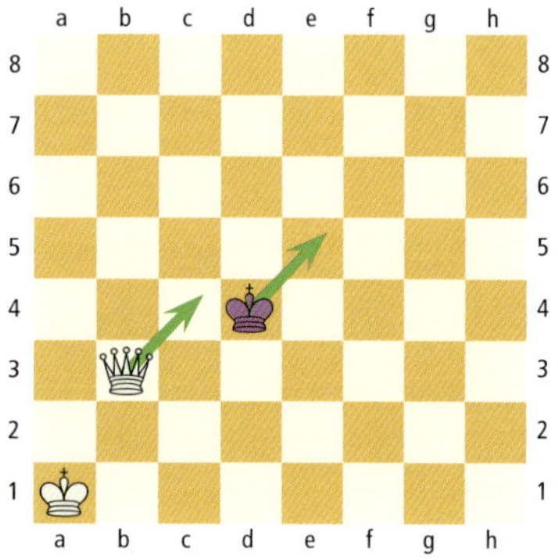

31

Die weiße Dame aber war leider recht aufsässig. Und eitel war sie außerdem, denn sie guckte den lieben langen Tag in den Spiegel. *Spieglein, Spieglein, an der Wand, fragte sie ihn, was ist der beste Zug im Land?*

Der Spiegel aber sah, dass es hier am besten war, den lila König an den Rand zu drängen. Und so empfahl er, dessen Schritte nachzumachen – also zu *spiegeln*. Das tat die Dame dann auch.«

2. Db3-c4

»Wäre es denn nicht besser gewesen, wenn sie ihm Schach geboten hätte?«, überlegte Fritz. »Das wäre ihr doch ein Leichtes gewesen – zum Beispiel auf c3.«

»Ein Schach hätte der weißen Lady im Augenblick nicht viel genützt«, antwortete Fred. »Zunächst ging es ihr darum, den lila König ordentlich einzuknasten, denn im Gefängnis ist gut Tändeln. 32

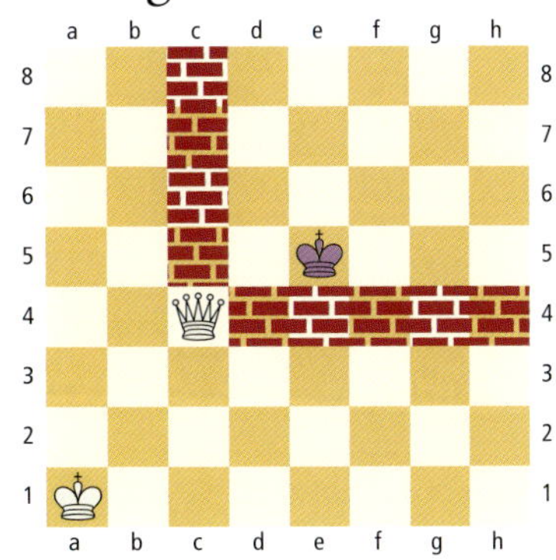

32

Also versperrte sie König Lila den Fluchtweg, denn ihre Züge waren wie Mauern und König Lila sah keine Möglichkeit, daraus zu entkommen.

2. . . . . Ke5-d6
3. Dc4-b5

Wieder floh er einen Schritt und wieder spiegelte diesen die Dame, um das Gefängnis kleiner zu machen. 33

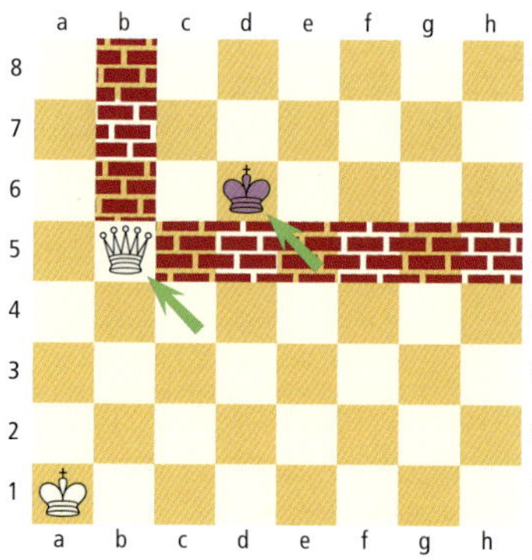

33

Da war sie wieder, die lästige Mauer! Und sie zwang König Lila weiter in Richtung des Randes, zu dem er eigentlich gar nicht wollte. Denn er wusste nur zu gut, dass dies der Rand des Ruins für ihn war. Hilfe, Hilfe! Doch jedes Mal folgte ihm die aufsässige weiße Dame mit einem ihrer Spiegelschritte.

3. . . . . Kd6-e7

4. Db5-c6 Ke7-f8

5. Dc6-d7

Schließlich sah sich König Lila völlig an den Rand gedrängt und wusste nicht mehr ein noch aus. 34 Und trotzdem kam die weiße Dame noch näher um Bussibussi zu machen. Da zog sich König Lila noch weiter zurück. Und siehe da, plötzlich hatte er Ruhe vor seiner aufsässigen Begleiterin. Denn wäre sie direkt neben ihn gegangen, hätte er sie, aufgebracht wie er war, vermutlich geschlagen.

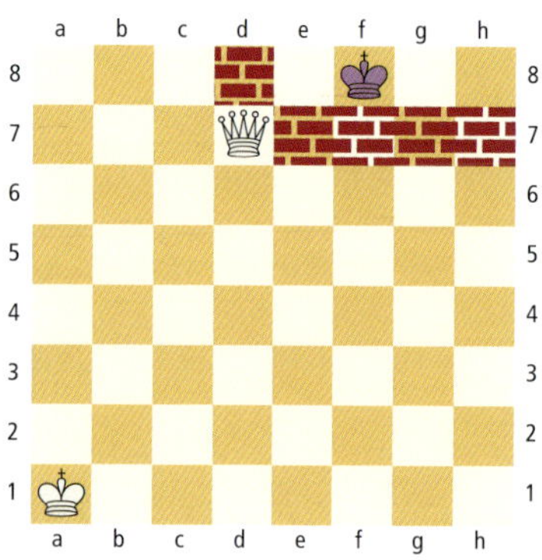

34

5. . . . . Kf8-g8

6. Dd7-e7

Einsam und verlassen ging er in seinem Gefängnis hin und her, während sich die weiße Dame ärgerte.

Da war sie ihrem Geliebten schon so nah und konnte ihm doch nicht richtig nahe kommen.

6. . . . . Kg8-h8

In diesem Moment schöpfte König Weiß Verdacht. Was hatte seine Gattin bloß mit diesem lila Kerl da hinten zu schaffen? Er beschloss, nachzusehen und eilte quer über das Feld. Sein lila Kollege machte indessen einen kleinen Spaziergang.

7. Ka1-b2 Kh8-g8
8. Kb2-c3 Kg8-h8
9. Kc3-d4 Kh8-g8
10. Kd4-e5 Kg8-h8
11. Ke5-f6 Kh8-g8

Und, was soll ich euch erzählen, die weiße Dame war dann doch erleichtert, als ihr Ehemann neben ihr stand, denn sie hatte begriffen, dass sie hier allein nicht weiterkam. Und so trat sie im beruhigenden Gefühl, dass ihr weißer Gatte beschützend neben ihr stand, direkt neben König Lila, ließ sich von ihm die Hand küssen und schenkte ihm gnädig die Freiheit.«

12. De7-g7++ 35

»Von wegen Freiheit«, spottete Fritz, »das ist doch ein lupenreines *Schachmatt*, sonst gar nichts.«

»So kann man's auch sehen«, bestätigte Fred, »denn genau genommen war da kein Feld mehr, auf das er noch hätte gehen können – überall bedrohte ihn die Dame.

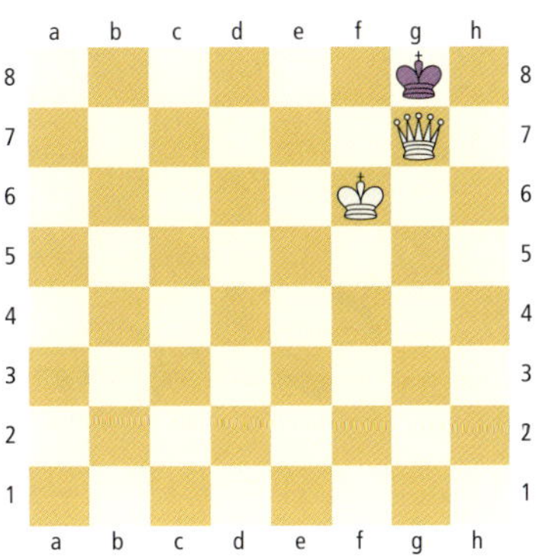

35

Doch matt hin oder her – König Lila war einfach nur froh, nicht mehr im Gefängnis sitzen zu müssen. Dame und König Weiß aber versöhnten sich wieder und lebten glücklich und zufrieden bis sie einer wegräumte. Und das ist die Moral von der Geschichte: Die Dame allein schafft es nicht, den gegnerischen König mattzusetzen. Sie benötigt dazu die Hilfe einer anderen Figur. Zum Beispiel des Königs. Ist das nicht ein reizendes *happy end*?«

»Reizend raucht mir nur die Birne«, stöhnte Bianca und griff sich an den Kopf. »Ich fühl mich, als wäre ich drei Runden ums Haus gejoggt und dabei habe ich nur dreimal nachgedacht.«

»Ich hatte euch ja angekündigt, dass das hier kein Kindergarten ist«, sagte Fred. »Hier geht es richtig zur Sache! Nicht umsonst stehen hier so viele Sportgeräte herum, denn Hirngymnastik ist tatsächlich ein Sport. Nur wer fit ist, kann sich über lange Zeit einen tollen Zug nach dem anderen ausdenken. Und wenn du dir mal andere Sportarten wie Basketball, Tennis oder Skispringen ansiehst, so werden die ja auch oft im Kopf entschieden. Aber keine Sorge, wir machen gleich eine Pause. Zuvor nur noch ein paar kleine Trainingseinheiten zum Thema Mattsetzen.«

Gripstraining 10: Mattübungen

Frage 1

Wie setzt Weiß hier Lila schachmatt? Wie viele Möglichkeiten gibt es insgesamt, um König Lila hier mit dem nächsten Zug schachmatt zu setzen?

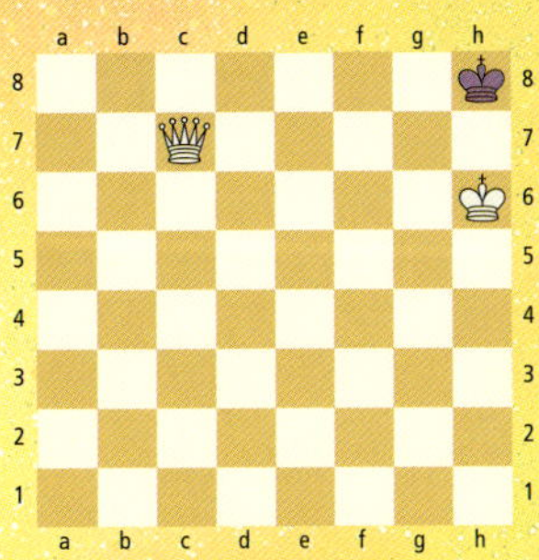

Es gibt fünf Möglichkeiten: Dg7, Dh7, Db8, Dc8, Dd8.

Frage 2

Mit welchem Zug setzt hier der weiße Turm König Lila schachmatt?

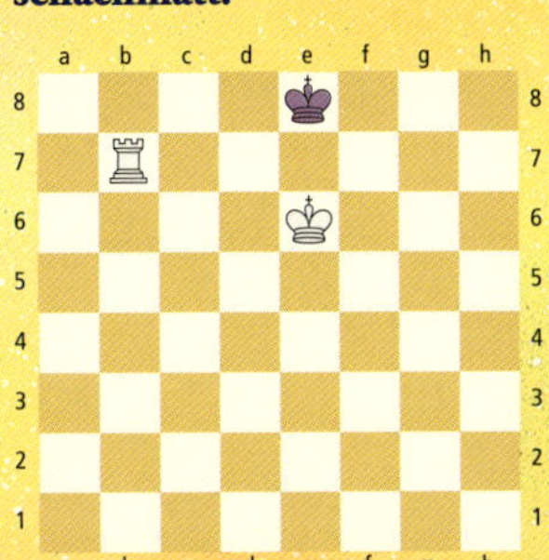

Mit Tb7-b8++

Frage 3

Auch zwei Läufer können im klugen Zusammenspiel den gegnerischen König in der Ecke schachmatt setzen. Mit welchem entscheidenden Zug geschieht das hier?

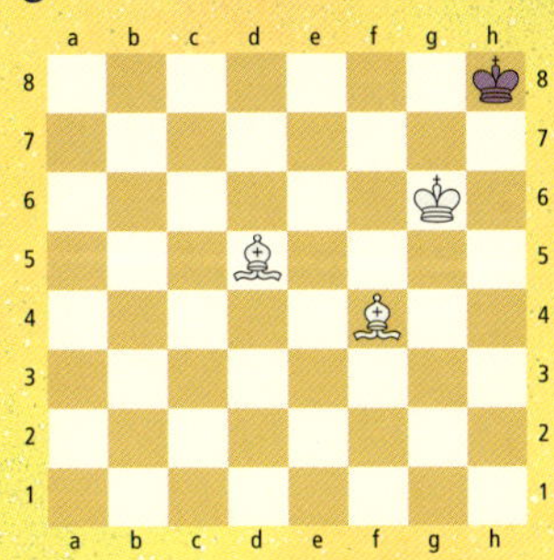

Mit Lf4-e5++

Frage 4

Profis können einen König sogar mit Läufer und Springer in die Ecke treiben und schachmatt setzen. Findest du den letzten Zug heraus?

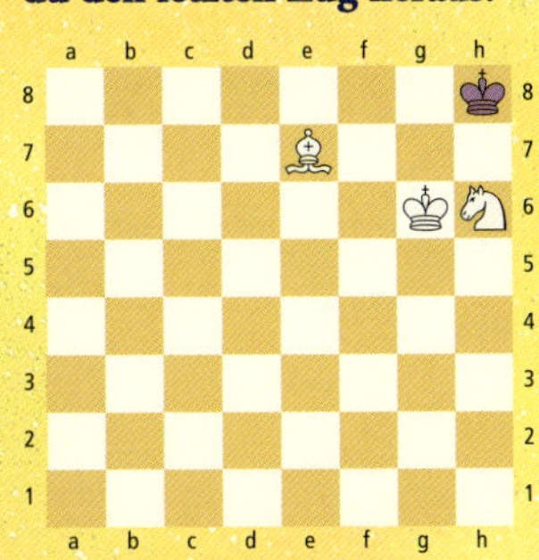

Le7-f6++

Frage 5

Mit den beiden Türmen kannst du in zwei Zügen ein Schachmatt erzwingen. Weißt du, wie?

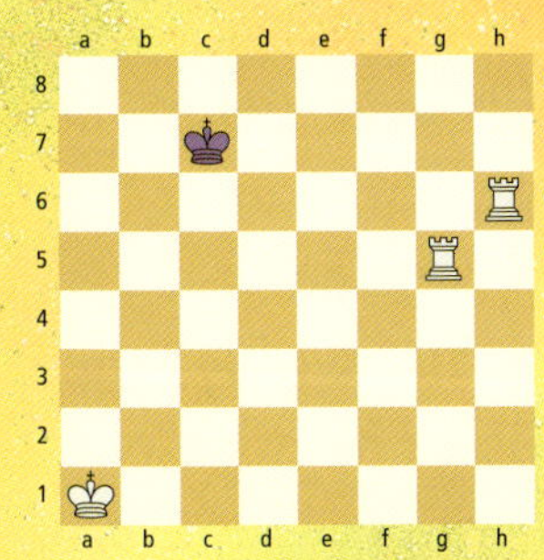

1. Tg5-g7 Kc7-c8 (z. B.)
2. Th6-h8++

Gripstraining zu zweit:

Die folgenden Übungen kannst du gegen jemand anderen spielen oder für dich allein.

Treppenmatt

Stelle die Könige Weiß und Lila sowie zwei weiße Türme auf das Spielfeld. Probiere, den lila König damit matt zu setzen. Wenn du nicht weißt, wie es geht, lies am besten das Kapitel »Treppenmatt« noch einmal.

Die Volle-Pulle-Damen-Fertigmache

Stelle die weiße Dame, den weißen König sowie König Lila auf das Spielfeld. Schaffst du es, ihn schachmatt zu setzen? Denke an die Spiegelschritte und lies notfalls das letzte Kapitel noch einmal.

Fred schob die weiße Dame beiseite und stellte wieder einen Turm aufs Feld.

»Stellt euch vor, ihr habt nun einen Turm statt der Dame. Damit kann man den lila König ebenfalls matt setzen. Doch auch hier gilt: gewusst, wie ist besser als planlos herumziehen und das Beste hoffen. 36

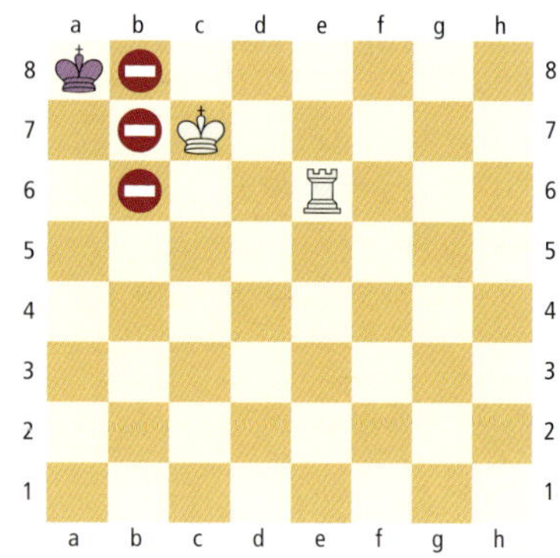

36

Hier wurde bereits gute Arbeit geleistet. König Weiß drängt seinen Kollegen per Opposition an den Rand, so dass dieser nur noch auf der a-Linie spazieren gehen kann. Neben den weißen König auf die b-Linie darf er ja nicht. Wir müssen jetzt also nur noch diese letzte Zufluchtsstätte von König Lila angreifen und schon haben wir gewonnen. Hat einer ’ne Idee, wie wir da am besten vorgehen?«

»Da muss wohl der Turm ran«, überlegte Fritz. »Wir könnten ihn auf a6 ziehen. Von da aus hat er die a-Linie wunderbar im Griff. Schachmatt, würde ich sagen.«

»Richtig gesehen. Und so ähnlich läuft das immer: Der König hält den Kollegen fest, worauf ihm der Turm den Rest gibt. Noch ein Beispiel gefällig? 37

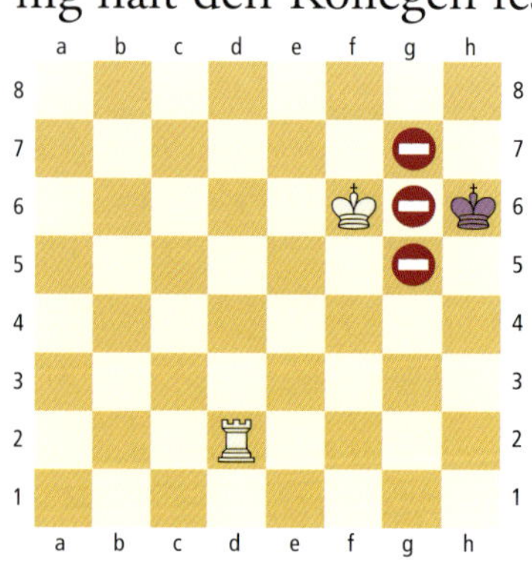

37

König Weiß hat hier die Opposition, während der lila Kollege mit dem Rücken zur Wand steht. Irgendwo ist auch ein Turm und der macht dem Trauerspiel jetzt gleich ein Ende. Habt ihr irgendwelche Vorschläge, wie das geschehen könnte?«

»Klar«, sagte Bianca. »Der tolle Turm huscht von d2 nach h2 und raubt dem lila König die letzten Felder. Zackizacki, schachmatt.«

Fritz kratzte sich nachdenklich am Kopf. »Aber was ist, wenn der gegnerische König noch nicht am Rand steht?«, fragte er.

»Dann muss man ihn eben hinbringen«, sagte Fred.

»Aber wie? Mit den Spiegelschritten der Dame war das ja kein Problem. Aber so ein Turm kann keine richtigen Spiegelschritte machen, jedenfalls keine schrägen.«

»Ein Turm braucht tatsächlich Hilfe«, bestätigte Fred. »Und die erhält er direkt von seinem Chef, dem weißen König. Wie das geht, zeige ich euch als Nächstes.«

Wie der Turm den König fängt

Wie ihr hier seht, hat der Turm bereits ein hübsches Gefängnis für König Lila gebastelt. **38**

Und er könnte es sogar noch etwas kleiner machen, indem er frohgemut von d6 auf das Nachbarfeld c6 zieht: Und das tut er jetzt auch.

1. Td6-c6

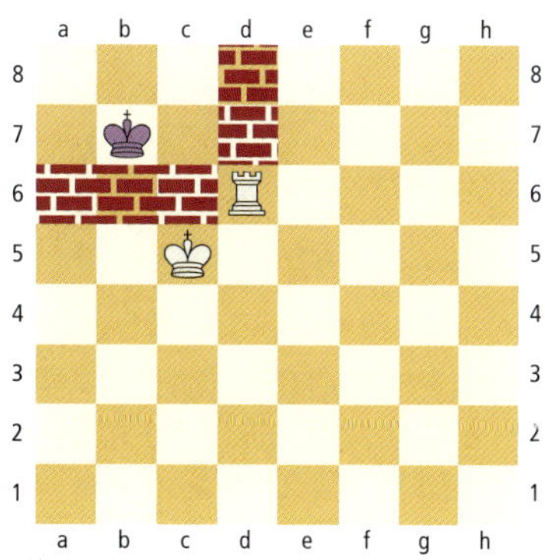

38

König Lila ärgert sich: Er darf diesen lästigen Kerl ja nicht einfach schlagen, denn der wird von König Weiß heldenhaft bewacht. Und das, Leute, ist genau der Trick: Immer wenn ihr das Turmgefängnis gefahrlos etwas kleiner machen könnt, dann tut es auch. Kommt der lila König eurem Turm jedoch zu nahe, muss euer König kurz daneben parken, um ihn zu beschützen. Wenn ihr das macht, hat König Lila ein Problem: Er steht unter *Zugzwang*, wie man sagt – er muss ziehen, ob er möchte oder nicht. Und das bedeutet, dass er das schöne Feld neben dem Turm notgedrungen verlassen muss. Nehmen wir also einfach mal an, er geht auf a7.

1. . . . . Kb7-a7

Schwups – schon geht euer Turm hinterher auf b6, denn dieses Feld ist ja immer noch vom weißen König gedeckt. König Lila rettet sich in die Ecke a8. Was soll er auch sonst machen?

2.Tc6-b6 Ka7-a8 39

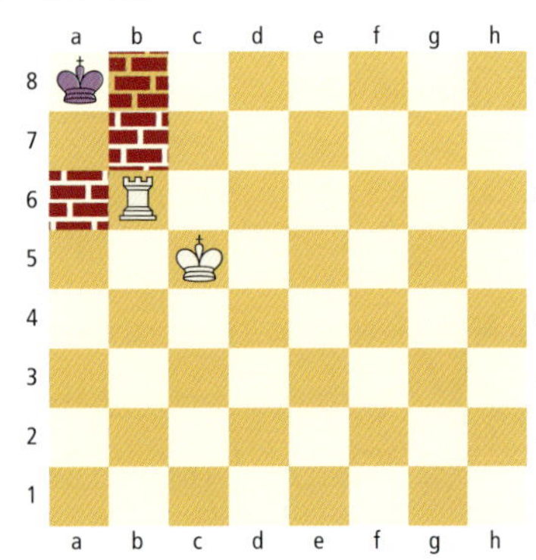

39

So weit, so gut: König Lila hat jetzt noch genau zwei Felder, auf denen er spazieren gehen kann. Und das ist das Zeichen zum Angriff. König Weiß wirft seine Turbo-Opposition an. *Lass mich mal ran,* sagt er zum Turm. *An den Rand drängen kann ich den Kollegen Lila nämlich auch ohne dich. Sieh du lieber zu, dass du ihn auf der a-Linie matt setzt.* Und so geht König Weiß einen Schritt voran, während König Lila weiterhin spazieren geht.«

3. Kc5-c6 Ka8-a7

»Und jetzt kommt der Turm auf a6 und setzt ihn zackizacki schachmatt!«, rief Bianca aufgeregt.

»Halt, nicht so schnell«, sagte Fritz. »Auf a6 würde er doch von König Lila geschlagen.«

»So ist es«, bestätigte Fred Fertig, »wir brauchen erst noch einen Zug. Aber dann kann Bianca mit ihrem Turm kommen.«

4. Kc6-c7 Ka7-a8

5. Tb6-a6++ 40

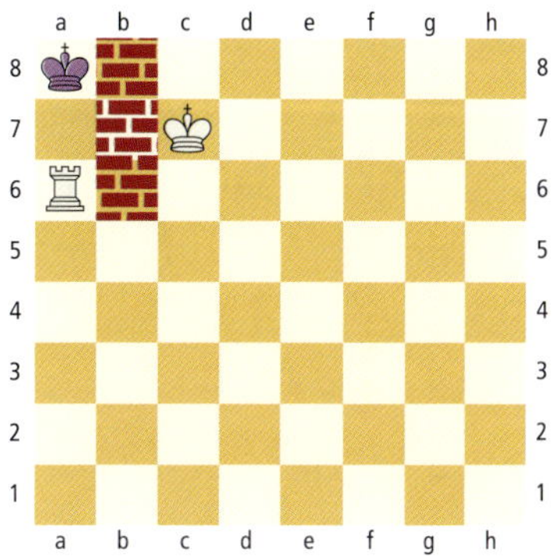

40

»Schachmatt«, sagte Fritz.

»Zum Glück!« Bianca atmete auf. »Da hätte ich ja gerade fast einen Riesenfehler gemacht.«

»Auch wenn man ganz sicher ist, sollte man lieber alles noch mal kurz überdenken, bevor man zieht«, sagte Fred. »Denn hast du eine Figur erst mal angefasst, musst du sie auch ziehen. Berührt, geführt – das ist die Regel.[1] Man sollte sie unbedingt einhalten, sonst macht die ganze Sache keinen Spaß. Nur im Training muss es natürlich erlaubt sein, denn da geht es ja ums Ausprobieren.«

Damit schob er die Figuren noch einmal zurück und fragte: »Als die Figuren gerade so wie hier standen, war Lila am Zug, was ziemlich praktisch war. Was aber wäre geschehen, wenn es an Weiß gewesen wäre, zu ziehen? Hätte das etwas geändert?« 41

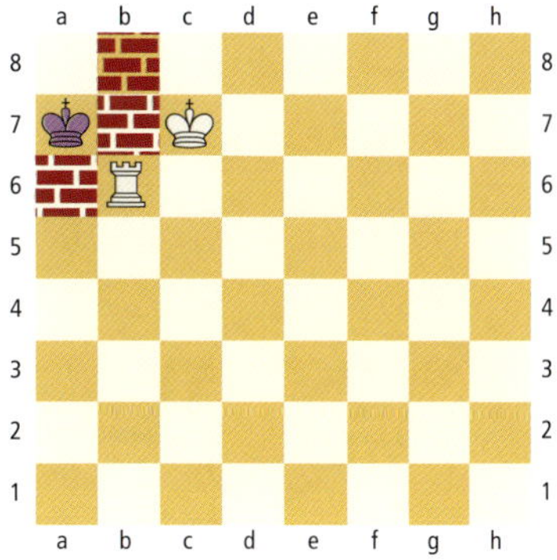

41

»Ein bisschen schon«, sagte Fritz. »Weiß muss ja den lila König irgendwie wegscheuchen, damit der den weißen Turm nicht schlagen kann. Wenn

1) Kleiner Tipp: Wer sich selber vor unbedachten Zügen schützen möchte, sollte sich beim Nachdenken am besten auf seine eigenen Finger setzen.

der weiße König aber auf c6 zieht, geht König Lila auf a8. Jetzt muss König Weiß wieder zurück auf c7, sonst geht seine schöne Opposition flöten. Und dann huscht König Lila natürlich wieder zurück auf a7 und alles ist wie zuvor.«

Fred nickte. »Wenn wir nicht aufpassen, geht dieses Spielchen bis in alle Ewigkeit weiter«, sagte er. »Wir brauchen also etwas, das dieses Hin und Her durcheinander bringt, eine Unterbrechung – einen so genannten *Zeitzug*. Das heißt, wir trödeln jetzt mit voller Absicht rum, um Zeit zu gewinnen.«

»Trödel, trödel«, sagte Bianca, »finde ich gut.«

»König Lila hat nun keine andere Wahl – er muss zwischen a7 und a8 hin- und hergehen. Wir aber können uns aussuchen, was wir tun. Und so lassen wir den weißen Oppositions-König mal schön, wo er ist und gönnen dem Turm eine kleine Erholungspause in der sechsten Reihe. Ob er nach e6, f6 oder h6 geht, ist völlig egal. Wichtig ist, dass König Lila jetzt auf a8 muss, woraufhin der Turm endlich ungefährdet auf a6 ziehen kann. Schachmatt.

Ihr seht also, wie nützlich so eine kleine Pause sein kann, und deshalb machen wir jetzt auch eine.«

Gripstraining 11: König und Turm

Frage 1

Mit welchem Zug setzt der weiße Turm den lila König schachmatt?

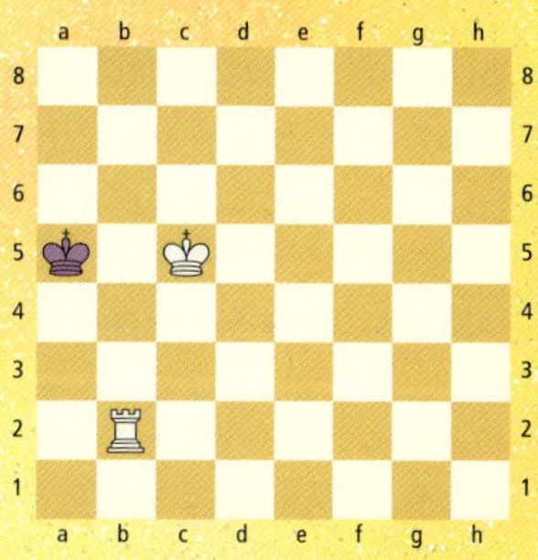

Mit Tb2-a2++

Frage 3

Mit welchem Zug setzt hier der weiße Turm den lila König matt?

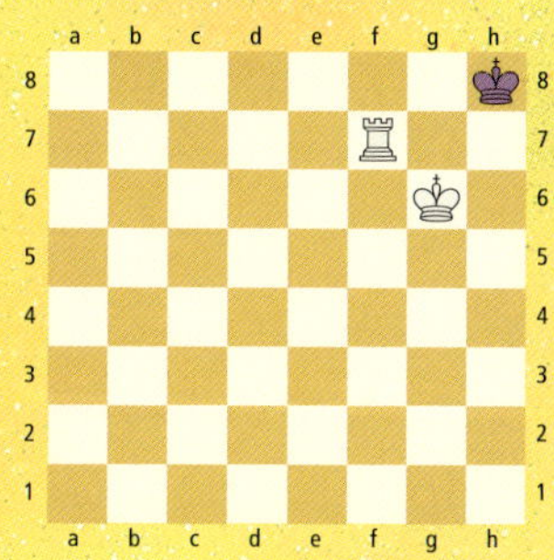

Mit Tf7-f8++

Frage 5

Schaffst du es, König Lila hier in fünf Zügen schachmatt zu setzen?

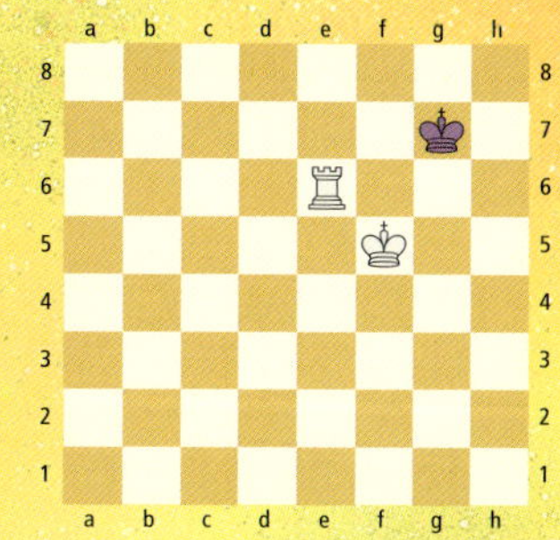

5.Tg6-h6++
4.Kf6-f7 Kh7-h8
3.Kf5-f6 Kh8-h7
2.Tf6-g6 Kh7-h8
1.Te6-f6 Kg7-h7

Frage 2a

Kann Weiß Lila in einem Zug schachmatt setzen?

Frage 2b

Wie viele unterschiedliche Möglichkeiten gibt es, den lila König in *zwei* Zügen schachmatt zu setzen?

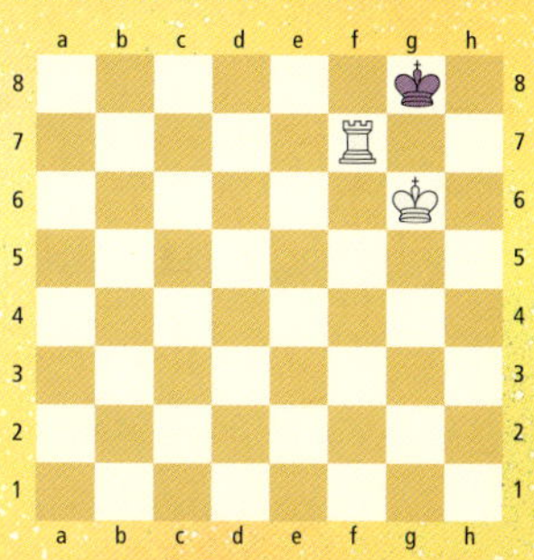

a) Nein. Der weiße Turm muss erst noch einen so genannten *Zeitzug* machen, indem er einmal auf der f-Linie hin- und herzieht.
b) Sechs Möglichkeiten, nämlich: f1, f2, f3, f4, f5 und f6.

Frage 4

Schaffst du es, Lila mit vier Zügen matt zu setzen?

Kleine Hilfe: König Lila muss eingeknastet werden, bis nur noch zwei Felder übrig sind. Dann kommt König Weiß und hält ihn am Rand (Opposition). Und wenn König Lila in der Ecke steht, kann ihn der Turm schachmatt setzen.

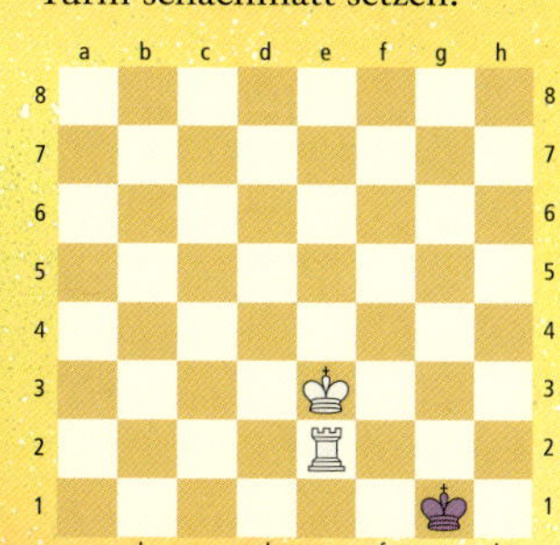

4.Tf2-f1++
3.Kf3-g3 Kg1-h1
2.Ke3-f3 Kh1-g1
1.Te2-f2 Kg1-h1

Gripstraining zu zweit:

Einknasten

Der eine hat Weiß, der andere Lila – danach wird gewechselt. Weiß muss Lila schachmatt setzen. Wer das mit den wenigsten Zügen schafft, hat gewonnen.

Fred verschwand für einen Augenblick in seinem Loch und kam mit einem Teller Käseecken zurück. »Ich hoffe, Menschen essen so was überhaupt«, sagte er. »Ich hätte sonst noch vergammelte Wurstzipfel, schimmlige Weintrauben und andere angematschte Speisereste zu bieten – Rattenfutter eben.«

»Danke«, sagte Bianca, »Käseecken sind völlig in Ordnung.«

Draußen auf der Wiese fanden sie ein hübsches Plätzchen für ein Picknick in der Nachmittagssonne.

»Jetzt bleiben uns nur noch ein paar Stunden«, sagte Fritz mit einem besorgten Blick zur Arena, »dann müssen wir ran. Wie erfahren wir eigentlich, dass es so weit ist?«

»Dafür gibt's den Herold«, antwortete Fred. »Im Übrigen werden wir die Zeit bis zum Duell gut nutzen und ihr wisst ja auch schon das Eine oder Andere. Darf ich mal fragen, wo ihr das eigentlich herhabt?«

»Von König Bunt.«

»Ach, König Bunt …« Fred musste grinsen.

»Du kennst ihn wohl?«

»Ich kenne sie *alle*! Alle Könige, die in dieser Muckibude für Hirngymnastik trainiert haben. König Bunt war jedoch ein ganz besonderer Fall. Ich erinnere mich, wie König Banane ihn einmal fragte, wie denn die drei Phasen des Königsduells heißen. König Bunt aber sagte nicht etwa Eröffnung, Mittelspiel und Endspiel. Nein, er sagte: *Frühstück, Mittagessen und Abendbrot.* Oder: *Vorspeise, Hauptgericht und Nachtisch – und hinterher bitte noch einen Kaffee.* So war das mit ihm. Mehr als die Grundzüge des Königsduells hat er nie verstanden, vielleicht mit Ausnahme der Gabel und des Spießes.

Möglicherweise hätte er auch den *Löffel* verstanden, aber den gibt's leider nicht. Alles andere ist an ihm vorübergezogen wie der flüchtige Duft aus der Kantine.«

»Viel mehr konnte er uns auch nicht beibringen«, nahm Fritz König Bunt in Schutz. »Aber das wusste er selber. Deshalb hat er uns ja auch zur Muckibude gebracht.«

»Ein überraschend weiser Entschluss«, gab Fred zu. »Und sicher hat er zwischendurch im Bärenthaler Wirtshaus *Zum Spieß* eine kleine große Brotzeit eingelegt, nicht wahr?«

Fritz und Bianca nickten.

»Wusste ich's doch. Anscheinend hat er sich nicht groß verändert seitdem er als junger Mann trainieren sollte, wie man einen Bauern durchbringt.

Los, nur noch drei Züge, sagte der völlig genervte König Banane damals immer wieder. *Jetzt mach schon – dann kannst du dir etwas dafür wünschen!*

Aber König Bunt hat nur in der Nase gepopelt und genau gar nichts kapiert. König Banane musste ihm die Sache Zug für Zug vorkauen, bis unser Freund gar nicht mehr anders konnte, als seinen Bauern voranzutreiben.

Und jetzt nur noch einen einzigen Zug! König Banane war völlig am Ende. *Einen Zug noch, dann ist dein Bauer durch und du darfst dir endlich was wünschen! Komm, jetzt zieh endlich, Junge!*

Und siehe da, irgendwie hat König Bunt diesen lächerlichen letzten Bauernzug tatsächlich hingekriegt.

Du hast es geschafft, hat König Banane geseufzt. *Du hast den Bauern tatsächlich durchgebracht und darfst dir nun etwas dafür wünschen.*

Und jetzt ratet mal, was er sich gewünscht hat.«

»Eine Dame sicherlich. Oder vielleicht einen Springer?«

»Nein, er hat sich natürlich gewünscht, dass sie endlich mit dem Training aufhören, damit er zum Mittagessen kann.«

Nachdem die Käseecken vertilgt waren, machten sie sich wieder an die Arbeit. Nun ging es nicht mehr darum, wie man einen anderen König schachmatt setzt, sondern wie man reagiert, wenn man selber in ein Schach gerät.

»Es gibt Leute, die erschrecken zu Tode und laufen rot an«, wusste Fred zu berichten. »Aber das ist überflüssig. Ein Schach tut nicht weh, das solltet ihr euch merken. Solange es nicht gerade ein Matt ist, kann man ja was dagegen tun. Sehen wir uns das doch mal an. 42

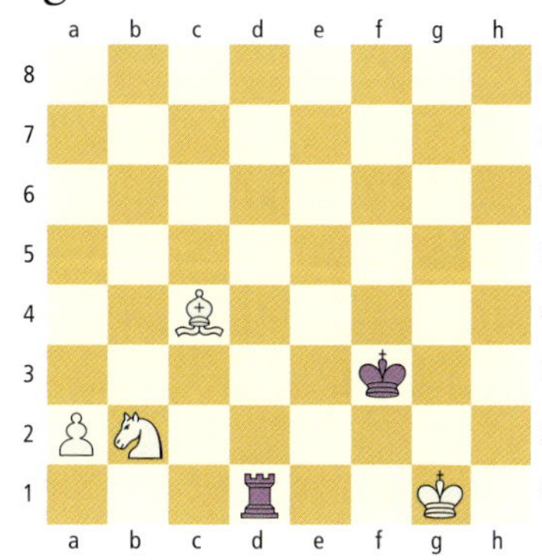

42

Auf den ersten Blick steckt der weiße König ganz schön in der Klemme: König Lila ist ihm schon ganz nahe und auch ein Turm ist da, der ihm Schach bietet. Ganz schön gefährlich, könnte man meinen. Aber zum Glück ist Weiß am Zug und so hat er genau drei Möglichkeiten, etwas dagegen zu unternehmen. Könnt ihr erkennen, welche?«

»Der weiße König könnte zum Beispiel aus dem Schach rausgehen und auf h2 ziehen«, schlug Fritz vor.

Bianca sagte: »Oder der Läufer auf c4 geht nach f1 und stellt sich zwischen König und Turm. Dann ist das Schach unterbrochen.«

»Oder, noch besser, der Springer auf b2 *schlägt* den Turm.«

»Zackizacki, weg damit«, sagte Bianca. »Danach könnten wir uns vielleicht dranmachen, den Bauern durchzubringen, um ihn zur Dame zu machen. Und anschließend wenden wir dann die Volle-Pulle-Dame-Fertigmache an.«

Fred nickte. »Wenn man weiß, wie es geht, kann man einen König sogar mit Springer und Läufer schachmatt setzen«, sagte er. »Aber das ist ganz schön knifflig und darum geht es jetzt auch gar nicht. Ich wollte euch hier nur mal zeigen, welche drei Möglichkeiten es gibt, aus einem Schach zu entfliehen. Und die habt ihr ganz richtig erkannt. Man kann:

1. den König wegziehen,
2. eine Figur zwischen Angreifer und König stellen,
3. den Angreifer schlagen.

Also keine Panik, wenn euch mal jemand Schach bietet. Das heißt nämlich noch lange nichts. Doch auch hier gilt: Nicht gleich ziehen, sondern erstmal alle Möglichkeiten durchdenken. Manchmal gibt es nämlich noch eine bessere, die man aber erst beim zweiten Blick bemerkt.«

In diesem Moment tat sich die Eingangstür auf und eine Prozession von drei Königen kam gemessenen Schritts herein. Der eine trug eine Tröte, der andere eine weiße Fahne und der dritte drei Eintrittskarten für die Arena. Es waren die Könige Rot, Blau und Rösselsprung, die sichtlich erfreut waren, Fritz und Bianca hier vorzufinden.

»Habe ich doch gewusst, dass sie hier sind«, brummte König Rot zufrieden.

»Wir haben euch nämlich etwas Wichtiges mitzuteilen«, sagte König Rösselsprung.

Daraufhin pfiff König Blau auf den Fingern.

Auf dieses Zeichen hin stürmten plötzlich noch mehr bunt schillernde Könige herein: orangefarbene, braune, rosarote, goldene, silberne, bronzene – was auch immer. Auch sie trugen Tröten, Kuhglocken, Rasseln und Trommeln, schwenkten weiße Fahnen oder hielten sich weiße Schals über den Kopf.

Immer mehr von ihnen drängten in die Muckibude. Dabei grölten sie wie die Halbverrückten: »Schwarz, der spinnt, Weiß gewinnt! Stille Nacht, schrille Nacht, König Schwarz wird platt gemacht! Gänseklein und Tigerklein, Weiß wird unser Sieger scin!«

»Wir wollten euch zeigen, dass wir fest zu euch halten und euch anfeuern werden«, versuchte König Rot diesen seltsamen Aufmarsch zu erklären. »Wäre doch gelacht, wenn wir es nicht gemeinsam schaffen sollten, König Schwarz eins auszuwischen. Los, Jungs, wir trommeln noch ein paar andere Könige zusammen! Es leben der junge König Weiß und seine Dame!«

»Es leben der junge König Weiß und seine Dame!«, wiederholten die anderen begeistert. Dann schoben sie wieder ab, während sie weiterhin tröteten, trommelten, Fahnen schwenkten und ihre Lieder grölten.

Zurück blieben zwei sprachlose Kinder und eine kopfschüttelnde Kanalratte namens Fred Fertig.

Gripstraining 12: Schachgebot

Frage 1a
Welche drei Möglichkeiten bleiben König Lila, dem Turm-Schach zu entkommen?
Frage 1b
Welche Möglichkeit ist die beste?

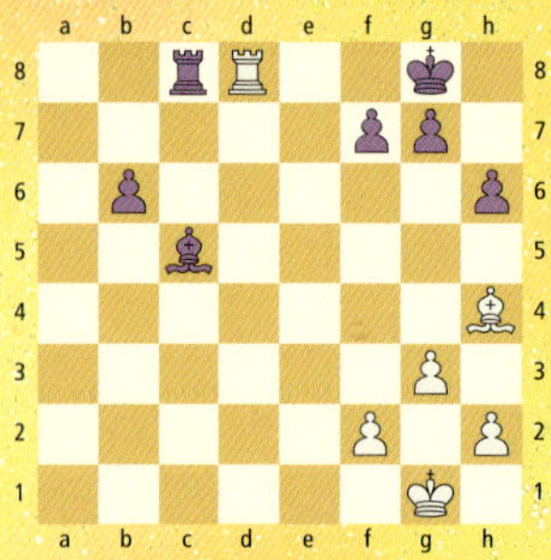

a) Turm schlagen (Tc8xd8), Läufer dazwischen (Lc5-f8), König wegziehen (Kg8-h7)
b) Am besten, Lila schlägt den Turm, auch wenn sein eigener Turm dann vom Läufer auf h4 geschlagen werden kann. Beim nächsten Zug von Weiß wäre der lila Turm sowieso verloren.

Frage 2
König Lila steht im Schach. Was kann er dagegen tun?

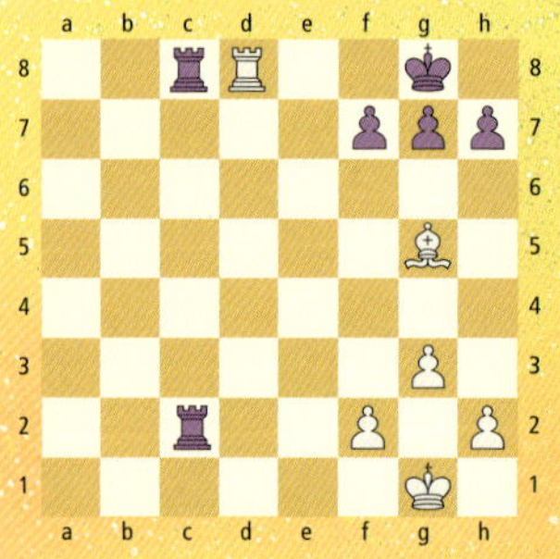

Es bleibt ihm nur, den weißen Turm zu schlagen.

Frage 3a
Welche Möglichkeiten bleiben Weiß in dieser Stellung dem Schach zu entkommen?
Frage 3b
Welche Möglichkeit ist die beste?

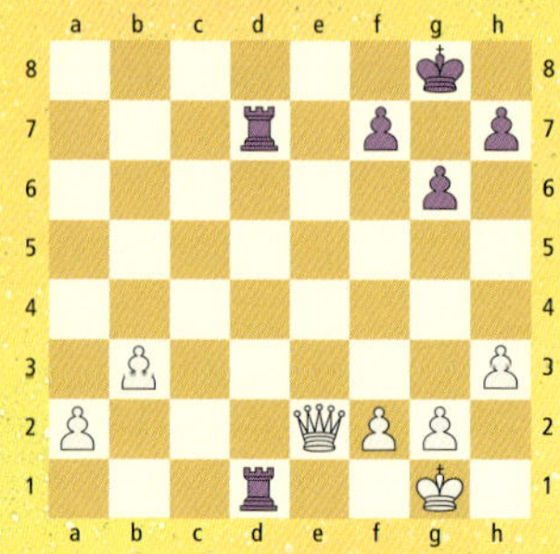

a) Turm schlagen (De2xd1), Dame dazwischen (De2-f1), König wegziehen (Kg1-h2)
b) Am besten ist, König Weiß zieht weg (Kg1-h2). Die anderen Möglichkeiten sind nicht so gut, weil Weiß dabei die Dame verlieren würde.

Frage 4a
Welche Möglichkeiten bleiben Weiß in dieser Stellung dem Schach zu entkommen?
Frage 4b
Welche gibt Weiß die besten Chancen zu gewinnen?

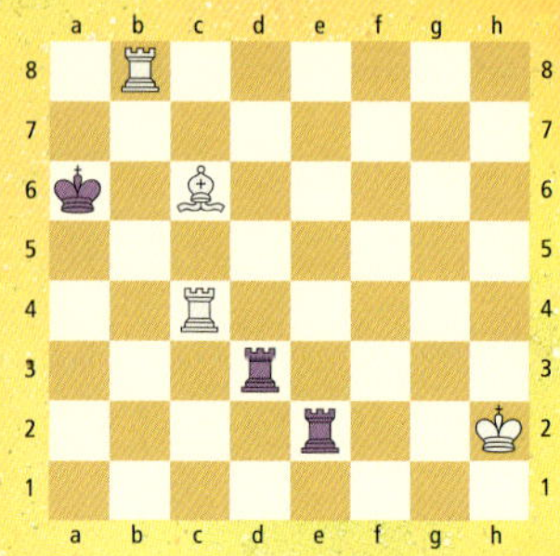

a) Läufer dazwischen (Lc6-g2), König wegziehen (Kh2-h1) oder (Kh2-g1)
b) Mit dem weißen König zu ziehen wäre keine gute Idee, denn dann könnte ihn Lila mit dem nächsten Turmzug matt setzen (Tc3-c1++). Stellt man allerdings seinen Läufer dazwischen (Lc6-g2), bleiben Lila kaum Angriffsmöglichkeiten und Weiß kann selbst vielleicht bald matt setzen.

Es ist immer von Vorteil, wenn du das Publikum auf deiner Seite hast«, sagte Fred. »Trotzdem wird es nicht leicht, gegen König Schwarz zu gewinnen. Vielleicht ist es sogar unmöglich. Allerdings könnte es auch zu einem Unentschieden kommen, das man beim Königsduell *Remis*[1] nennt. Ein Remis kann man auf unterschiedliche Weise herbeiführen und die wohl ärgerlichste für den Angreifer ist das *Patt*, eine Mischung aus Pech und Matt. König Pattikowsky entdeckte es einst aus Versehen, als er sich genau hier, wo wir jetzt stehen, trainingshalber mit dem jungen König Schwarz duellierte. 43

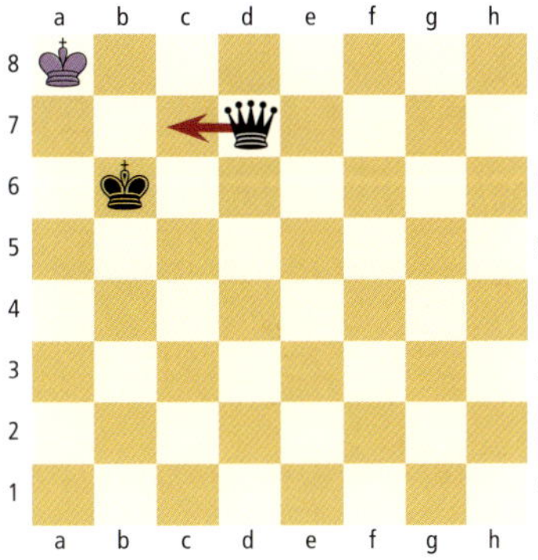

43

1) *Remis* ist französisch und wird daher *remi* ausgesprochen.

Mutterseelenallein stand der gute Pattikowsky auf seinem verlorenen Posten a8 und König Schwarz war am Zug. Wer König Schwarz jedoch genauer kennt, weiß, dass er seine Gegner gerne noch ein bisschen zappeln lässt, bevor er sie mattsetzt. Und das war sein Fehler. Er zog seine Dame nämlich nicht auf a7 oder b7 (was schachmatt bedeutet hätte), sondern zog sie hämisch grinsend nach c7.

Dd7-c7

Nun war Pattikowsky dran. Krampfhaft überlegte er, wohin er jetzt noch ziehen konnte. Doch so sehr er auch nachdachte, es fiel ihm einfach kein Feld ein, denn es gab keins. Zwar stand er auf a8 nicht im Schach, aber alle Felder um ihn herum wurden von der schwarzen Dame bedroht. Pattikowsky konnte sich nicht mehr bewegen und so ging das Duell eben unentschieden oder remis aus. Und das nennt man bis heute *Patt.*«

»Was hat denn König Schwarz dazu gesagt?«, fragte Bianca.

»Im Nebenraum gibt es einen Tisch«, grinste Fred, »darin kannst du noch heute seinen Zahnabdruck bewundern. Er hat einfach hineingebissen, so sehr hat er sich geärgert.

Eine andere Art von Unentschieden ist die Spezialität von König Farblos: Wenn er keine Lust mehr hat, fragt er seinen Gegner schon nach ein paar Zügen, ob er sich nicht mit ihm auf Remis einigen will.

Nun ist König Farblos ein ausgezeichneter Duellant und ein Unentschieden kein schlechtes Ergebnis gegen ihn und so nehmen viele Gegner dieses Angebot nur allzu gerne an. Für die Zuschauer ist das allerdings ärgerlich, wenn sie ein spannendes Duell in der Arena erwartet haben.

Und dann gibt es noch Fälle, da ist auch dem letzten Fan mit seiner Tröte klar, dass einfach keiner mehr gewinnen kann. So wie hier. 44

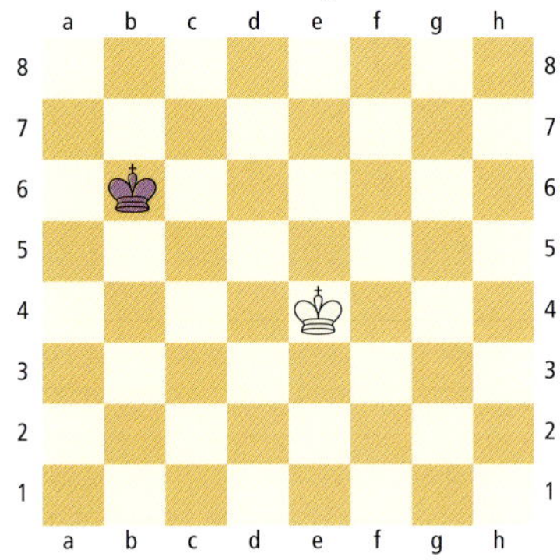

44

Die beiden einsamen Könige können sich zwar noch bedrängen, doch auch wenn sie es hunderttausend Jahre lang versuchen – ein Matt kann dabei nicht mehr herauskommen. Um das abzukürzen, bricht man so ein Duell daher spätestens nach fünfzig Langweilerzügen von beiden ab und wertet es als remis.[1] Allerdings kann man auch vorher aufhören.

1) Genau heißt die Regel: Wenn 50 Züge lang kein Bauer gezogen oder keine Figur geschlagen wurde, ist das Duell remis.

Eine vierte Art des Remis ist, wenn sich ein Zug genau dreimal wiederholt. Das ist eine ziemlich sinnvolle Regelung, denn manchmal hängt ein Duell wie eine alte Schallplatte, die einen Sprung hat. Beispiel gefällig?«

Fred schob wieder ein paar Figuren zurecht und fragte: »Erkennt ihr, welches schwerwiegende Problem Lila hier hat?« 45

»Sieht schlecht für ihn aus«, fand Fritz. »Die Dame auf h6 kann beim nächsten Zug auf g7 gehen und den lila König schachmatt setzen.«

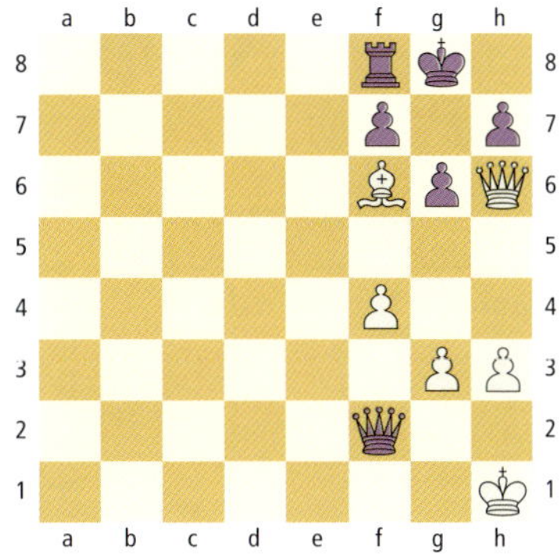

45

»So ist es. Lila selbst kann König Weiß nicht schachmatt setzen. Allerdings kann er ihn ins Schach stellen. Und das tut er jetzt auch mit:

1. . . . . Df2-f1+

Schach, wie gesagt – allerdings nicht matt. Der weiße König kann noch auf h2 fliehen und muss seinen eigenen Damenangriff auf König Lila eben auf später verschieben.

2. Kh1-h2 Df1-f2+

Doch schon ist die lila Dame wieder zur Stelle, um König Weiß Schach zu bieten. Also zurück das Ganze:

3. Kh2-h1 Df2-f1+

4. Kh1-h2 Df1-f2+

5. Kh2-h1 Df2-f1+

6. Kh1-h2 Df1-f2+

7. Kh2-h1 Df2-f1+

8. Kh1-h2 Df1-f2+

Hin und her geht das Spielchen nun und so langsam dämmert es König Weiß, dass er aus der Schaukel nicht mehr rauskommt. Lila wird natürlich niemals aufhören, ihm Schach zu bieten, denn sobald König Weiß nur einmal seine tolle Dame bewegen kann, hätte er ja verloren.

Und damit dieses ergebnislose Geplänkel nicht ewig weitergeht, hört man sinnvoller Weise auf, wenn sich die Sache dreimal wiederholt hat und wertet das Duell remis.«

»Vielleicht sollten wir König Schwarz ja auch frühzeitig Remis anbieten«, überlegte Fritz.

»Quatsch«, sagte Bianca, »wir gewinnen natürlich!«

Gripstraining 13: Remis

Frage 1

Auf welches Feld muss man die weiße Dame ♕ setzen, damit ein Patt entsteht?

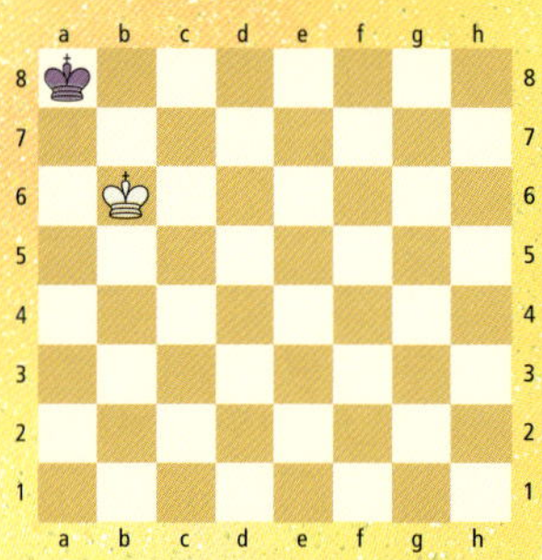

Das richtige Feld ist c7. König Lila steht hier zwar nicht im Schach, hat aber auch kein Feld, auf das er noch gehen könnte. Schön blöd für Weiß – besser nicht nachmachen.

Frage 2

Auf welches Feld muss Weiß hier den Bauern ♙ setzen, damit ein Patt entsteht?

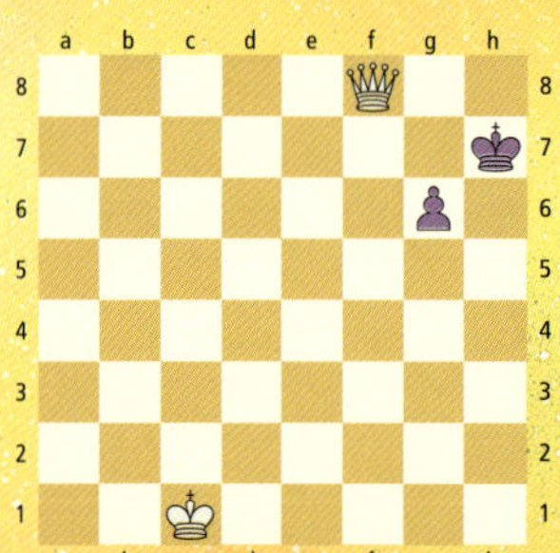

Der Bauer muss auf g5. Dort blockiert er prima den einzigen Zug, den Lila überhaupt noch machen kann.
Aber auch hier gilt natürlich: doof, dööfer, Patt!

Frage 3

Wo müsste hier ein weißer Läufer ♗ hingesetzt werden, damit ein Patt entsteht?

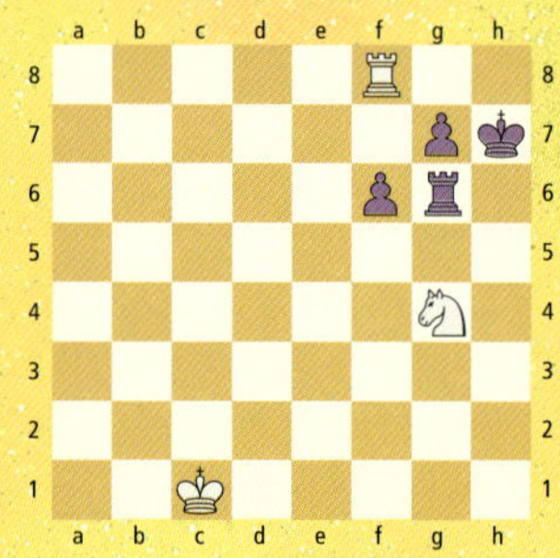

Der Läufer muss auf f5. Dann darf nämlich der Turm nicht mehr ziehen, weil sonst König Lila im Schach stände. Und der Bauer auf f5 wird dadurch auch blockiert.

Frage 4

Was kann Weiß Schlaues machen, damit Lila in die Tischkante beißt?

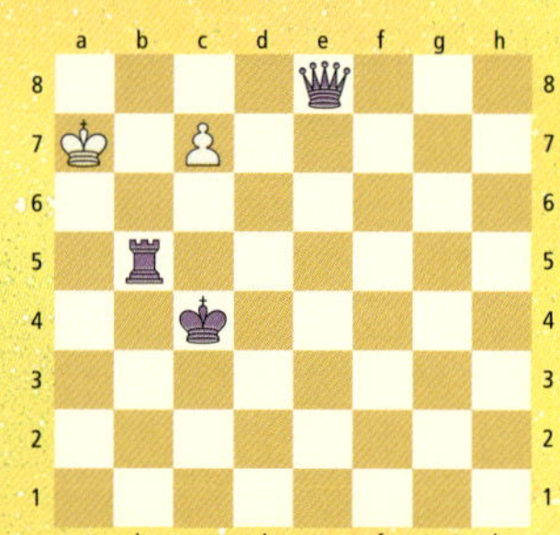

Er zieht den Bauern auf c8 und verwandelt ihn in eine Dame oder einen Turm. Schach! Danach folgt zwar De8xc8, aber daraufhin ist Weiß patt und Lila ärgert sich.

Frage 5

Wie kann König Lila in dieser Situation am besten ziehen?

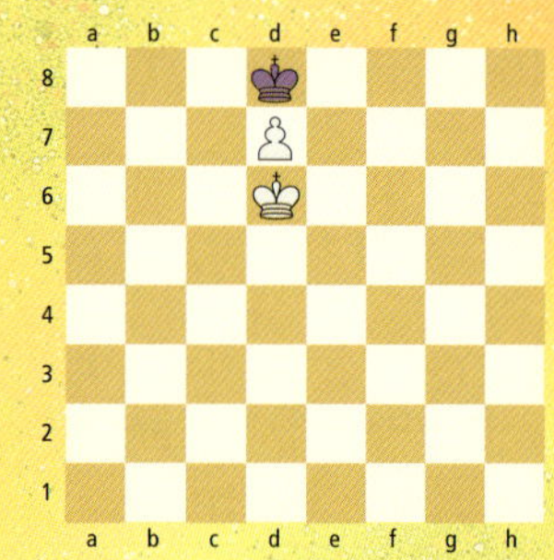

König Lila kann überhaupt nicht mehr ziehen, denn er ist patt. Auf c8 und e8 wäre er im Schach des Bauern. Auf c7 und e7 stände er neben König Weiß. Also patt und remis.

Frage 6

Gewinnen kann Weiß nicht mehr. Aber auf unentschieden spielen. Wie?

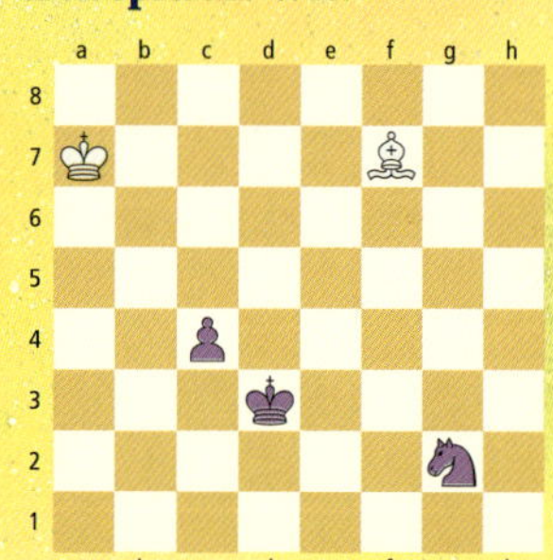

Lf7xc4 – Der Läufer ist zwar viel mehr wert als der Bauer, aber nur mit einem Springer kann König Lila König Weiß nicht mehr matt setzen. Also unentschieden – remis.

Rochade Schokolade

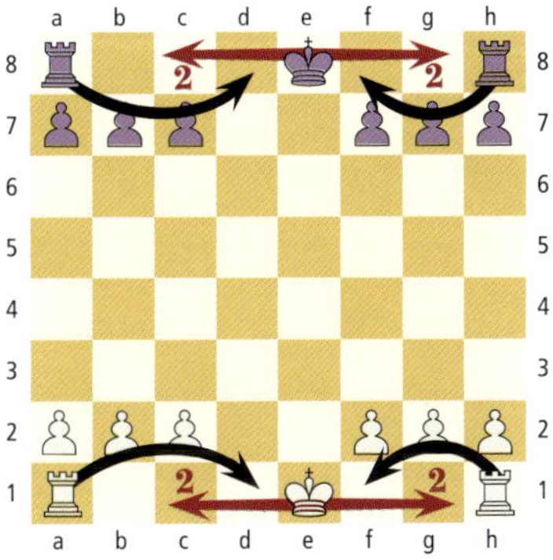

46

Aber nun zu einem ganz besonderen Profi-Spezialzug«, sagte Fred. »Er verbindet das Angenehme mit dem Nützlichen und nennt sich *Rochade*. Das bedeutet nichts weniger, als dass der König einen Bocksprung über seinen Turm macht. 46

Die Rochade ist allerdings nur erlaubt, solange sich weder König noch Turm bewegt haben, also so wie hier.

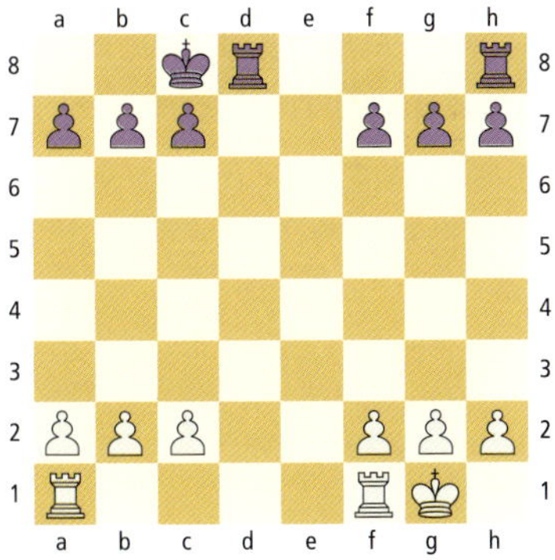

47

Aufgepasst: König Weiß geht zwei Schritte zur Seite und der Turm auf h1 springt über ihn drüber. Wie ihr seht, ein Bocksprung über *zwei* leere Felder, den man eine *kurze* Rochade nennt. 47 Geschrieben sieht das so aus: *zwei* Nullen mit einem Strich dazwischen, für jedes leere Feld eine:

0-0

Geht der Turmsprung hingegen über *drei* leere Felder, wie es König Lila hier vorführt, spricht man von der *langen* Rochade.

Dementsprechend schreibt man *drei* Nullen mit Strichen dazwischen, denn zwischen König und Turm sind ja drei leere Felder.

0-0-0

Doch egal ob kurz oder lang – der König springt immer zwei Schritte zur Seite.«

»Na ja, ganz niedlich dieses Rochade-Schokolade-Dingsbums-Zeug«, sagte Bianca. »Aber was ist denn jetzt so profispezial daran?«

»Wenn wir über die Eröffnung reden, werdet ihr das vielleicht besser verstehen«, kündigte Fred an. »Die Rochade ersetzt nämlich gleich mehrere Züge, denn es werden zwei Figuren bewegt: Der schwache König versteckt sich mit einem Doppelschritt hinter einer schützenden Wand aus Bauern, während der starke Turm aus seiner langweiligen Garage herauskommt um endlich ins Geschehen einzugreifen.

Ein paar Bedingungen müssen jedoch erfüllt sein, damit man die Rochade machen darf:

- Weder König noch Turm dürfen schon gezogen haben,
- der König darf nicht im Schach stehen,
- der König darf auf seinem Weg zur Seite nicht durch ein Schach hindurch.«

»Klingt so ungefähr wie die Bedienungsanleitung für ein chinesisches Elektrogerät«, fand Bianca.

48

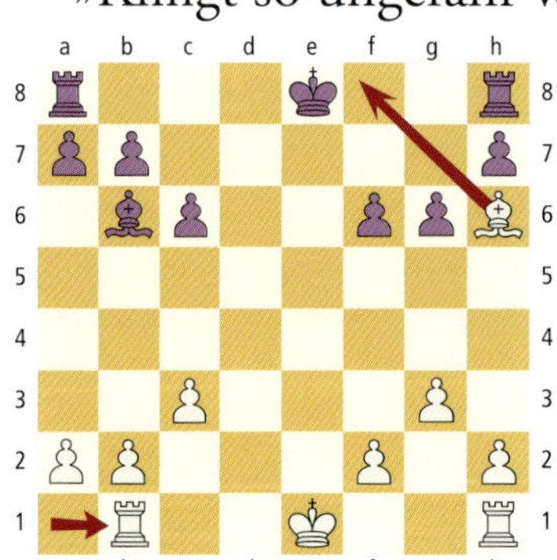

»Ist aber nur halb so wild«, entgegnete Fred. »Seht euch mal die nächste Stellung an. 48

Sie ist eine ganz typische Duellsituation: Es sind bereits allerhand Figuren geschlagen worden und das Spielfeld hat sich schon ordentlich gelichtet. Beide Könige stehen allerdings weitgehend ungeschützt in der Mitte, während die Türme müde in den Ecken stehen. Eine Rochade wäre für beide Mannschaften sinnvoll.

Könnt ihr mir sagen, wo sie möglich ist und wo nicht?«

»Die Könige stehen jedenfalls beide nicht im Schach«, sagte Bianca. »Das ist schon mal gut.«

»Mir fällt auf, dass sich der Turm auf b1 schon bewegt haben muss«, bemerkte Fritz, »sonst stände er ja noch auf a1. Zur linken Seite hin geht die Rochade bei Weiß schon mal nicht. Für rechts sieht's hingegen ziemlich gut aus.«

»Und bei Lila ist es sogar noch besser«, bemerkte Bianca, »der kann nach beiden Seiten rochieren.«

»Nein, kann er nicht. Da müsste der König ja durch ein Schach hindurch, und zwar vom Läufer auf h6. Weiß könnte also die kurze Rochade machen und Lila die lange.«

»Ach ja, stimmt«, stöhnte Bianca und tippte sich an die Stirn, »hatte ich ganz übersehen. Diese langweiligen Gripsgeschichten machen mich noch total dullidulli im Kopf.«

»Ich hatte euch ja angekündigt, dass wir hier nicht in der Nase popeln«, entgegnete Fred. »Aber selbst der stärkste Muskelmann braucht mal 'ne Gedenkminute, damit die Muckis nachwachsen können. Also gut, machen wir noch eine kurze Pause, Leute. Aber ich verspreche euch eins: Nachher im Duell wird es alles andere sein als langweilig. Vermutlich müsst ihr sogar aufpassen, dass ihr vor lauter Aufregung nicht in die Hose macht.«

Gripstraining 14: Die Rochade

Frage 1
Welche Rochade ist hier möglich?

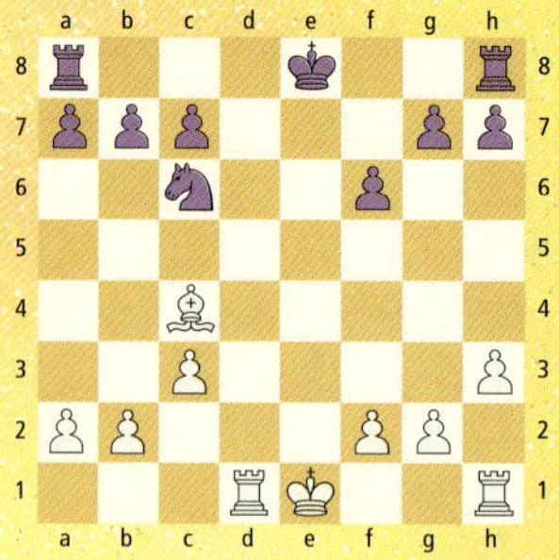

Nur die kurze weiße Rochade ist möglich. Die lange geht hier nicht, weil der Turm schon gezogen hat. Lila kann überhaupt nicht rochieren, denn er müsste dazu in das Läuferschach hinein oder durch das Turmschach hindurch.

Frage 3
Und welche Rochade ist hier erlaubt?

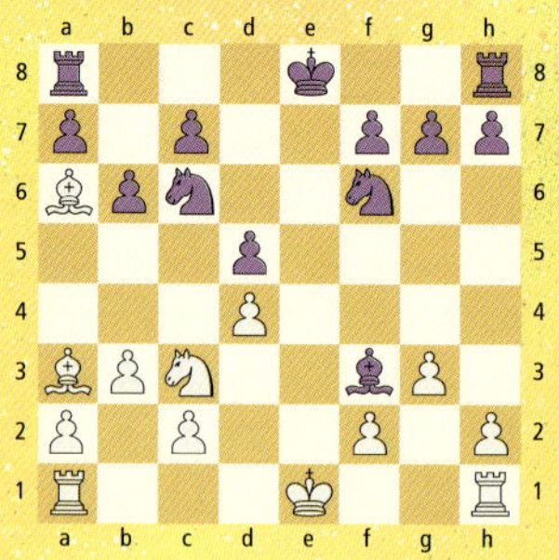

Nur die kurze weiße, weil nur der weiße Turm vom Läufer angegriffen wird. Der König selbst muss also nicht durchs Schach. Alle anderen Rochaden werden durch die drei Läufer auf dem Feld verhindert; beide Könige müssten hier jeweils durch ein Schach.

Frage 5
Wohin kann hier in dieser Stellung rochiert werden?

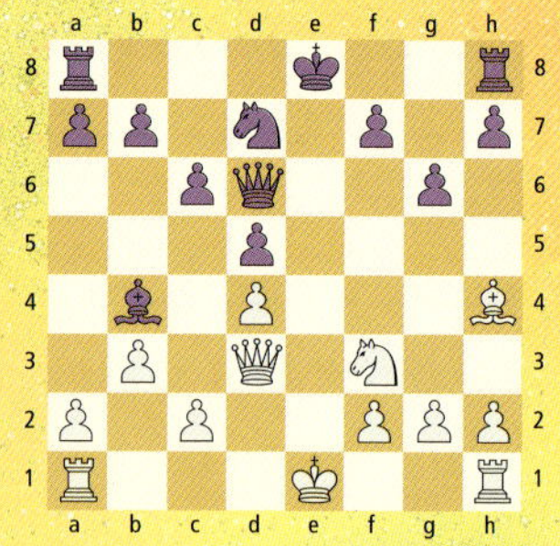

Hier kann nur Lila eine Rochade machen, und zwar eine kurze. Der weiße König steht im Schach und der weiße Läufer auf h4 verhindert die lange Rochade von Lila.

Frage 2
Und welche Rochade ist hier möglich?

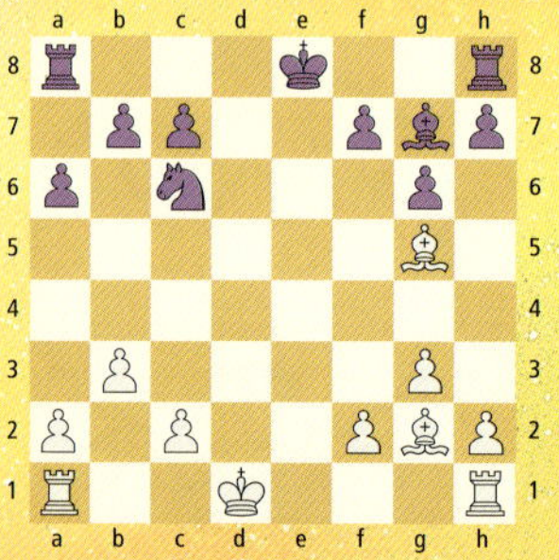

Nur die kurze von Lila ist möglich. Der weiße König hat nämlich schon gezogen und der weiße Läufer überwacht das Feld d8, so dass Lila dort durch ein Schach müsste.

Frage 4
Wie oft muss man ziehen, damit man rochieren kann?

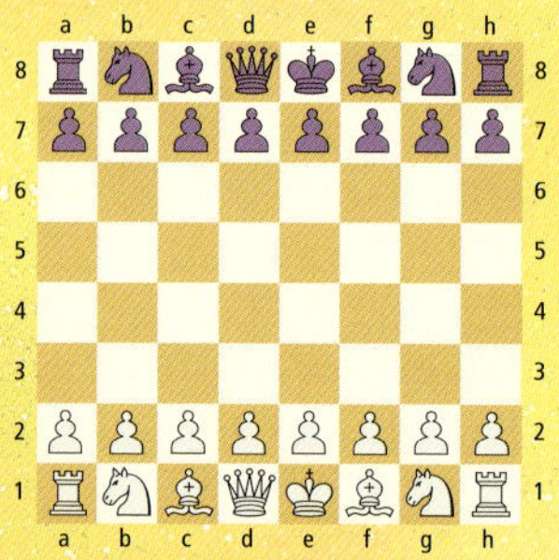

Man muss mindestens dreimal ziehen, um eine Rochade machen zu können:

1. Der Springer zieht raus
2. Bauer macht Platz für Läufer
3. Der Läufer zieht raus

Frage 6
Mit welchem Zug kann Weiß Lila hier mattsetzen?

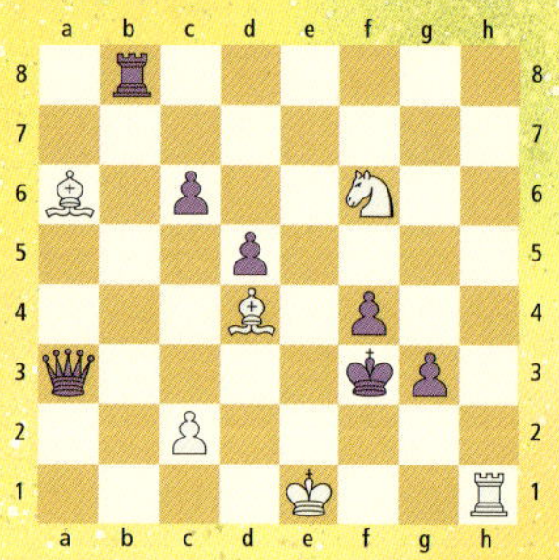

Nach der kurzen Rochade (0-0) ist Lila schachmatt.

Vom Wert der Figuren

Wieder machten sie es sich auf der Wiese vor der Muckibude bequem. Der Blick hinüber zur Arena verriet, dass bereits die ersten Zuschauer eintrafen, um sich die besten Plätze zu sichern. Ein paar von ihnen schwenkten weiße Fahnen.

»Die kommen nur wegen uns«, staunte Bianca. »Ich glaube, jetzt werden wir berühmt.«

»Will ich gar nicht sein«, entgegnete Fritz brummig.

»Ich schon.«

»Berühmt als was? Als jüngstes Opfer von König Schwarz?«

»Nö, berühmt als Wunderkind, zum Beispiel. Ich beherrsche nämlich schon die Rochade-Schokolade und weiß, was eine supertolle Operaposition ist.«

»Opposition!«, seufzte Fritz.

»Sag ich doch.«

»Kopf hoch, Junge«, versuchte Fred Fritz aufzumuntern. »König Schwarz ist zwar eine harte Nuss, aber Nüsse sind zum Knacken da. Vermutlich wird er euch unterschätzen, denn er hält sich selber für ziemlich clever. Das kann ein Vorteil für euch sein.

Wie ich ihn kenne, wird er von Anfang an versuchen euch mit seiner grimmigen Dame Angst einzujagen. Das solltet ihr einfach kalt lächelnd zur Kenntnis nehmen, denn so ein frühzeitiger Damenangriff sieht zwar unglaublich gefährlich aus, ist aber in der Regel gar nicht so klug. Inzwischen könnt ihr nämlich die wirklich wichtigen Figuren ins Spiel bringen. Doch davon später mehr. Jedenfalls macht so eine Dame noch längst keinen Sieg, auch wenn sie so viel wert ist wie neun Bauern.«

»Wieso neun?«, wunderte sich Bianca. »Ich dachte, man hat nur acht.«

»Ich meine das wie beim Taschengeld«, erläuterte Fred. »Wenn du wissen willst, ob du mehr hast oder weniger als Fritz, musst du es zusammenzählen. Und so macht man es auch mit den Figuren, denn jede hat ihre spezielle Wertigkeit. Ein Bauer ist natürlich am wenigsten wert, denn er ist die schwächste Figur. Allerdings darf man nicht vergessen, dass in jedem eine dicke fette Dame versteckt sein könnte.

Im Vergleich zum Bauern ist die Dame unglaublich stark. Sie kann so ziehen wie Läufer und Turm zusammen. Das bringt eine ganze Menge zusätzlicher Vorteile mit sich, etwa den, dass sie ohne Hilfe den gegnerischen König an den Rand drängen kann – ihr erinnert euch hoffentlich. Man wertet sie also, wie gesagt, so wertvoll wie neun Bauern.

Ein Turm ist immerhin noch fünf Bauern wert, denn er ist neben der Dame die einzige Figur, mit der man den gegnerischen König einfangen und plattmachen kann. Vorausgesetzt natürlich, der eigene König hilft ordentlich mit.

Springer und Läufer sind je drei Bauern wert. Selbst mit der Hilfe des Königs können sie den Gegner nicht mattsetzen.

Allerdings muss man sagen, dass die Läufer im Endspiel ein bisschen mehr wert sind als die Springer – vorausgesetzt, man hat noch alle beide. Stehen sie nämlich nebeneinander, so arbeiten sie ausgesprochen wirkungsvoll zusammen: Der eine bewacht die hellen Felder, der andere die dunklen.«

»Und was ist ein König wert?«, fragte Fritz.

»Der ist unbezahlbar«, sagte Fred, »deshalb zählt man ihn gar nicht erst mit. Die anderen Figuren kannst du auf diese Weise allerdings vergleichen. Schlägt dein Gegner zum Beispiel deinen Springer und du bekommst dafür seinen Turm, machst du vermutlich ein gutes Geschäft. Aber Vorsicht, wenn du hinterher schachmatt bist, hilft dir auch die dickste Dame nichts mehr. Etwas Ähnliches musste auch König Schwarz einst erfahren. Das war vielleicht 'ne peinliche Geschichte, Leute.«

Acht Damen

Es begab sich, dass der jugendliche König Schwarz von einem pfiffigen Prinzen hörte, der sein Taschengeld mit einem originellen Reitertrick verdoppelt hatte. Dies erfüllte ihn mit Neid, denn wenn hier jemand seiner Meinung nach mehr Taschengeld verdiente, dann war er es selbst. Und für den Pfiffigsten hielt er sich sowieso.

Also ging er zu jenem jungen Prinzen, der sich Rösselsprung nannte, und sprach: »Was du kannst, kann ich schon lange. Wenn du nicht mit mir um dein Taschengeld wettest, hast du ein Problem, denn ich bin stärker als du.«

»Da bleibt mir ja wohl nicht viel anderes übrig«, sagte Prinz Rösselsprung unbeeindruckt, »was soll es denn für eine Wette sein?«

»Ich wette«, knurrte König Schwarz, »dass ich dich auf acht mal acht Feldern genau achtmal schachmatt setzen kann.«

»Achtmal schachmatt?«, fragte Prinz Rösselsprung erstaunt. »Das geht doch gar nicht.«

»Doch es geht!« König Schwarz kratzte mit einem Stock acht mal acht Felder auf den Boden. Dann nahm er aus der einen Tasche einen lila Holzkönig und stellte ihn mitten ins Zentrum. »Der sollst du sein«, sagte er. Dann griff er in die andere Tasche und holte acht geschnitzte schwarze Damen hervor, die er rund um den lila König aufstellte. 49 »Siehst du? Acht mal schachmatt! Dein Taschengeld gehört mir! Her damit!«

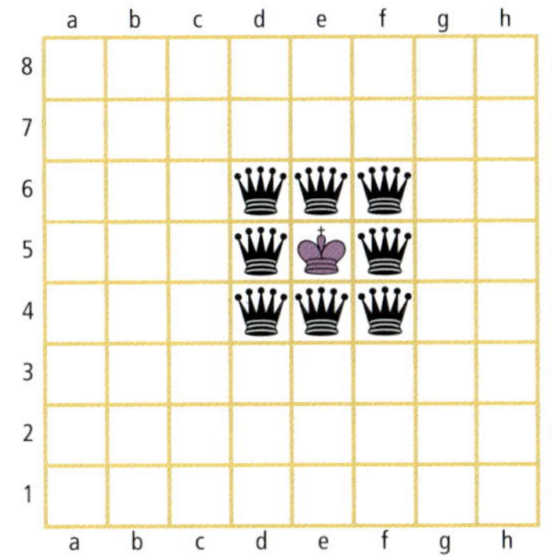

49

Da schüttelte Prinz Rösselsprung nur mitleidig den Kopf und sprach: »Das ist doch nicht achtmal schachmatt, sondern *einmal* – wenn auch zugegebener Maßen ziemlich gründlich. Allerdings ist das mit acht Damen auch keine Kunst. Kunst wäre es, sich als König gegen sieben Damen so zu postieren, dass man nicht gegen sie verliert. Und als kleines Gedankenspiel könnte man die Damen sogar so stellen, dass sie sich nicht mal schlagen könnten – falls das möglich wäre.«

»Sieben dicke Damen gegen sich und trotzdem nicht verlieren?«, fragte König Schwarz ungläubig. »So ein Quatsch! Das ist keine Kunst – das ist *unmöglich*!«

»Wetten, dass es geht?«

»Wette gilt! Wenn du das schaffst, darfst du dein Taschengeld behalten und kriegst meins dazu. Schaffst du es aber nicht, bekomme ich noch dein tolles Pferd.«

Da nickte Prinz Rösselsprung, und stellte die Damen nach einem ausgeklügelten Plan neu auf. 50

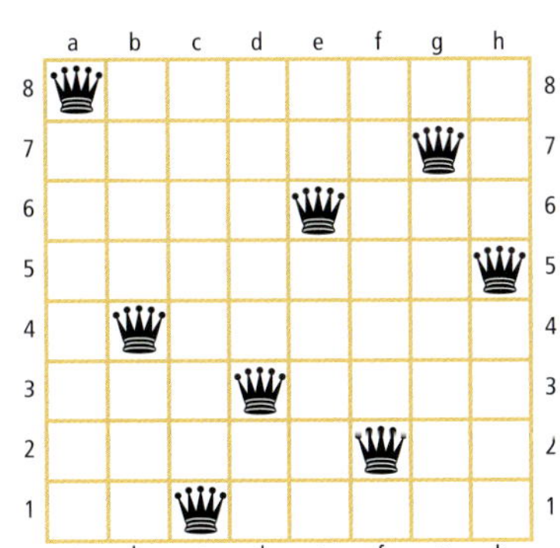

50

1) Insgesamt gibt es 92 Möglichkeiten, die acht Damen so zu stellen, dass keine eine andere schlagen könnte. Probiere doch mal selber aus, ob du noch welche findest.

»So«, sagte er, »jetzt stehen sie schon mal so, dass keine die andere schlagen kann.[1] Nun darfst du dir eine beliebige wegnehmen, für die ich dann meinen lila König einsetze. Welche willst du nehmen?«

»Die da oben auf a8«, sagte König Schwarz. »Aber wozu der Aufwand? Gewinnen kannst du sowieso nicht mehr.«

»Von *gewinnen* war auch nie die Rede«, entgegnete Prinz Rösselsprung. »Wir hatten nur gesagt, dass ich nicht verliere – und das ist hier der Fall: Ich habe zwar sieben dicke Damen gegen mich, die so viel wert sind wie dreiundsechzig Bauern, aber leider ist mein lila König so patt wie neulich König Pattikowski. Und das bedeutet bekanntlich remis, also unentschieden. Wo, sagtest du, kann ich mir dein Taschengeld abholen?«

Hirngymnastik

Zurück in der Muckibude sprach Fred: »Leute, ich muss euch loben: Ihr kennt jetzt die wichtigsten Regeln und habt nun auch ein paar Techniken an der Hand, den gegnerischen König im Endspiel matt zu setzen. Zur Auflockerung möchte ich jetzt einfach mal ein bisschen Hirngymnastik machen, denn das macht schön und hält jung.« Wieder schob er ein paar Figuren zurecht. »Und los geht's. Hatte euch König Bunt schon erklärt, was eine Springergabel ist?«

»Springer am Rande bringt Kummer und Schande«, sagte Bianca. »Jedoch in der Mitte – ja bitte. Und auch für die Gabel sehr akzeptabel.«

»Besser kann man es fast nicht ausdrücken«, fand Fred. »Jetzt müsst ihr mir nur noch beweisen, dass ihr es auch wirklich verstanden habt. Was muss Weiß in diesem Fall machen, damit eine Gabel zustande kommt?« 51

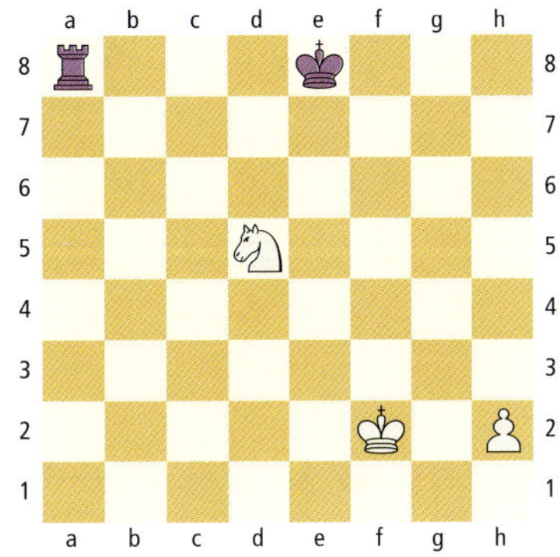

51

Bianca überlegte kurz und meinte dann: »Wenn der weiße Springer auf c7 hüpft, bedroht er König und Turm gleichzeitig. König Lila muss aus dem Schach und der Springer kann sich über den Turm hermachen. Feine Sache, so eine Springergabel.«

»Der Bauer auf h2 ist aber auch ’ne feine Sache«, fand Fritz. »Wir könnten, wenn der Turm weg ist, versuchen ihn durchzubringen um eine Dame draus zu machen. Unser König und der Springer könnten ihm dabei helfen. Dann bräuchten wir nur noch die Volle-Pulle-Dame-Fertigmache von vorhin anzuwenden und schon wäre die Sache erledigt.«

»Genau so würde ich das auch machen«, sagte Fred. »Aber könnt ihr auch erkennen, wo die Gabel in der nächsten Stellung versteckt ist?« 52

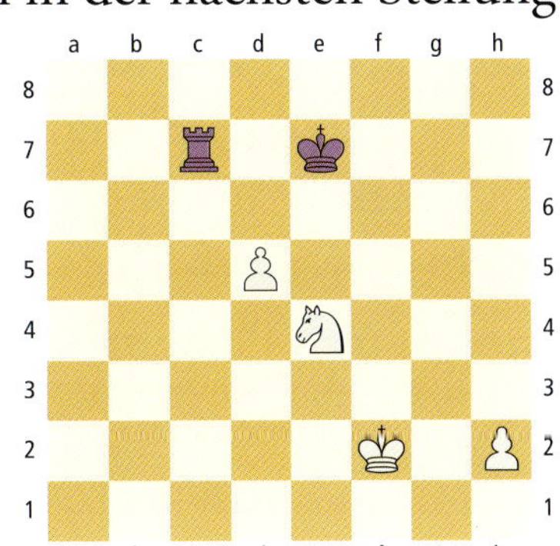

52

»Hier ist keine Springergabel möglich«, erklärte Fritz nach kurzem Überlegen. »Das Einzige, was Sinn machen würde, ist, dass der Bauer von d5 auf d6 vorrückt.«

»Aber das ist doch auch eine Gabel«, fand Bianca, »eine *Bauern*gabel.

Ganz schön fies: Von d6 aus bedroht der kleine Kerl sowohl den Turm als auch den König. Schach! König Lila darf den Bauern aber nicht schlagen, weil der ja vom Springer gedeckt wird. Also muss er irgendwo anders hingehen, denn er muss ja aus dem Schach raus. So kann der Bauer im nächsten Zug den Turm schlagen.«

»So ist es«, bestätigte Fred. »Ihr seht also, nicht nur der Springer kann eine Gabel machen, obwohl der sich natürlich besonders gut dafür eignet.« Er stellte die Figuren wieder um. »Was denkt ihr, welche Figur meine ich wohl hier?« 53

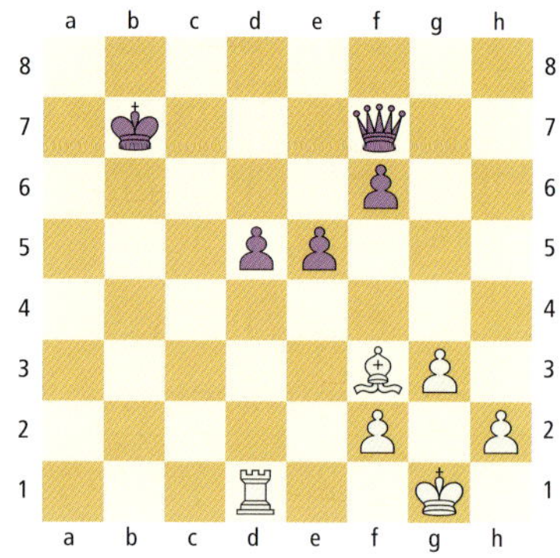

53

»Den Läufer auf f3 natürlich«, sagte Fritz. »Wenn der den lila Bauern auf d5 schlägt, bedroht er die Dame und stellt gleichzeitig den lila König ins Schach. Der muss da jetzt zwangsläufig rausgehen, so dass sich der weiße Läufer im nächsten Zug die Dame schnappen kann. Und wenn sie den Läufer schlägt, rächen wir ihn mit dem Turm auf d1.«

Bianca spann den Faden weiter: »Danach könnten wir König Lila mit unserem Turm einfangen und matt setzen. Wir müssten nur auf die Bauern e5 und f6 aufpassen, damit die nicht durchmarschieren und zur Dame werden. Aber mit denen werden wir schon irgendwie fertig. He, Fred, wie findest du meine Idee?«

»Die finde ich ausgesprochen großartig«, sagte die Kanalratte. Und er freute sich, dass Fritz und Bianca begannen, vorauszudenken und Pläne zu schmieden.

Noch mehr Hirngymnastik

Die lila Figuren sind übrigens nicht schlechter als die anderen«, stellte Fred fest, als er die nächste Stellung vorbereitete. »Ich erkläre es euch nur mit den weißen, weil ihr die nachher im Duell haben werdet. Was ich hier sage gilt aber für alle Farben, egal, ob Weiß oder Lila. Selbst die schwarzen Figuren sind keine Schande – es sei denn, du bist König Schwarz persönlich. Mit den weißen hast du allerdings immer einen kleinen Vorteil, nämlich den ersten Zug.[1] Der Rest ist dann reine Gripssache. Und um den zu trainieren wollen wir jetzt noch mehr Hirngymnastik machen. Seht mal her – was wäre hier wohl ein guter Zug für Weiß?« 54

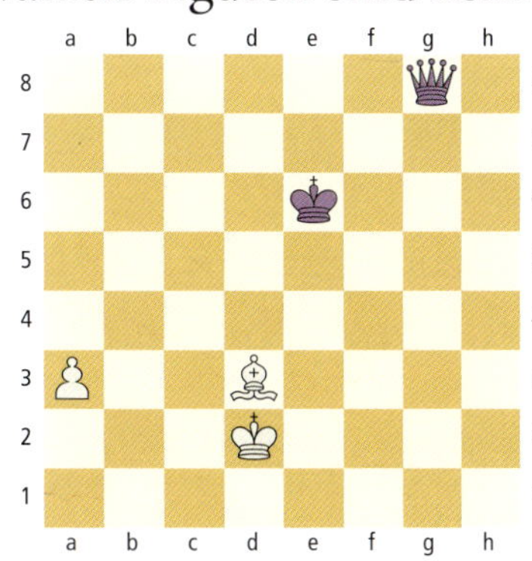

54

Fritz und Bianca sahen sich die Sache eine Weile an.

Dann sagte Fritz: »Ich fürchte, König Lila ist demnächst seine Dame los. Der Läufer kann nämlich von d3 nach c4 rüberhuschen und schon steht Lila im schönsten Schach und die arme Dame gleich dahinter. Ich weiß auch noch, wie man das nennt:

1) Deshalb wechselt man sich übrigens normalerweise ab: Mal hat der eine Weiß, dann der andere.

Das ist ein so genannter Spieß.«

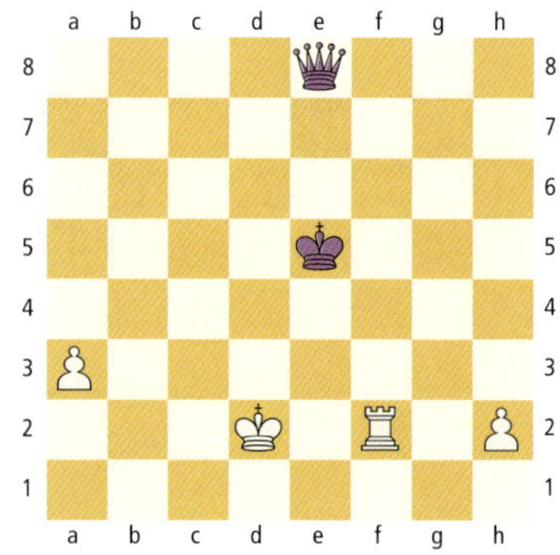

55

»Darf ich auch mal einen aufspießen?«, fragte Bianca.

»Klar.« Fred baute eine neue Stellung auf. »Dann spieß mal los«, sagte er. 55

»Der Turm f2 zieht nach e2«, reimte Bianca, »und macht einen Spieß dabei. Armer König, stehst im Schach, futsch die Dame auch, denn – ach – König Lila muss zur Seite und beschert Weiß reiche Beute. He, Fred, deine Hirngymnastik macht ja richtig Spaß!«

»Ich habe nie was anderes behauptet«, entgegnete die Kanalratte geschäftig. »Aber jetzt wird's ein bisschen kniffliger. Weiß ist am Zug und hat hier eine großartige Chance. Welche?« 56

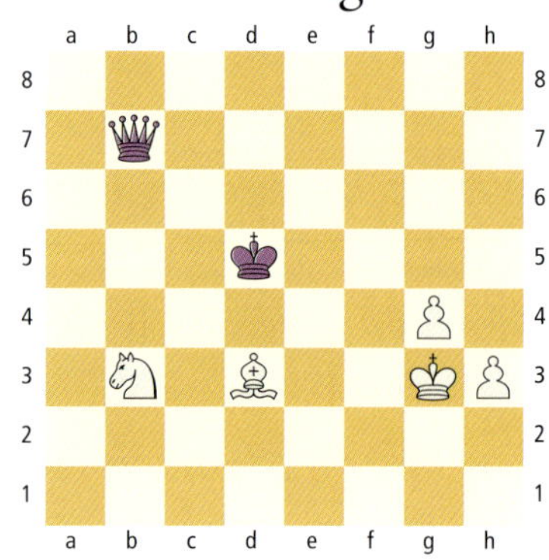

56

Diesmal mussten Fritz und Bianca etwas länger überlegen, aber dann schnipste Fritz mit den Fingern und rief: »Ich hab's! Es ist allerdings ein bisschen gewagt: Der Läufer zieht auf e4. Schach übrigens!«

1. Ld3-e4+

»Nein!«, rief Bianca. »Vorsicht!«

»Doch«, entgegnete Fred. »Fritz hat völlig Recht.«

»Aber auf e4 wird der arme Läufer dann doch von König Lila geschlagen!«, wendete Bianca ein.

»Na und?« Fritz grinste. »Soll er ihn ruhig fressen. Die Idee ist doch folgende: Stände der lila König auf e4, hätte der Springer ein richtig gutes Gabelfeld, nämlich c5. Weil der Königskollege das Feld e4 aber niemals freiwillig betreten würde, muss er eben hingelockt werden. Und das macht der Läufer, indem er ihn von e4 aus aufspießt. König Lila muss den Läufer jetzt schlagen, denn wenn er einfach zur Seite geht, ist im nächsten Zug seine Dame futsch.

1. . . . . Kd5xe4

Aber leider ist die Dame trotzdem futsch, denn jetzt stehen alle Figuren genau so, wie sie der Springer am liebsten zum Frühstück frisst. Und darum kann er als Nächstes einen tollen Gabelzug machen.«

2. Sb3-c5+ 57

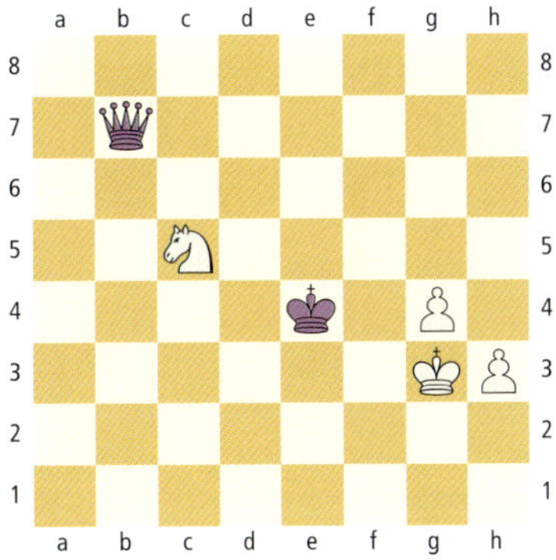

57

Fred nickte zustimmend und sagte: »Es ist bitter, aber wahr: Lila hat hier keine Chance. Muss ich übrigens noch erwähnen, dass Weiß zwei tolle Bauern hat, die er danach durchbringen kann?«

Nein, das musste er natürlich nicht. Denn Fritz und Bianca hatten schon längst begriffen, dass die Bauern, so wertlos sie anfangs erschienen, am Ende durchaus den feinen Unterschied zwischen Gewinnen und Verlieren ausmachen konnten.

Gripstraining 15: Gabel und Spieß

Frage 1
Welche tolle Gabel ist hier möglich?

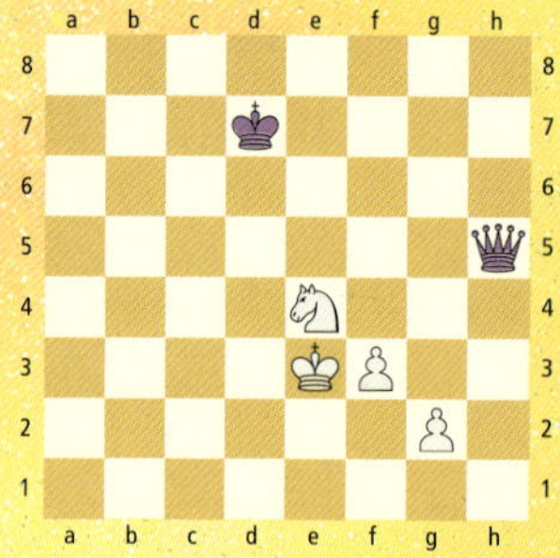

Se4-f6+
Schach und gleichzeitiger Angriff auf die Dame.

Frage 3
Wie ergabelt sich Weiß hier den entscheidenden Vorteil?

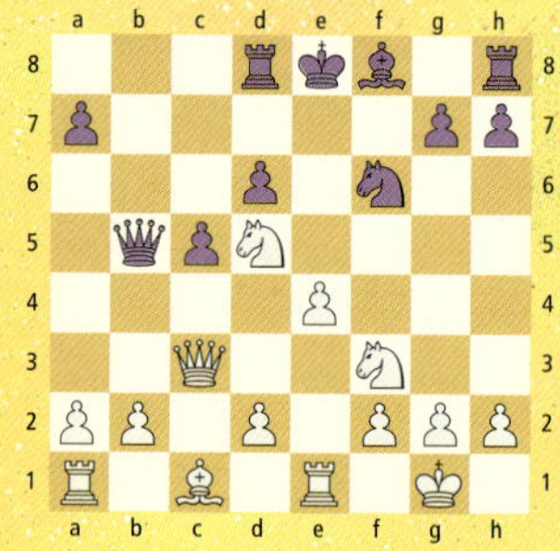

Sd5-c7+
und die lila Dame ist nicht mehr zu retten.

Frage 5
Welche Gabel von Weiß droht hier für Lila?

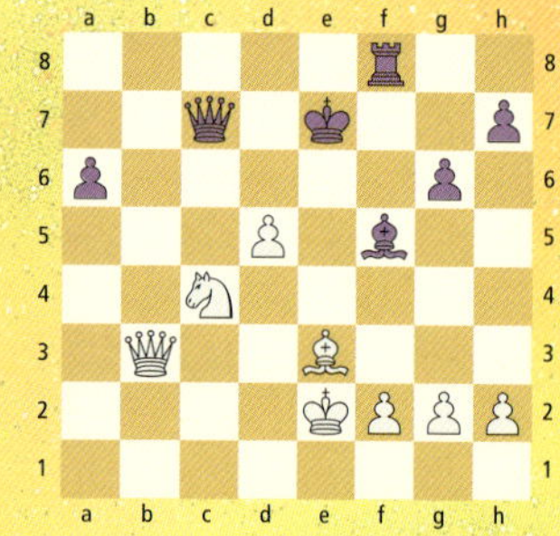

d5-d6+
Eine Bauerngabel. Der König muss weg, die Dame ist in jedem Fall futsch, selbst wenn sie den Bauern auf d6 schlägt.

Frage 2
Durch welchen Spieß kann sich Weiß hier einen Vorteil verschaffen?

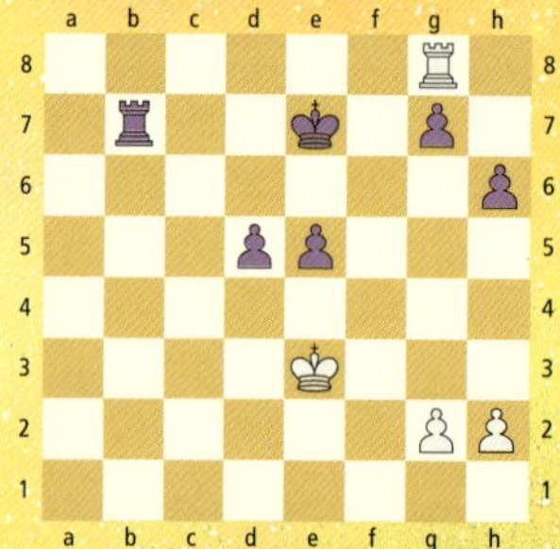

Tg8xg7+
und der Turm hinter dem König auf b7 kann nicht mehr gerettet werden.

Frage 4
Mit welchem Spieß kann hier Lila Weiß das Leben schwer machen?

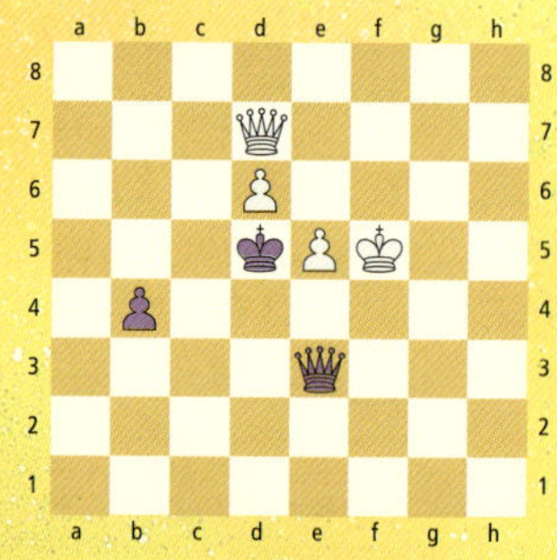

De3-h3+
und die Dame hinter dem König hat keine Chance.

Frage 6
Welche drohende Gabel von Lila hat Weiß hier übersehen?

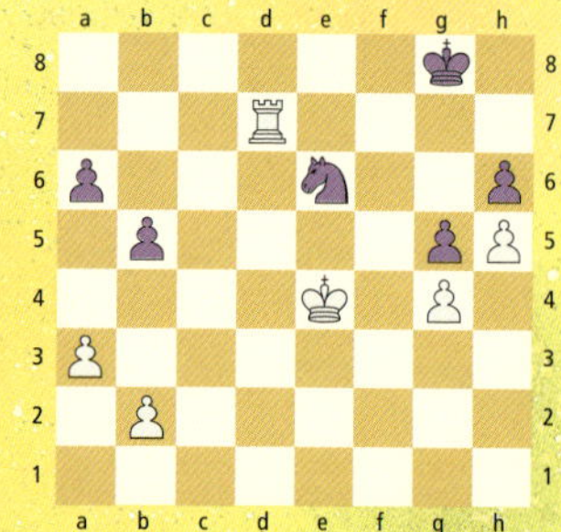

Se6-c5+
und der weiße Turm ist weg.

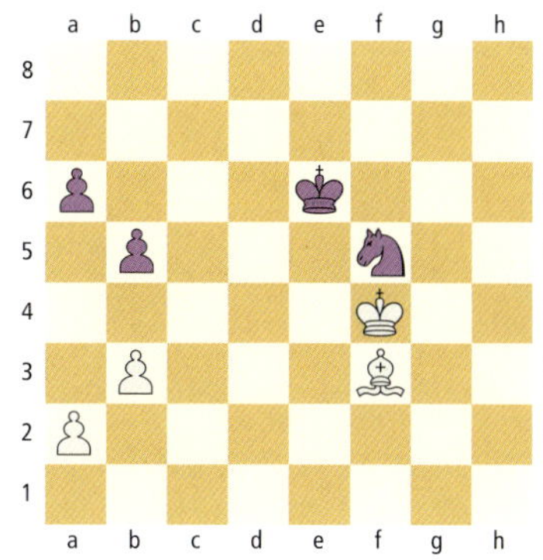

58

So, und jetzt drehen wir den Spieß mal rum«, sagte Fred. »Hier werdet ihr nämlich gleich einen erleben, bei dem nicht der König aufgespießt wird, sondern eine andere Figur. 58

Der weiße Läufer auf f3 kann hier ganz schön für Ärger sorgen, indem er auf g4 zieht.

1. Lf3-g4

Plötzlich hat nämlich der lila Springer auf f5 ein Problem: Er kann nicht mehr wegziehen, denn sonst stünde sein König im Schach. Man sagt in einem solchen Fall, der Springer ist *gefesselt.*

Was kann Lila also tun? Er zieht den König zur Seite, damit der Springer nicht mehr gefesselt ist. Aber da ist es natürlich schon zu spät. Erbarmungslos schlägt der Läufer zu.«

1. . . . . Ke6-f6

2. Lg4xf5 59

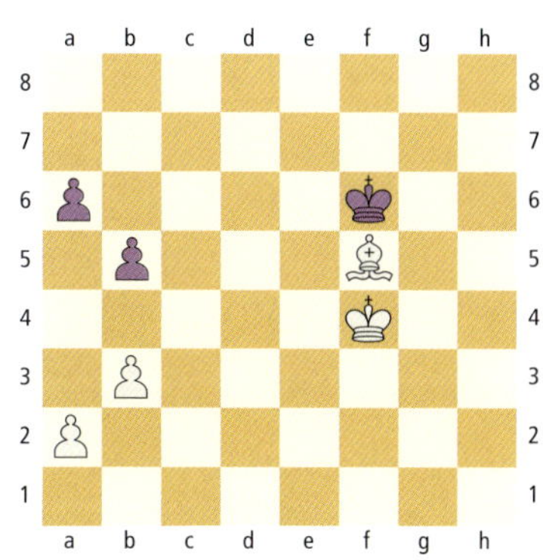

59

»Pech für König Lila«, kommentierte Bianca, »denn er kann den Läufer jetzt nicht schlagen, weil der vom König gedeckt ist.«

»Fesselungen kommen recht häufig vor in Königsduellen«, erklärte Fred. »Nicht immer macht es jedoch Sinn, eine gefesselte Figur auch zu schlagen. Meistens ist es sogar besser, erst einmal etwas anderes zu tun. Im nächsten Beispiel hat der Läufer auf g5 schon ganze Arbeit geleistet: Der Springer auf f6 ist gefesselt und Lila steckt ganz schön in der Klemme. Was wäre wohl nun zu tun für Weiß?« 60

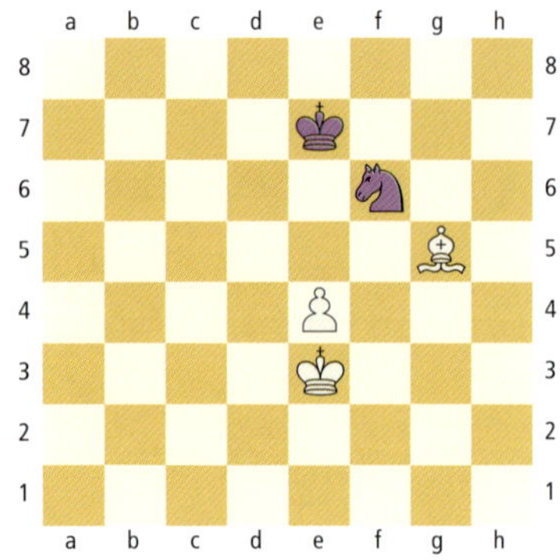

»Zackizacki weg mit dem gefesselten Springer«, schlug Bianca vor. »Der Läufer zieht nach f6. Dort kann ihn König Lila meinetwegen schlagen und wir bringen unseren Bauern durch.«

»Damit machst du's nur unnötig kompliziert«, sagte Fred. »Es gibt was wesentlich Besseres. Was haltet ihr denn hiervon?« Und er schob den Bauern von e4 ein Feld nach vorne auf e5.

»Wow«, staunte Fritz, »das war ein echter Profizug. Der gefesselte Springer wird jetzt gleich nochmal bedroht und König Lila ist jetzt erst recht angeschmiert. Er kann zwar noch aus der Schusslinie des Läufers gehen, zum Beispiel nach f7. Aber dann schlägt der Bauer den Springer trotzdem und der ist dann sogar durch den Läufer gedeckt.«

»Ihr könnt euch also Folgendes merken«, sagte Fred mit erhobenem Zeigefinger, »eine gefesselte Figur muss man nicht zwangsläufig schlagen. Viel besser ist es, *sie ein weiteres Mal anzugreifen* – am besten durch eine Figur, die nicht so viel wert ist. Auch wenn die gefesselte Figur nicht geschlagen wird, so ist sie zumindest für eine Weile stillgelegt.«

»Puh«, stöhnte Bianca, »da bekommt man ja Birnenrauchen von. Können wir nicht noch mal Pause machen?«

»Meinetwegen«, sagte Fred. »Ich hole nur eben meine angematschten Speisereste.«

Gripstraining 16: Fesselung

Frage 1
Hier kann eine weiße Figur ein lilafarbene fesseln. Welche könnte das sein?

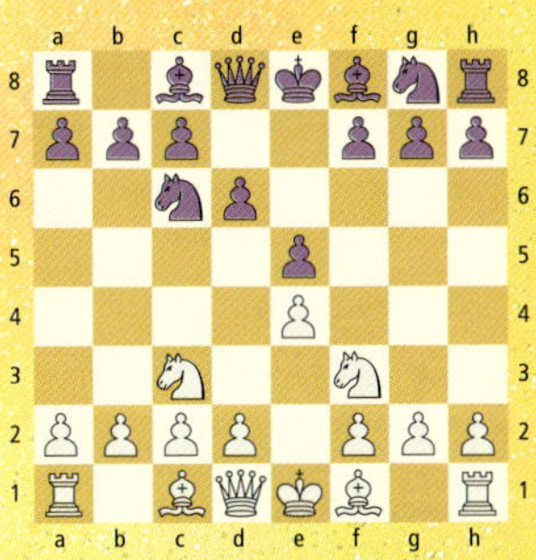

Der Läufer. Lf1-b5 legt den lila Springer auf c6 lahm, weil der König dahinter steht. Solch eine Fesselung ist eine ganz typische Situation für den Anfang eines Duells. Auf diese Weise kann der Springer erst später ins Geschehen eingreifen.

Frage 2
Auch hier gibt es eine gute Fesselungsmöglichkeit – allerdings nicht mit dem König dahinter, sondern mit der Dame. Welche wohl?

Lc1-g5 – dieser Zug fesselt den Springer auf f6.

Frage 3a
Welche lila Figur ist gefesselt?
Frage 3b
Wie nutzt man dies aus?

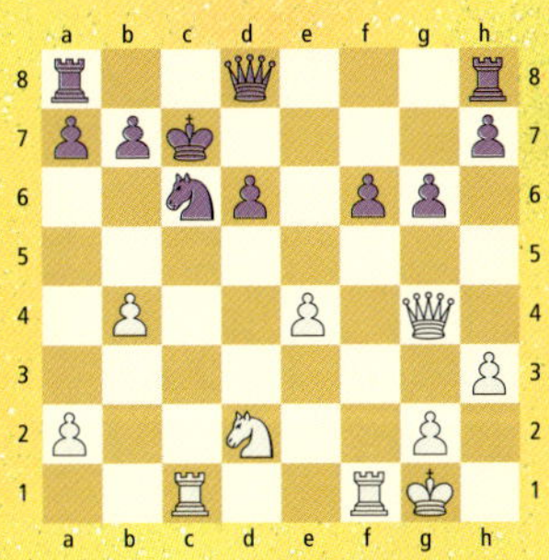

a) Gefesselt ist hier der lila Springer auf c6 und zwar durch den Turm auf c1.
b) Durch den Bauernzug b4-b5 wird der Springer auf c6 ein zweites Mal angegriffen: Merke: Gefesselte Figuren immer mit kleineren Figuren angreifen.

Frage 4
Auch hier kann Weiß eine Fesslung ausnutzen. Wo? Und wie kann er das ausnutzen?

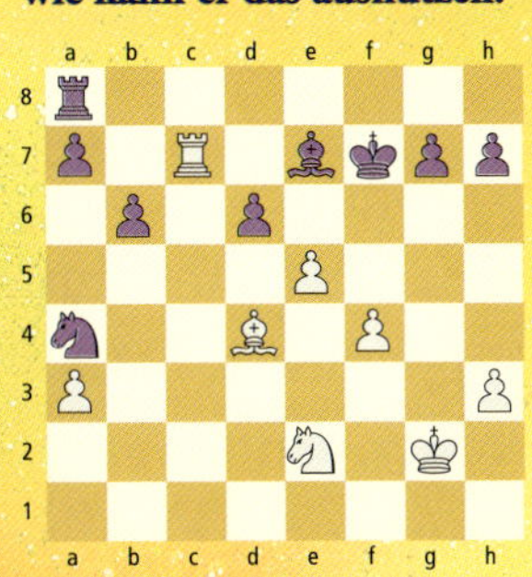

Gefesselt ist der Läufer auf e7. Am besten, Weiß greift ihn gleich noch einmal an, und zwar ganz elegant mit e5xd6.

Frage 5
Der weiße Springer ist durch den Läufer gefesselt und die weiße Dame ist in Gefahr. Wie kann sich Weiß hier am geschicktesten befreien?

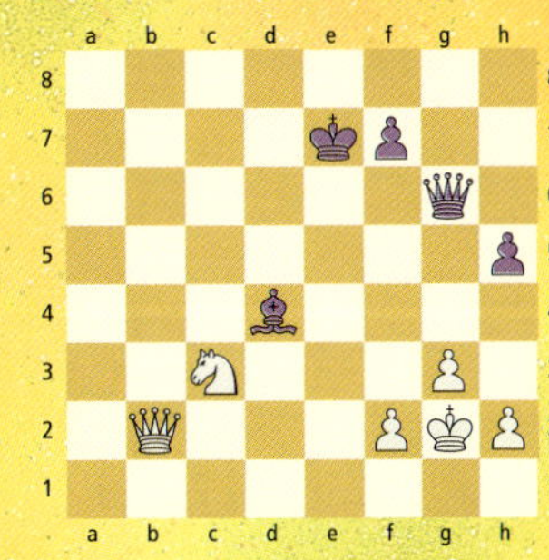

Indem er den Springer wegzieht und damit den lila König ins Schach stellt: Sc3-d5+ Jetzt muss der König aus dem Schach gehen, so dass sich die weiße Dame im nächsten Zug den Läufer schnappen kann.

Frage 6
Ein lila Springer ist gefesselt. Welchen guten Zug hat nun Weiß, um dies auszunuten?

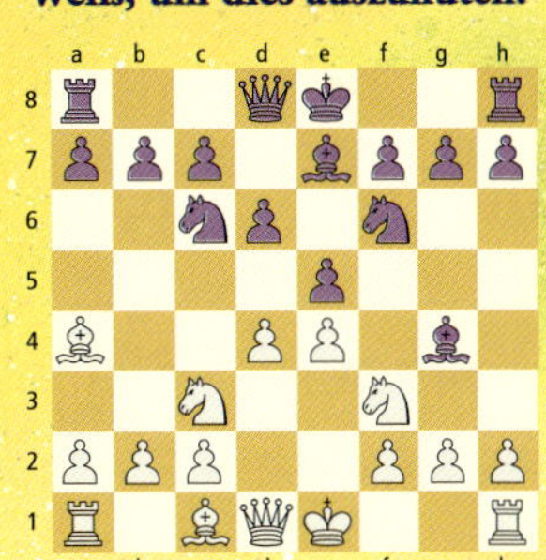

d4-d5 – dadurch wird der gefesselte Springer ein zweites Mal angegriffen und Lila bekommt ernste Probleme.

Grundreihenmatt

Die Sonne stand schon ziemlich tief; so langsam ging es auf den Abend zu. Fritz und Bianca saßen wieder auf ihrem Wiesenplatz und vermieden, Fred beim Essen zuzusehen.

Stattdessen blickten sie hinüber zur Arena, vor der sich inzwischen lange Schlangen von Zuschauern gebildet hatten. Prächtige Könige waren dort zu sehen, hochherrschaftliche Damen, gefolgt von allerlei Hofangestellten. Dazwischen tummelten sich Bauern, die sich zum krönenden Abschluss eines tollen Bärenkloppe-Tages noch ein spannendes Königsduell gönnen wollten. Zwischendrin verkauften Bäcker mit Bauchläden Tortenstücke auf Papptellern, versehen mit dem Aufdruck: *Bitte dem Nachbarn nicht ins Gesicht klatschen.*

Irgendwo in diesem Getümmel lärmten auch die Jungs um König Rot. »König Weiß, erster Preis«, hörte man sie grölen und »Schwarz fliegt raus, geht nach Haus!«

»Ein bisschen Zeit bleibt noch«, sagte Fred, »aber dann muss ich euch leider euch selbst überlassen. Ich werde allerdings versuchen, euch von der Tribüne aus Zeichen zu geben. Am liebsten würde ich ja selber einmal dort unten stehen. Aber ich bin ja kein König, sondern nur eine alte Kanalratte. Wenigstens habe ich es König Schwarz damals in der Muckibude ordentlich gegeben. Ich, Fred Fertig, der aus dem Loch unter dem Boxring.«

»Erzähl doch mal davon«, bat Fritz.

Fred tat es nur allzu gern. »Es war ein großartiger Kampf!«, verkündete er stolz. »Alles sah danach aus, dass König Schwarz gewinnt. Tatsächlich war er auch kurz davor. Aber der Eifer hat ihn blind gemacht, so dass er meine heimliche Taktik glatt übersah. Und das hat ihn den Sieg gekostet.«

»Das habe ich doch schon mal gehört«, wunderte sich Bianca. »Hat nicht König Bunt etwas ganz Ähnliches gesagt, als er von dem Duell zwischen König Schwarz und Opa Weiß sprach?«

»Stimmt, das hat er«, bestätigte Fritz. »Scheint so eine Schwäche von König Schwarz zu sein. Das merken wir uns mal schön für später. Erzähl weiter, Fred.«

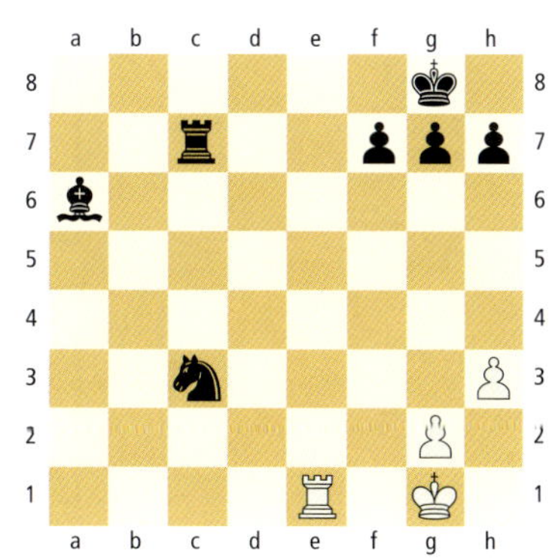

61

»Es stand Spitz auf Knopf«, fuhr die Kanalratte fort, »aber ich hatte mir die Sache genauestens ausgerechnet. 61 Mit den wenigen hellen Steinen, die mir geblieben waren, stand ich hart bedrängt in meiner luftigen Ecke. König Schwarz hingegen fühlte sich unendlich sicher hinter seiner

Bauernmauer. Kein Wunder, denn er hatte auch einen Läufer, einen Springer und einen Bauern mehr als ich – rein zahlenmäßig hätte er also gewinnen müssen. Doch all dieser Reichtum nützte ihm nichts, denn ich habe ihn mit einem höchst gelungenen Turmzug schachmatt gesetzt.

Te1-Te8++

Da stand er nun inmitten seines Bollwerks und plötzlich verging ihm das höhnische Lachen. Das hatte er nämlich nicht bedacht, dass ihm seine Bauern, die ihn so prima beschützten, auch den Fluchtweg abschnitten. Ein einfacher Zug zur rechten Zeit wäre vermutlich die Rettung für ihn gewesen. Aber er hatte es versäumt. Und so bescherte ich ihm ein so genanntes *Grundreihenmatt* wie aus dem Bilderbuch.

Vielleicht habt ihr schon bemerkt, dass an der Eingangstür ein Stückchen fehlt. König Schwarz hat es damals vor Ärger glatt herausgebissen.«

Gripstraining 17: Grundreihenmatt

Frage 1

Wie kann Weiß Lila hier mit einem einzigen Zug schachmatt setzen?

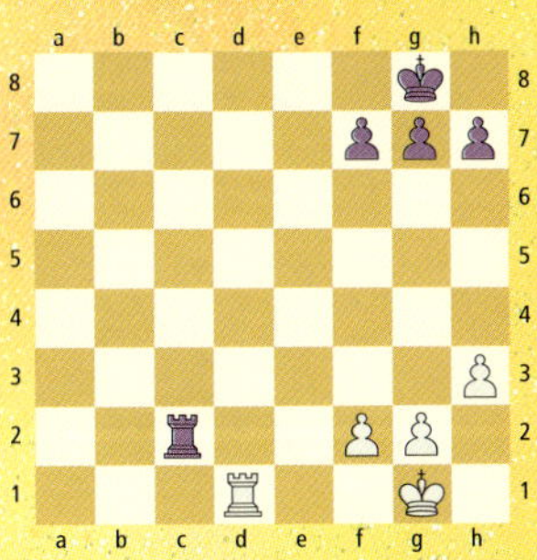

Mit dem Turmzug Td1-d8++ Ein so genanntes Grundreihenmatt.

Frage 2

Die Stellung hat sich nur wenig geändert. Wie nutzt Weiß dies in zwei schlauen Zügen aus?

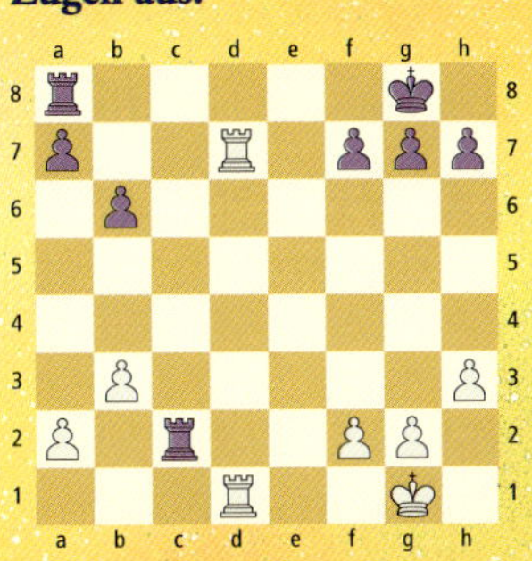

1.Td7-d8+ Ta8xd8
2.Td1xd8++

Frage 3

Schachmatt in drei Zügen. Wie geht's?

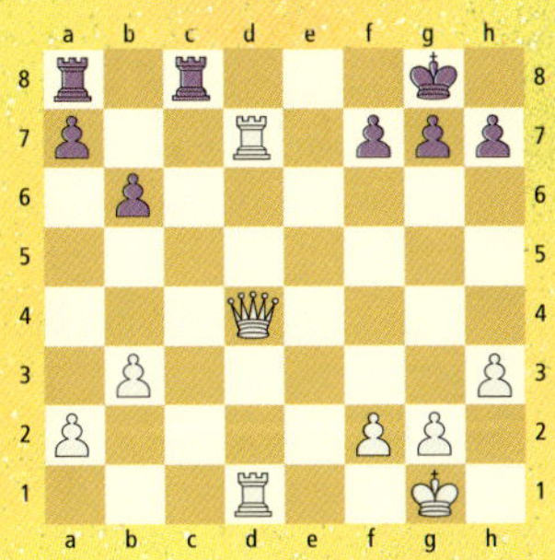

1.Td7-d8+ Tc8xd8
2.Dd4xd8+ Ta8xd8
3.Td1xd8++

Frage 4

Mit welchen Zügen kann Weiß Lila jetzt schachmatt setzen? Es gibt zwei Möglichkeiten.

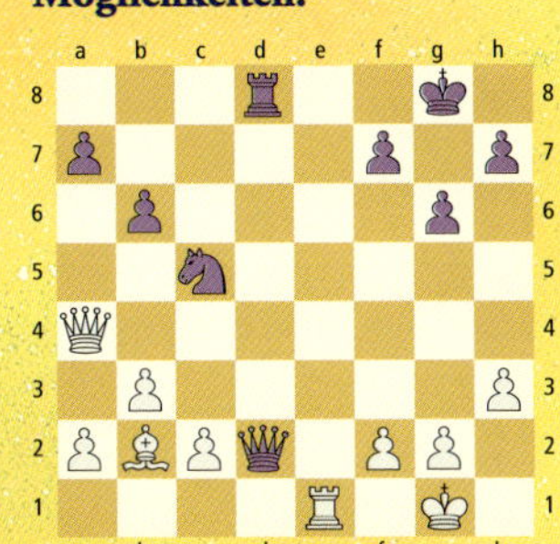

1.Te1-e8+ Td8xe8
2.Da4xe8++
Oder umgekehrt: zuerst die Dame, dann den Turm. König Lila kann ja nicht einfach nach g7 abhauen, denn dort droht der weiße Läufer.

Frage 5

Wie kann Weiß hier gewinnen?

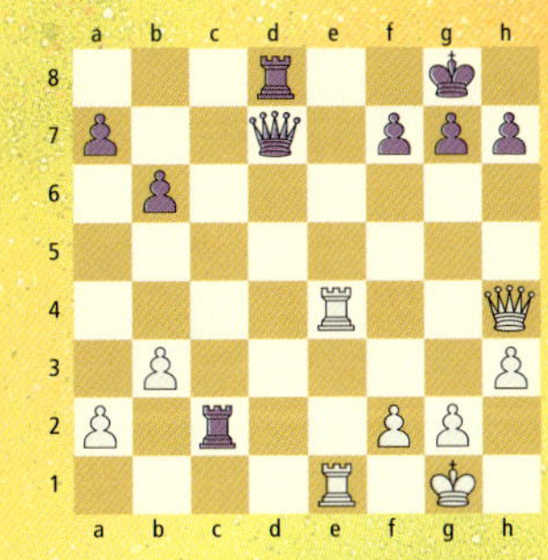

1.Dh4xd8+ Dd7xd8
2.Te4-e8+ Dd8xe8
3.Te1xe8++

Frage 6

Toll! Weiß freut sich, denn Lila hat einen Fehler gemacht und die Dame auf das Feld e5 gestellt. Nun kann Weiß sich die Dame mit Te1xe5 schnappen. Oder?

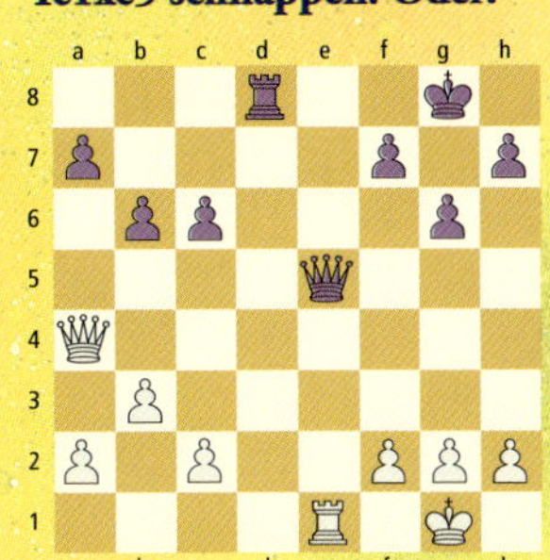

Vorsicht – das war eine Falle von Lila! Denn schlägt Weiß die Dame, setzt Lila ihn mit Td8-d1 matt. Der Turm könnte zwar noch mal dazwischen auf e1, aber den kann Lila schlagen (Td1xe1++).

Wie beginnt man ein Duell?

Viel haben wir nun schon besprochen«, verkündete Fred, als sie wieder in der Muckibude standen, »aber eine wichtige Sache haben wir erst am Rande gestreift: Die Eröffnung, Leute. Wie beginnt man so ein Duell am besten? Allein für den ersten Zug habt ihr bereits zwanzig Möglichkeiten. Und für die ersten zehn sind es bereits mehr Möglichkeiten, als es Atome im Weltraum gibt. Die meisten Züge sind allerdings mehr oder weniger Schrott. Doch um die von den guten Zügen zu unterscheiden, muss man erst mal wissen, worum es bei der Eröffnung überhaupt geht.

Eine gute Eröffnung bedeutet, dass ihr euren wertvollen König in Sicherheit bringt und die stärkeren Figuren möglichst wirkungsvoll ins Geschehen führt. Es ist nämlich geradezu Verschwendung, sie dort zu lassen, wo sie am Anfang stehen, denn dort sind sie ziemlich nutzlos. Erst wenn man sie *entwickelt*, das heißt auf einen guten Platz stellt, werden sie richtig nützlich.«

»Und was ist ein guter Platz?«, fragte Fritz.

»Das kann man am besten anhand eines Stierkopfes erklären«, antwortete Fred. 62

62

»So gefährlich er auch ist, so ein Stier hat ein empfindliches Herz: den König. Daher sollte er immer gut beschützt sein. Mit Vorliebe versteckt er sich daher hinter den seitlichen Bauern, wo er besonders geschickt durch eine Rochade hinkommt.

Die beiden Mittelbauern bilden die trotzige Stirn des Stiers, die Läufer sind die Hörner, die Springer die wachsamen Ohren und die Türme die schnaubenden Nüstern. Dazwischen thront die aufmerksame Dame wie ein Gesicht. So stehen die Figuren ziemlich gut. Und wie sie dahin kommen, zeige ich euch jetzt noch einmal in Zeitlupe, wobei ich einfach so tu, als ob euer Gegner nicht mitspielt. Das denkt sich nämlich besser.

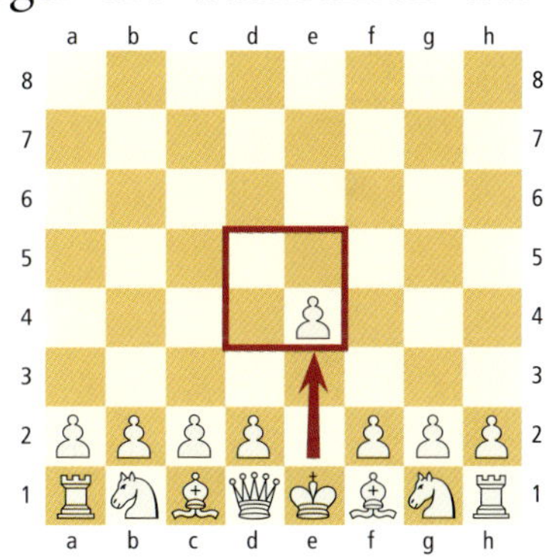

63

1. e2-e4 63

Diesen ersten Zug spielen auch die Profis gerne. Es gibt zwar auch andere gute erste Züge, aber wenn man nichts Besseres vorhat, ist der völlig in Ordnung. Und weil uns ja jetzt kein Gegner stört, stellen wir gleich noch einen zweiten Bauern daneben.

2. d2-d4

Gemeinsam kümmern sie sich um das so genannte *Zentrum*. So nennt man die wichtigen vier Felder in der Mitte des Spielfeldes. Man sollte es möglichst im Auge behalten, denn wer es beherrscht, hat gute Karten für einen späteren Angriff.

Aber das war es jetzt auch schon mit den Bauernzügen, denn in der Eröffnung sollten die Jungs lieber nicht so häufig ziehen. Sie können ja nie wieder zurück, wenn's brenzlig wird. Viel wichtiger ist, dass wir uns möglichst bald um Läufer und Springer kümmern. Die kann man nämlich am Anfang eines Duells immer besonders gut gebrauchen.

3. Sg1-f3

4. Sb1-c3

Die beiden Springer hüpfen natürlich möglichst in Richtung Mitte, wo sie am nützlichsten sind. Falls nichts dazwischenkommt, bleiben sie da auch erst mal, denn am Anfang sollte man eine Figur möglichst nur einmal ziehen und stattdessen lieber viele Figuren ins Geschehen bringen. Zum Beispiel die Läufer.

5. Lc1-f4

6. Lf1-c4

Sie dürfen übrigens auch bis b5 oder g5 weiter gehen, das ist genauso gut. Inzwischen ist hinten mehr Platz und so können wir uns langsam um die schwereren Figuren kümmern, nämlich um Dame und Türme. Die unbeweglichen Türme brauchen viel Platz, drum stellen wir ihnen erst mal die Dame aus dem Weg.

7. Dd1-e2

Und jetzt wäre vielleicht eine kurze Rochade angebracht. Ihr erinnert euch?

8. 0-0

Schwups, schon ist der König aus der Gefahrenzone. Gleichzeitig haben wir die Türme miteinander verbunden. Das ist besonders praktisch, denn so können sie sich gegenseitig beschützen. In der Mitte stehen sie in der Regel nicht übel.

9. Tf1-e1

10. Ta1-d1

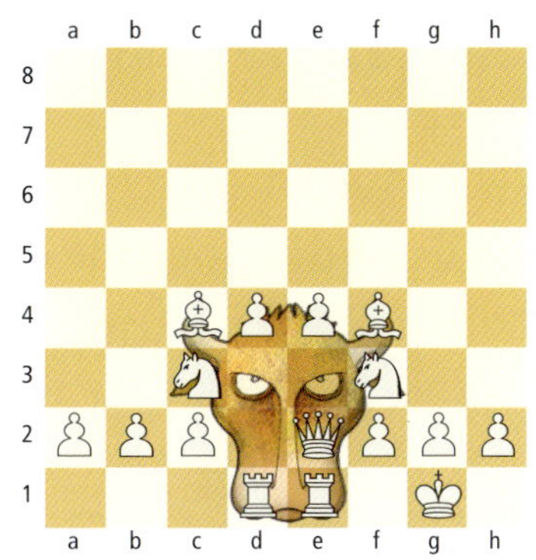

64

Da hätten wir ihn also wieder, den Stierkopf. Alle wichtigen Figuren sind entwickelt und können nun zeigen, was sie so auf dem Kasten haben. 64

Natürlich werdet ihr im Duell niemals einen perfekten Stierkopf hinbekommen – und das sollt ihr auch gar nicht. Er zeigt euch nur, wo die Figuren gut stehen. Und für den Fall, dass ihr die dunklen Figuren habt, gilt der Stierkopf ganz genauso, nur eben umgekehrt.

In der Regel hat jeder seine Lieblingseröffnungen. Sie heißen: italienisch, spanisch, sizilianisch, englisch, russisch oder französisch – je nach der Gegend, aus der sie kommen. Es gibt aber auch so genannte Gambits und so viele andere Eröffnungen, dass man total dullidulli davon werden kann. Denn jede dieser Eröffnungen hat nochmal tausend abgedrehte Varianten, über die es jeweils wieder zehntausend dicke Bücher gibt. Manche Leute machen sich ganz verrückt und lernen sie alle auswendig bis ihre Gripszellen total verstopft sind. Dabei geht es eigentlich immer nur um den Stierkopf, mehr oder weniger jedenfalls.«

»Hast du denn auch eine Lieblingseröffnung?«, fragte Fritz.

»Italienisch oder spanisch«, sagte Fred, »denn in diesen Ländern gibt es den leckersten Käse.[1] Wenn es aber mal so richtig abgehen soll, bevorzuge ich 1. e2-e4 e7-e5 und dann 2. f2-f4. Aber das will ich jetzt gar nicht weiter ausführen, sonst werdet ihr noch ganz dullidulli davon. Für den Anfang reicht es völlig, wenn ihr an den Stierkopf denkt. Und vielleicht noch an ein paar einfache Grundsätze für die ersten Züge:

- Macht mal lieber nicht so viele Bauernzüge.
- Zieht eine Figur möglichst nicht zweimal, es sei denn ihr habt einen guten Grund dafür.
- Schickt erst mal Läufer und Springer ins Geschehen.
- Die Dame sollte nicht zu früh heraus.
- Oft ist die Rochade eine gute Idee, weil sie die Türme verbindet und gleichzeitig den König in Sicherheit bringt.«

»Die Rochade war mir immer zu kompliziert«, bemerkte ein Herr, der plötzlich in der Tür stand. »Störe ich übrigens?«

»Im Gegenteil«, sagte Fred. »Sie können mir sogar helfen, König Bunt.«

1) Mehr über diese und einige andere Eröffnungen findet ihr ab Seite 182.

Ein Blitzduell

König Bunt hatte Neuigkeiten: »Die Arena ist rappelvoll«, berichtete er. »Zum Glück konnte ich noch einen Platz zwischen König Rot und König Blau ergattern. Wir werden einen Mordsradau machen, so viel ist klar. Sind die Kinder denn bereit? Ich bin gekommen, um ihnen Glück zu wünschen.«

»Wir sind beinahe fertig«, sagte Fred. »Ich wollte ihnen zum Abschluss nur noch einmal kurz demonstrieren, wie so ein Duell überhaupt abläuft. Würden Sie sich dafür eventuell auf ein kleines Blitzgefecht gegen mich einlassen? Nur ein paar Züge, zackizacki. Ich lasse Sie auch gewinnen, versprochen.«

Da musste König Bunt nicht groß überlegen. »Ich habe noch nie gewonnen«, sagte er begeistert, »und deshalb nehme ich diese überraschende Herausforderung mit Freuden an. Möge der Schlechtere gewinnen.«

Flink schoben sie die Figuren in ihre Ausgangsstellung, schüttelten sich die Hand und dann ging es auch schon los. König Bunt, der die weißen Figuren hatte, postierte zunächst einmal seinen e-Bauern mitten im Zentrum.

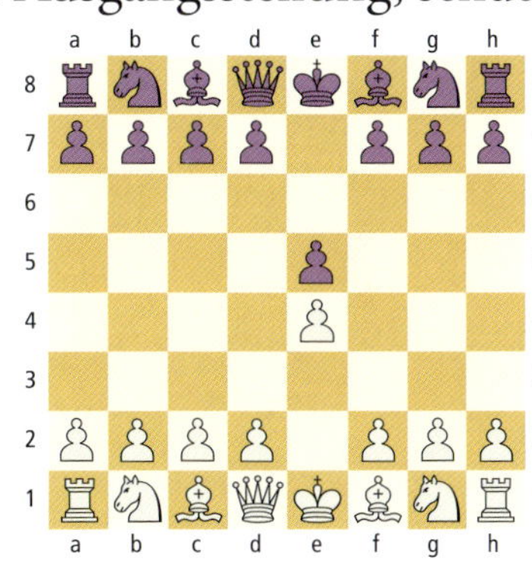

65

»Hätte ich nicht besser gekonnt«, grinste Fred und zog seinen lila Bauern dagegen.

1. e2-e4 e7-e5 65

»Und jetzt?« König Bunt wusste schon nicht mehr weiter.

»Entwickeln Sie doch mal einen Springer«, riet Fritz.

»Oder einen Läufer«, schlug Bianca vor.

»Oder die da«, sagte König Bunt und zog seine Dame.

2. Dd1-f3

»*Neiiiiiin!*«, kreischten Fritz und Bianca wie aus einem Mund. »Die Dame soll doch nicht so früh heraus!«

»Ach, Entschuldigung.« König Bunt wollte sie wieder zurücknehmen, aber da wurde Fred ärgerlich.

»Das gibt es hier aber nicht«, sagte er. »Gezogen ist gezogen, sonst macht es keinen Spaß. Doch ich tu einfach mal so, als ob ich diesen Patzer nicht bemerkt hätte.«

2. . . . . Sb8-c6

Endlich ergriff König Bunt einen Läufer. »Und wohin damit?«

»Am besten auf das Stierkopffeld c4«, riet Bianca.

Und das tat König Bunt dann auch.

3. Lf1-c4

Daraufhin zog Fred grinsend einen zweiten Bauern nach d6.

4. . . . . d7-d6 66

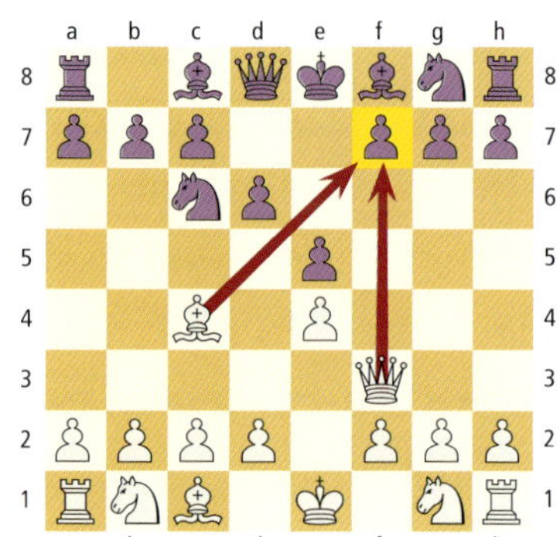

66

»Guter Zug«, lobte König Bunt.

»Blödsinn«, entgegnete Bianca, »das war total dullidulli.«

»Aber wieso denn? Deckt denn der Bauer auf d6 jetzt nicht den auf e5?«

»Schon«, gab Fritz zu. »Aber das bringt hier nichts. Im Gegenteil. Bei Freds lila Figuren gibt es nämlich eine böse Schwachstelle: Der Bauer auf f7 wird gleich zweimal angegriffen, zum einen von der Dame, zum anderen vom Läufer. Fred hätte lieber seinen g8-Springer davor stellen oder sonst irgendetwas machen sollen. So steht es jedenfalls nicht besonders günstig für ihn.«

»Aber der Bauer auf f7 wird doch wunderbar vom König gedeckt«, wendete König Bunt ein.

»Das reicht aber nicht«, entgegnete Fritz. »Schlagen Sie den Bauern doch mal, dann sehen Sie auch, wieso.«

»Na gut, weil du es bist«, sagte König Bunt. »Aber nur, weil mir mein Herr Gegner versprochen hat, dass er mich trotzdem gewinnen lässt, nicht wahr?«

»Na klar, versprochen, ich lasse Sie trotzdem gewinnen«, grinste Fred. »Wir kriegen das schon irgendwie hin.«

Da wollte König Bunt schon zum Läufer greifen, aber Fritz und Bianca schrieen wie aus einem Mund: »Nicht doch mit dem Läufer! Mit der Dame natürlich!«

»Wie bitte?« König Bunt sah sie verwundert an. »Aber dann wird die Dame doch vom lila König geschlagen. Na gut, wenn ihr unbedingt wollt, nehme ich eben die Dame. Aber versprochen ist versprochen, nicht wahr? Ich kann mich darauf verlassen.«

Und weil Fred mit einem ergebenen Seufzer nickte, ergriff der gute König Bunt schließlich seine Dame und schlug damit beherzt den Bauern auf f7.

»Gratuliere«, sagte Fred und reichte seinem verdutzten Gegner die Hand, »Sie haben mich nämlich soeben schachmatt gesetzt.«[1]

1) Dieses Matt ist übrigens auch unter dem Namen *Schäfermatt* bekannt.

Gripstraining 18: König Bunts Duelle

Im Folgenden sollen noch ein paar besonders misslungene Duelle von König Bunt geschildert werden, die aus der Zeit stammen, da er in der Muckibude für Hirngymnastik trainierte. Sie sollen vor allem zeigen, wie man es lieber *nicht* machen sollte:

1. König Bunt (Weiß) gegen König Banane (Lila)
1.g2-g4 e7-e5
2.f2-f3

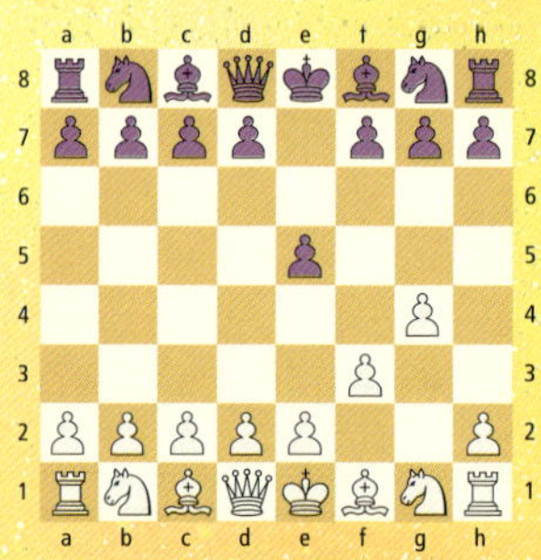

König Bunt machte in diesem Trainingsduell mit seinen weißen Figuren so ziemlich alles falsch, was man in der Eröffnung überhaupt falsch machen kann. Das Ergebnis war dann auch das schnellste Schachmatt der Welt: Zwei Züge, schon konnte König Bunt in die Kantine.
Mit welchem Zug siegte hier Lila blitzschnell?

Die Dame zog auf h4
Dd8-h4++

2. König Farblos (Weiß) gegen König Bunt (Lila)
1.e2-e4 e7-e5
2.Sg1-f3 Sb8-c6
3.Lf1-c4 d7-d6
4.Sb1-c3 Lc8-g4
5.Sf3xe5

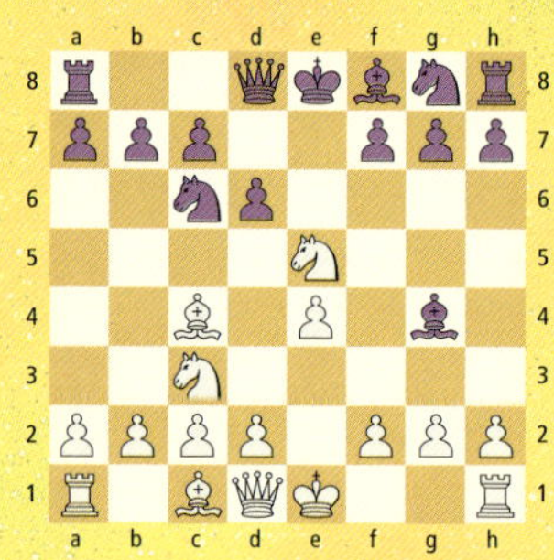

Hier hatte sich König Bunt, der diesmal mit den lila Figuren kämpfte, ziemlich reinlegen lassen. Zunächst fing er ganz gut an, aber dann ließ er sich durch den weißen Springer austricksen. Der schlug nämlich im fünften Zug den Bauern auf e5 (siehe oben). »Prima«, sagte König Bunt und schlug die weiße Dame.
5. …Lg4xd1
Doch darauf hatte Gegner König Farblos nur gewartet! Er brauchte nur noch zweimal zu ziehen, schon war König Bunt schachmatt.
a) Wie hat er das wohl angestellt? b) Und wie hätte Lila das verhindern können?

a) 1.Lc4xf7 Ke8-e7
2.Sc3-d5++
b) Mit 5. …Sc6xe5. Lila hätte die Dame nicht schlagen dürfen.

3. König Fiesensock (Weiß) gegen König Bunt (Lila)
1.e2-e4 e7-e5
2.Dd1-h5

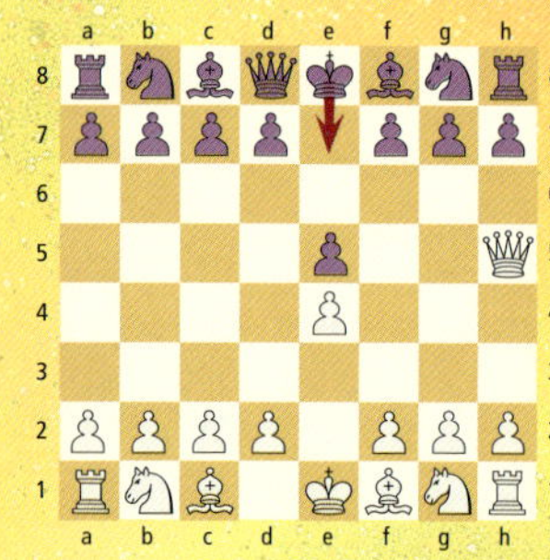

König Fiesensock, der mit den weißen Steinen spielte, war ein Vetter von König Schwarz und schummelte, wo immer es ging. Und so machte er es auch diesmal: Kaum hatte er die Dame nach h5 gestellt (ein ziemlich dummer Zug eigentlich), stieß er wie aus Versehen den gegnerischen König um. Als Köng Bunt ihn wieder aufrichten wollte, rief König Fiesensock schnell: »Berührt – geführt, das ist die Regel!« Und so musste König Bunt diese Figur leider ziehen.
5. Ke8-e7
Danach hatte König Fiesensock natürlich leichtes Spiel und setzte König Bunt im nächsten Zug schachmatt.
Welcher war das wohl?

Dh5xe5++

Übrigens darf man die Figuren eigentlich jederzeit zurecht rücken, wenn man es nur ankündigt. Und eine versehentliche Berührung zählt auch nicht.

Es dauerte eine Weile, bis König Bunt begriff, was hier vor sich gegangen war. »Mein allererstes Matt«, sagte er immer wieder. »Ich habe tatsächlich gewonnen!«

Fred gab den Kindern indessen letzte Anweisungen: »Also Leute, das war jetzt leider ein ziemlich unrühmliches Kurzduell. Ich bin sicher, ihr macht es gleich ein bisschen besser. Jedenfalls könnt ihr die Arena erhobenen Hauptes betreten und König Schwarz mit festem Blick in die Augen sehen, auch wenn er gleich mit seiner starken Dame ankommen sollte. Ihr wisst ja, was zu tun ist. Außerdem werde ich versuchen, euch von der Tribüne aus Zeichen zu geben. Und wer weiß, vielleicht erleben wir heute Abend ja eine Überraschung? Ich trau's euch jedenfalls zu, Leute. Also, Kopf hoch ihr zwei – und viel Glück!«

In diesem Augenblick ertönte ein Trompetensignal, die Tür tat sich auf und der Herold vom Vormittag trat herein. Wieder entrollte er ein Schriftstück und dann las er:

»Ein Spiel, sie zu knechten,
Sie ewig zu binden,
Ans Brett sie zu fesseln,
Den Mattzug zu finden.

Ein Spiel für sie alle,
Ob König, ob Dirne,
Für Alte und Kinder
Mit Grips in der Birne.

Ein Spiel um zu lernen
Und um zu verstehen –
Und trotzdem so spannend
Wie Krimis zu sehen.

Gerufen wird Fritz nun,
Der König der Weißen
Mit Dame ins edle
Duell sich zu schmeißen.

Sie mögen mir folgen
Mit eiligen Schritten
Ins Rund der Arena.
Sodann – darf ich bitten?«

»Na, dann woll'n wir mal«,
sagte Bianca.

Teil 3
Das Duell

Die Arena

Die Begeisterung in der Arena kochte fast über, als Fritz und Bianca, geführt vom Herold, einzogen. Auf den Rängen wimmelte es inzwischen nur so von Königen, Damen, Hofangestellten, Bauern und Tortenbäckern. Überall wirbelten weiße Fahnen und es wurde getrötet, gejubelt und geklatscht. Um König Rot herum war es besonders laut. »Oh, wie ist das schön, Schwarz verlier'n zu sehn!«, tönte es lauthals von hier. Und auch König Bunt war dabei mit siegesstolz geröteten Wangen. Nur Fred Fertig war nirgendwo zu sehen.

König Schwarz wartete bereits mit seiner missmutigen Gattin auf dem gekachelten Kampffeld. »Sieh an, da kommt ja der weiße Kindergarten!«, begrüßte er Fritz und Bianca. »Aber bitte erwartet nicht, dass wir euch jetzt ein Puppentheater vorspielen.«

»Gut, dass Sie es erwähnen«, entgegnete Bianca, »sonst hätten wir nämlich gedacht, Sie sind der Kasper höchstpersönlich in Begleitung seiner lieben alten Großmama.«

»Frechheit!« Die schwarze Dame schnappte nach Luft. »Das lassen wir uns nicht bieten! Nicht von *einem Kind!*«

»Wir bieten Ihnen aber gleich noch viel mehr. Die Stirn bieten wir Ihnen. Und Schach werden wir Ihnen bieten, bis Sie nicht mehr rauskommen. Nur eines bieten wir Ihnen sicherlich nicht an, nämlich Remis. Wir sind nämlich keine Weicheier, nur damit Sie's schon mal wissen.«

König Schwarz war empört und wollte etwas erwidern, aber ein neuerliches Trompetensignal hinderte ihn daran.

Dann verkündete der Herold:

»Gut trainiert empfangen wir
Fritz, den weißen König hier –
Und auch Bianca, seine Dame
Die berühmte tugendsame,
Die ihm tapfer sekundieret
Und im Kampfe assistieret.

Beide nutzten ihre Zeit,
Lernten und sind jetzt bereit.
Und die anderen erzittern,
Wenn sie Fritz den König wittern!
Hoch leb unser neuer Star –
Hoch das weiße Königspaar!«

»Hoch, hoch!«, riefen die Zuschauer und wirbelten ihre Fahnen. Eine schwarze war nicht dabei.

Die Figuren waren bereits aufgestellt, nur für die Könige und Damen waren Lücken gelassen. Fritz wollte König Schwarz noch kurz die Hand schütteln, wie es Fred und König Bunt getan hatten, aber der wandte sich hochnäsig ab um seine Dame auf das Spielfeld zu geleiten. »Einem Kind gebe ich nicht die Hand«, sagte er geringschätzig.

»Buuh!«, tönte es aus der Ecke von König Rot.

Dann begaben sich die Königspaare auf ihre Plätze: das schwarze auf die Felder d8 und e8 und das weiße unter dem Jubel der Zuschauer auf die Felder gegenüber. **67**

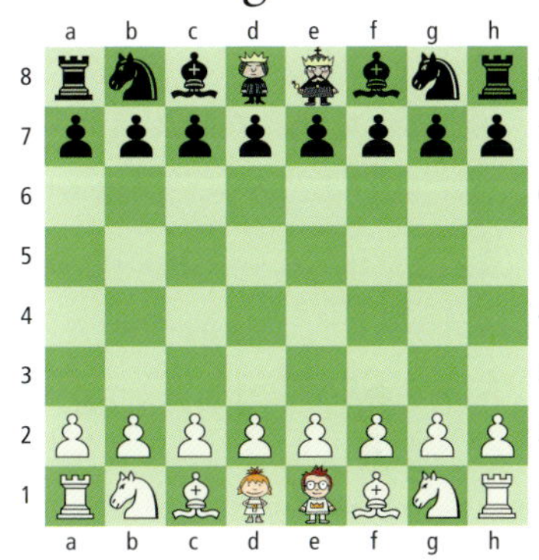

67

»Wo zum Kuckuck ist Fred?«, flüsterte Bianca, die Zuschauerränge absuchend.

»Weiß ich doch auch nicht«, gab Fritz nervös zurück.

König Schwarz blieb dies nicht verborgen. »Der weiße Kindergarten ist ja ganz aufgeregt«, spottete er von der anderen Seite. »Hoffentlich vergisst er darüber nicht seinen ersten Zug.«

»Huch, wir sind ja dran«, sagte Fritz und schob gleich mal den e-Bauern zwei Felder voran, so wie es Fred geraten hatte.[1]

1. e2-e4

»Und jetzt Remis anbieten, bevor was passiert!«, rief ein in unscheinbares Grau gekleideter König aus dem Publikum.

»Das muss König Farblos sein«, sagte Bianca. »Aber wir bieten natürlich *kein* Remis an. Wir gewinnen!«

Da tat auch König Schwarz seinen ersten Zug und stellte den e-Bauern vor, woraufhin Fritz unverzüglich seinen f-Bauern zwei Schritte nach vorne schob.

1. . . . . e7-e5

2. f2-f4 68

»Was soll denn das?!«, fragte Bianca entsetzt.

»Das ist doch die Eröffnung, die Fred immer spielt, wenn es so richtig abgehen soll«, sagte Fritz.

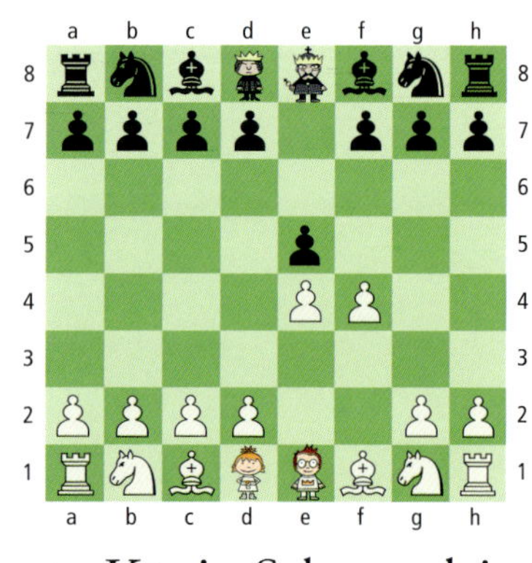

68

Die Zuschauer wussten sogar den Namen: »Königsgambit, Königsgambit!«, brüllten sie, während ein paar Bärenthaler Bauern vor lauter Begeisterung eine Laola-Welle anzettelten.

»Das passt mir aber gar nicht«, knurrte König Schwarz leise und er erinnerte sich schaudernd an ein ähnliches Duell, das er einmal gegen irgend so eine schäbige Kanalratte verloren hatte. Aber hier hatte er es ja zum Glück nur mit zwei ahnungslosen Kindern zu tun und so schlug er gierig den f-Bauern ohne weiter groß darüber nachzudenken.

1) Dieser Kampf hat im Jahre 1851 tatsächlich stattgefunden. Allerdings nicht als Königsduell, sondern als ganz normale Schachpartie zwischen den Herren Anderssen und Kieseritzky. Sie hat sogar einen Spitznamen: *Die Unsterbliche*

2. . . . . e5xf4

»Verflixt!«, rief Bianca.

»Fred muss doch einen Grund haben, dass er diese Eröffnung mag«, raunte Fritz. »Vermutlich bringt uns der geschlagene Bauer irgendwo an anderer Stelle einen Vorteil. Du hast Fred inzwischen nicht zufällig gesehen?«

»Nein, leider nicht. Aber vermutlich würde er jetzt sagen: *Denkt an den Stierkopf, Leute. Kümmert euch erst mal um eure Läufer und Springer, bevor ihr mit den Bauern weitermacht.*«

»Na, dann tun wir es doch«, sagte Fritz und dann hoben sie gemeinsam den rechten Läufer auf das Stierkopffeld c4.

3. Lf1-c4

»Das läuft ja wie am Schnürchen«, feixte König Schwarz. Zu seiner Dame sagte er: »Gehst du mal ein bisschen nach vorne? Du weißt schon, wohin.«

Die schwarze Dame nickte und zog von ihrem Stammplatz d8 hinüber nach h4.

3. . . . . Dd8-h4+

Plötzlich herrschte eisige Stille in der Arena und mitten hinein rief König Schwarz: »Schach!« 69

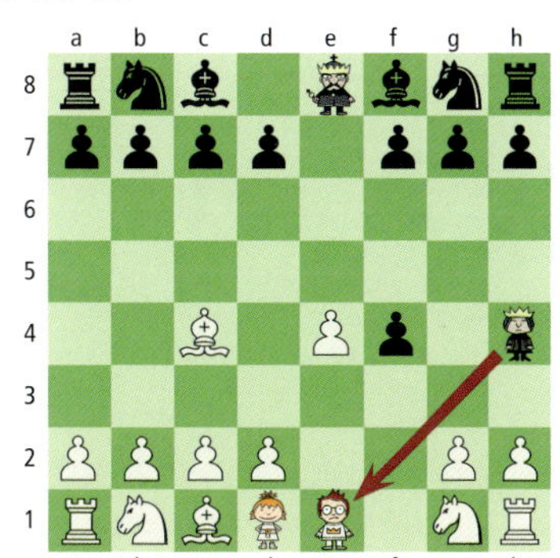

69

Fritz fühlte sich wie vor den Kopf gestoßen. All seine Zuversicht war schlagartig verschwunden. »War vielleicht doch nicht so gut, Freds Königsgambit zu spielen«, sagte er leise.

»Jetzt ist es sowieso zu spät«, entgegnete Bianca. »Und so doof ist Fred sicher nicht, dass er etwas macht, was derartig schnell in die Hose geht. Übrigens hat König Schwarz gleich zwei Dinge gemacht, die man in der Eröffnung eigentlich nicht machen sollte: Er hat seinen Bauern doppelt gezogen und die Dame viel zu früh ins Spiel gebracht. Na gut, er hat dich ins Schach gestellt. Aber ein Schach tut doch nicht weh, erinnerst du dich? Eigentlich läuft alles genau so, wie es Fred vorausgesagt hat: König Schwarz will uns mit der Dame Angst machen. Aber wir haben keine Angst.«

»Aber was sollen wir denn jetzt machen?«, fragte Fritz und es klang ein wenig kläglich.

»Fred hat doch gesagt, dass es drei Möglichkeiten gibt, um aus einem Schach herauszukommen: Den Angreifer schlagen, eine Figur dazwischen stellen oder mit dem König wegziehen.«

»Aber was ist hier wohl am besten?«

»Die Dame schlagen geht sowieso nicht. Wir könnten aber den Bauern auf g2 eins vorziehen, dann steht er immerhin dazwischen. Sollen wir das machen?«

»Lieber nicht«, überlegte Fritz. »Sonst wird er ja gleich wieder vom Bauern auf f4 geschlagen. Und dann wäre unser Bauer auf h2 gefesselt. Wenn er da wegzöge, könnte die Dame den Turm auf h1 schlagen. Es hilft alles nichts, wir müssen hier unbedingt die dritte Möglichkeit wählen: Ich muss aus dem Schach herausgehen. Alles andere bringt uns nur Gefahr.«

»Aber nach einem Königszug können wir später keine Rochade mehr machen!«

»Keiner sagt, dass wir eine machen *müssen*«, entgegnete Fritz und ging hinüber nach f1, wo er nicht mehr im Schach stand.

4. Ke1-f1

»Mist«, schimpfte König Schwarz, denn er hatte gehofft, das Fritz und Bianca auf seinen Trick hereinfallen und den g-Bauern ziehen würden. Jetzt würde alles viel schwieriger werden. Und er zog als Nächstes seinen b-Bauern zwei Felder vor, denn so ein Bauer war in seinen Augen sowieso nicht viel wert.

4. . . . . b7-b5 70

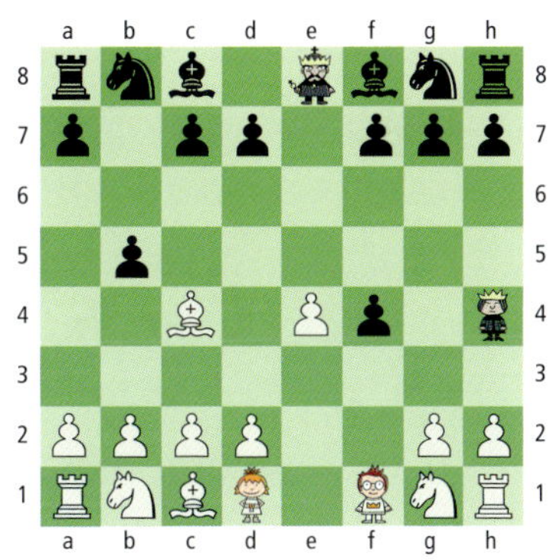

70

»Ich glaube, ihm passt nicht, dass unser Läufer das Zentrum so schön im Blickfeld hat und deshalb greift er ihn an«, vermutete Fritz. »Was sollen wir tun, wegziehen oder schlagen?«

»Zackizacki, weg damit«, sagte Bianca, »auch, wenn das nun schon der zweite Zug des Läufers ist – wir haben ja einen guten Grund dafür.«

Und so schlugen sie den Bauern auf b5.

5. Lc4xb5

»Diese Rotzgören machen ja alles richtig«, knirschte König Schwarz. »Eigentlich wollte ich schon längst fertig mit ihnen sein. Jetzt muss ich aber wohl tatsächlich meine Figuren entwickeln.« Und er zog seinen rechten Springer nach f6.

5. . . . . Sg8-f6

»Was soll das denn?«, fragte die schwarze Dame erschrocken. »So komme ich doch gar nicht mehr zurück.«

»Ach, sei du doch still!«, brummte König Schwarz.

Indessen sagte Bianca zu Fritz: »Was der kann, können wir schon lange. Also raus mit dem Springer. Welchen nehmen wir denn?«

»Den rechten. Der verscheucht nämlich gleichzeitig die dämliche Dame.«

Und das machten sie dann auch.

6. Sg1-f3

König Schwarz war natürlich äußerst ungehalten, dass seine Dame schon wieder ziehen musste, denn eigentlich hatte er gerade etwas völlig anderes vor.

6. . . . . Dh4-h6 71

Doch plötzlich fiel ihm etwas auf: Dort unten auf g3 war eine interessante Springergabel möglich. Noch nicht sofort, aber mit zwei unauffälligen Zügen würde er schon hinkommen.

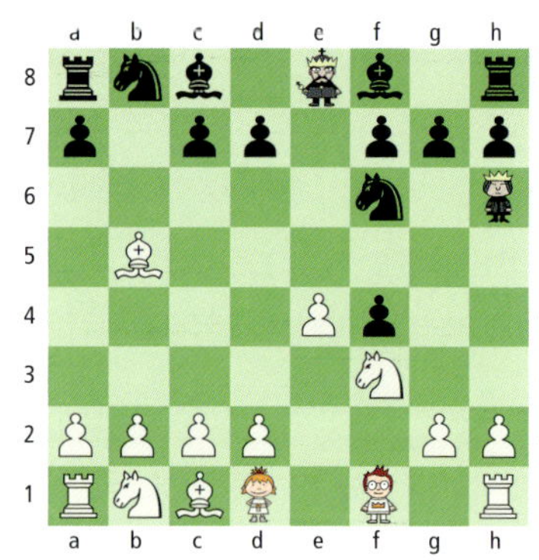

71

Fritz und Bianca zogen indessen den d-Bauern einen Schritt nach vorne, um ihrem Läufer auf c1 die Bahn zu öffnen und gleichzeitig den Bauern auf e4 zu decken. Ein guter Zug, ohne Zweifel. Aber König Schwarz hatte einen wesentlich besseren parat – dachte er jedenfalls. Und so postierte er seinen Springer auf h5, denn er glaubte natürlich, dass Fritz und Bianca die Gabel, die jetzt drohte, niemals erkennen würden.

7. d2-d3 Sf6-h5

Im selben Moment sagte Fritz: »Achtung Bianca, da droht eine Gabel. Wenn der Springer auf g3 zieht, haben wir ein Problem mit König und Turm.«

»Dann schlagen wir den Springer eben mit dem Bauern auf h2«, schlug Bianca vor. »Ach nee – dann könnte die dämliche schwarze Dame wieder unseren schönen Turm auf h1 schlagen. Also stellen wir der Tante lieber was Anständiges in den Weg und zwar den Springer.«

»Aber dann zieht er ja zum zweiten Mal«, wendete Fritz ein.

»Na und? Wir haben doch einen guten Grund dafür. Und dass Springer am Rande Kummer und Schande bringt ist ja auch keine Regel, sondern nur ein Tipp. Würde jedenfalls Fred so sagen. Wo steckt der Bursche eigentlich?«

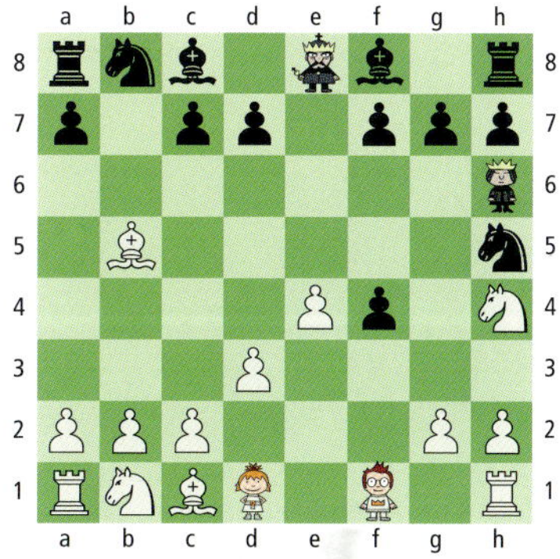

72

»Keine Ahnung«, sagte Fritz und zog den Springer nach h4, wie es Bianca vorgeschlagen hatte.

8. Sf3-h4 72

Ich bin doch keine Denkmaschine!

Langsam begriff das Publikum, dass sich hier ein interessanter Schlagabtausch anbahnte. Viele erkannten auch, dass die weißen Bauern das Zentrum gut im Griff hatten und sowohl Läufer als auch Springer gar nicht so übel standen. Schwarz wütete hingegen mit seiner Dame, hatte aber erst einen Springer entwickelt und der Bauer auf f4 stand auch ziemlich nutzlos in der Gegend herum.

Doch König Schwarz sah das ganz anders: Er war wild entschlossen, das Duell allein mit seiner Dame zu gewinnen und so scheuchte er sie gleich weiter nach g5.

8. . . . . Dh6-g5

»So, ihr Weißwürstchen«, knurrte er. »Mein Schnuckelmäuschen bedroht jetzt sowohl euren Läufer auf b5 als auch den Springer auf h4. Bin gespannt, wie ihr da rauskommen wollt.«

»Ganz einfach«, entgegnete Fritz. »Wir bringen den Springer in Sicherheit und verbauen Ihnen damit den Weg zum Läufer.«

9. Sh4-f5 73

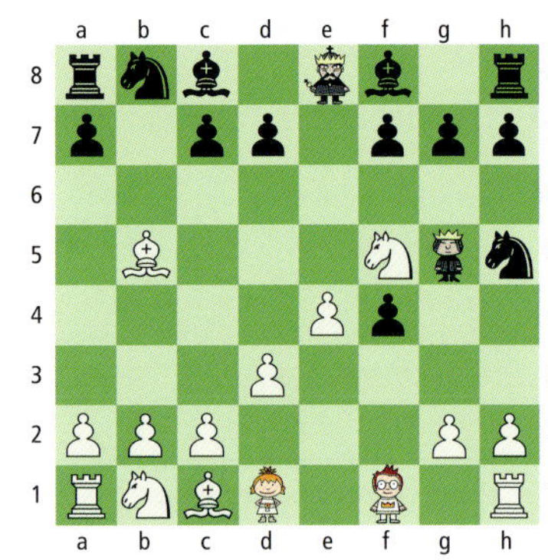
73

Wütend rief König Schwarz: »Den Springer scheuche ich euch da gleich wieder weg und zwar mit meinem g-Bauern, den ich auf g6 vorziehe!«

»Ätsch, dann ziehen wir unseren h-Bauern nach h4 und machen Ihrer Dame Beine!«, rief Bianca.

»Hoppla«, entfuhr es König Schwarz. Das hatte er nämlich völlig übersehen! Eine Weile überlegte er, ob dieser Bauernzug nun gut oder schlecht für ihn wäre, kam aber zu keinem Ergebnis. »Verflixt«, rief er schließlich entnervt, »ich bin doch keine Denkmaschine!«, und griff stattdessen lieber noch einmal den Läufer auf c6 an. Das war überschaubarer.

9. . . . . c7-c6

»So«, knurrte er, »dann zieht den Läufer mal schön zurück.« Aber wie guckte er, als Fritz und Bianca den Läufer einfach stehen ließen, um stattdessen mit einem frechen Bauernzug seinen schönen Springer auf h5 anzugreifen!

10. g2-g4 74

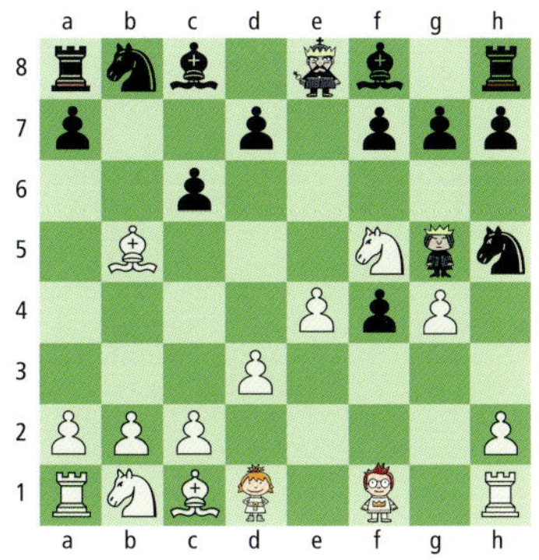

74

»Den schlage ich euch doch gleich mit meinem f-Bauern weg, und zwar *en passant*«, rief König Schwarz. »Falls ihr Rotzgören überhaupt wisst, was das ist!«

»Ja, klar«, antwortete Bianca. »Aber *Sie* wissen hoffentlich auch, dass wir uns dann mit dem Läufer Ihre Dame schnappen können.«

Erschrocken zog König Schwarz die Hand zurück, denn er war schon drauf und dran gewesen, diesen verhängnisvollen Zug zu tun. Und so überlegte er lieber noch einmal und ließ schließlich seinen Springer auf f6 gehen.

10. . . . . . . Sh5-f6

Fritz wurde indessen immer stiller – er überlegte. »Ich weiß nicht«, flüsterte er Bianca zu, »aber ich habe da so eine Idee. Erinnerst du dich an die Erzählungen von König Bunt und Fred? Beide sprachen davon, dass König Schwarz vor lauter Siegesgewissheit eine Falle übersehen hat. Wie wär's denn, wenn wir ihm auch eine bauen, indem wir unseren Turm gleich …«

»Was gibt's denn da zu tuscheln?!«, wetterte König Schwarz. »Los, zieht endlich euren dämlichen Läufer weg! Ihr seid dran!«

»Wenn Sie glauben, wir machen hier was Sie wollen, machen wir es extra nicht!«, gab Bianca frech zurück. »Und deshalb beschützen wir lieber unseren Bauern auf g4.« Damit schob sie den Turm h1 auf das Feld g1 und streckte König Schwarz die Zunge heraus.

11. Th1-g1

Der aber machte in seinem Zorn genau das, was Fritz von ihm erwartet hatte. Er dachte nicht groß über den letzten Turmzug nach, sondern griff gierig nach dem ungedeckten weißen Läufer auf b5 und schlug ihn auf der Stelle.

11. . . . . . . c6xb5 75

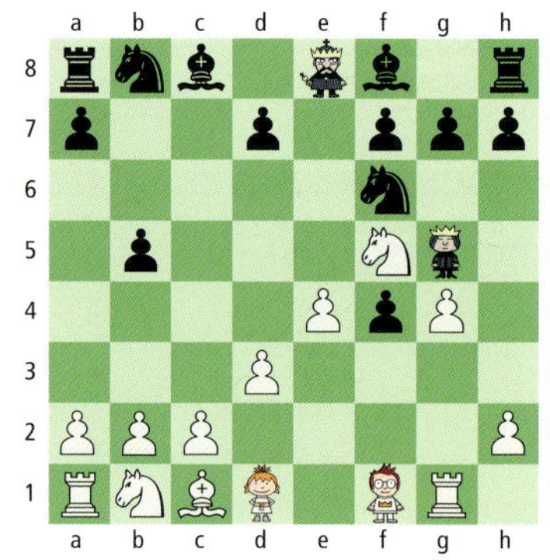

75

Ein erschrockenes Raunen ging durch das Publikum, denn so ein Läufer ist immerhin so viel wert wie drei Bauern.

Aber Fritz und Bianca nickten sich nur zu und schoben ihren h-Bauern weit nach vorne.

12. h2-h4

»Den schlage ich gleich weg!«, rief König Schwarz und wollte schon die Dame schicken, als ihm gerade noch auffiel, dass der Bauer ja durch den Springer auf f5 gedeckt war. Überhaupt hatte seine Dame plötzlich nur noch ein einziges Feld, auf das sie gehen konnte. Auf allen anderen drohte Weiß.

»Ich sagte dir doch, dass du mich nicht immer so früh rausschicken sollst!«, schimpfte die schwarze Dame.

Einmal mehr musste König Schwarz nun seine Dame in Sicherheit bringen und zwar nach g6.

12. . . . . . . Dg5-g6

Aber das half nur für kurze Zeit, denn schon zog der lästige h-Bauer nach h5 und bedrohte sie aufs Neue.

13. h4-h5

Da musste sie, wohl oder übel, zurück auf das Feld g5, wo sie erst einmal in Sicherheit war.

13. . . . . . . Dg6-g5

»Trotzdem, die muss da weg«, knirschte König Schwarz.

»Macht's dir noch Spaß oder willst du lieber aufgeben?«, fragte Bianca frech.

»Sei gefälligst still, du Göre!«

»Ich mache hier, was ich will.« Bianca zeigte ihm die Nase und zog dann höchstpersönlich vor nach f3.

14. Dd1-f3 76

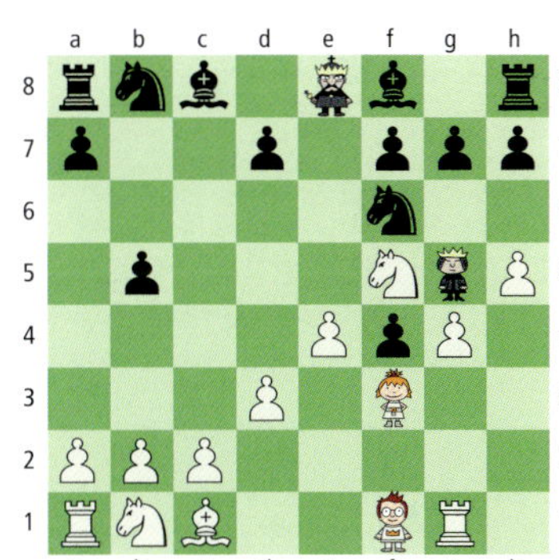

76

»Warte«, rief Fritz, »die Dame soll nicht zu früh heraus!«

»Jetzt ist aber nicht mehr zu früh, sondern genau richtig«, erwiderte Bianca. »Wir sind schon beim vierzehnten Zug. Und außerdem könnten wir auf diese Weise als Nächstes unseren e-Bauern nach e5 schieben. Dort bedroht er den Springer auf f6 und gleichzeitig gibt er mir einen wunderbaren Ausblick auf den Turm a8. Das ist doch was, findest du nicht?«

»Stimmt«, gab Fritz zu, »das ist was.«

Doch auch König Schwarz hatte Bianca gehört. »Mein Springer muss da dringend verschwinden«, murmelte er. »Gut, dass die Göre mich darauf aufmerksam gemacht hat.« Und so stellte er das gute Stück zurück auf das einzige Feld, auf das er überhaupt noch guten Gewissens konnte: das Ausgangsfeld, auf dem er ganz zu Anfang gestanden hatte.

14. .... Sf6-g8 77

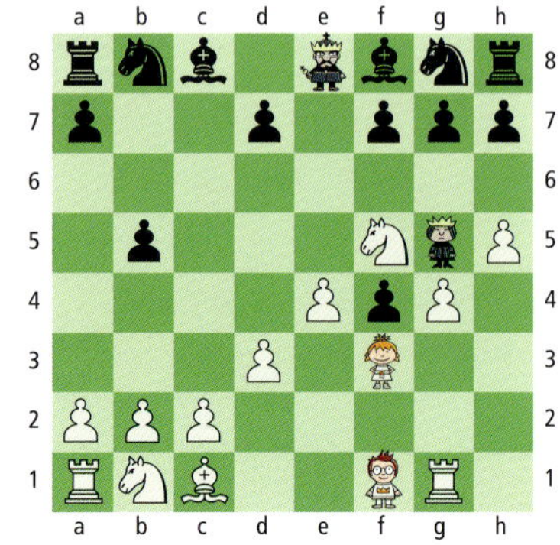

77

»Buuuh!«, rief das Publikum und veranstaltete ein wildes Pfeifkonzert. »So was macht man doch nicht!« Und dann begannen sie wieder zu singen: »Weiß, Weiß, Weiß, weißer geht es nicht!« Und als Fritz und Bianca daraufhin mit ihrem Läufer von c1 den Bauern auf f4 schlugen, brach große Begeisterung aus.

Die genervte schwarze Dame aber musste schon wieder ziehen, um sich in Sicherheit zu bringen.

15. Lc1xf4 Dg5-f6

»Und weißt du, was das Beste daran ist?«, fragte Fritz. »Unser Läufer steht jetzt genau auf einem Stierkopffeld.«

»Dann stellen wir doch auch gleich den zweiten Springer dazu«, schlug Bianca vor. Und so geschah es dann auch.

16. Sb1-c3

»Ich muss was tun!«, murmelte König Schwarz immer wieder. »Sämtliche weißen Springer und Läufer sind schon draußen und bei mir stehen sie noch hinten drin. Nur meine Dame ist schon unterwegs, doch die ist ziemlich zugebaut. Was mach ich nur, was mach ich nur? Ich muss unbedingt was tun!«

Schließlich stieß er seinen zweiten Läufer auf c5, um den

Turm auf g1 damit zu bedrohen. Was Besseres fiel ihm im Augenblick nicht ein.

16. . . . . . . Lf8-c5 78

Fritz rieb sich die Hände. »Die Falle könnte funktionieren«, sagte er. »Wir lassen König Schwarz einfach angreifen, wie er will. Soll er sich dabei ruhig ganz toll vorkommen, so lange er nicht merkt, dass wir ihn hintenrum fritz und fertig machen. Hast du eigentlich Fred inzwischen gesehen? Ich wüsste zu gerne, was er davon hält.«

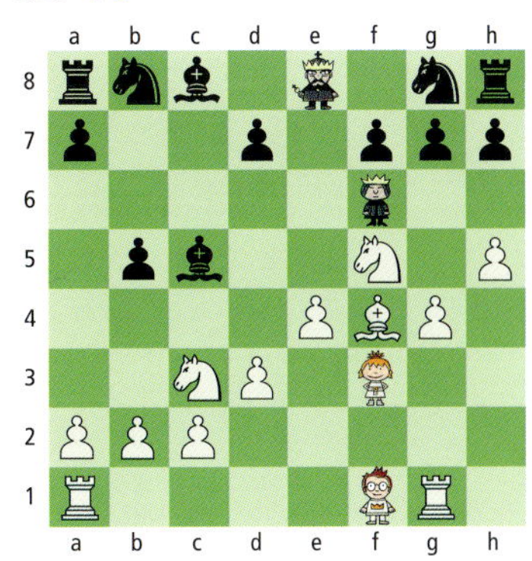

78

Aber Bianca hatte ihn leider nicht gesehen. »Komisch«, sagte sie, »er hat doch gesagt, dass er kommt, oder?«

»Ja, hat er«, bestätigte Fritz. »Aber solange er nicht auftaucht, müssen wir eben allein weiter machen. Wie wär's denn jetzt mit einer kleinen Attacke?«

»Attacken finde ich grundsätzlich gut«, sagte Bianca, schob den c3-Springer nach d5 und feixte: »Wir vertreiben die schwarze Dame schon wieder.«

17. Sc3-d5

»Der Springer steht aber auch sonst ganz gut dort«, fand Fritz. »Stell dir mal vor, wir könnten ihn gleich auf c7 stellen. Was wäre das?«

»Wow, eine Gabel!«, flüsterte Bianca aufgeregt.

Doch König Schwarz lachte nur grimmig und schlug, sehr zum Entsetzen des Publikums, den nunmehr völlig ungeschützten Bauern auf b2.

»Ja, friss du nur«, sagte Fritz leise. 79

17. . . . . . . Df6xb2

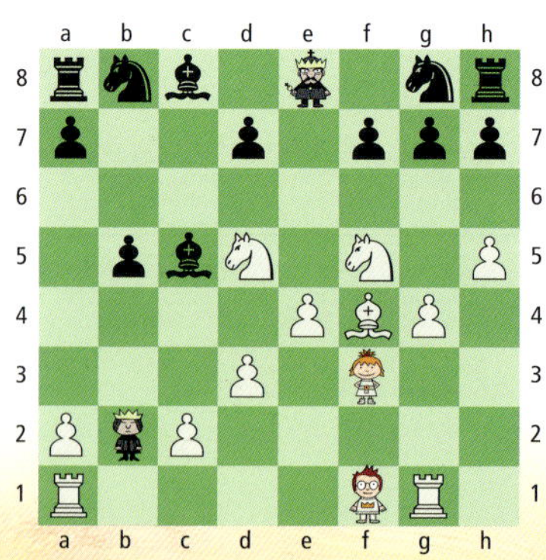

79

Bianca war das alles ein bisschen unheimlich. »Unser Turm auf g1 kann vom Läufer auf c5 geschlagen werden«, stöhnte sie. »Und der andere Turm auf a1 wird von der schwarzen Dame bedroht. Selbst wenn er wegzieht, kann die Tante noch einen Bauern schlagen. Mindestens.«

»Dann ist König Schwarz ja wunderschön abgelenkt«, entgegnete Fritz. »Das müssen wir ausnutzen um ihm an anderer Stelle eine Falle zu stellen. Wir müssen eben was riskieren. Machst du mit, Bianca?«

»Klar«, sagte seine Kusine. »Beim Wasriskieren mach ich immer mit. Also lassen wir die Türme hübsch wo sie sind.«

Stattdessen schoben sie ihren Läufer von f4 nach d6 und drückten heimlich die Daumen, dass König Schwarz nicht merkte, was für eine Gefahr von dieser Figur ausging.

18. Lf4-d6 80

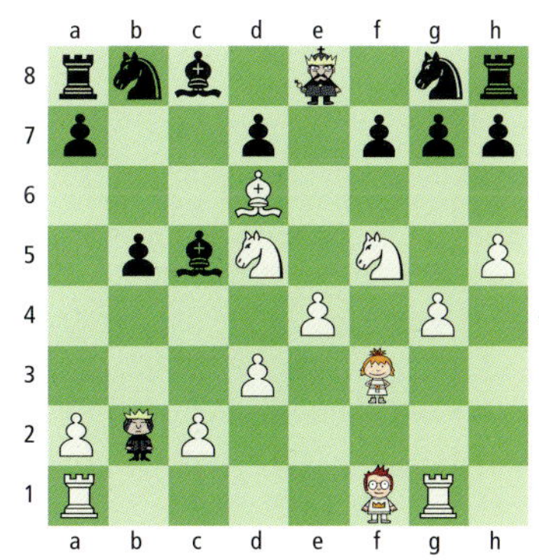

80

Und er tat ihnen diesen Gefallen tatsächlich, denn der Turm auf g1 war ein verlockender Köder. Zack, schon hatte König Schwarz ihn geschlagen.

18. . . . . . . Lc5xg1

Das Publikum stöhnte. Jetzt hatte Schwarz bereits einen Läufer und einen Turm mehr. Und der andere Turm stand auch nicht gerade gut in seiner Ecke.

»Das wird nichts mehr!«, rief König Farblos von seinem Platz aus. »Bietet lieber Remis an, bevor es zu spät ist! Vielleicht könnt ihr's so retten!«

Doch Fritz und Bianca hatten ganz andere Pläne. Sie tuschelten eine Weile und machten dann einen Zug, der, so unscheinbar er auch aussah, eine riesenhafte Wirkung hatte.

19. e4-e5

Was für ein Zug! Die fachkundigen Besucher der Arena erkannten sofort, dass der kleine e5-Bauer nun der schwarzen Dame den Weg zurück abschnitt.

König Schwarz allerdings schien das nicht weiter zu interessieren. »Was soll denn dieses Bauerngeplänkel?!«, höhnte er. »Ihr solltet lieber mal eure Türme in Sicherheit bringen. Oder die c7-Gabel spielen. Oder den Läufer auf g1 schlagen. Oder aufgeben. Oder wenigstens Remis anbieten. Oder, oder, oder. Wenn das so weitergeht, verlange ich noch mein Eintrittsgeld zurück!« Dann schlug er den Turm auf a1 mit der Dame und rief: »Schach, ihr Knirpse!«

Fritz aber ging einfach nur einen Schritt nach vorn.

19. . . . . . . Db2xa1+

20. Kf1-e2 81

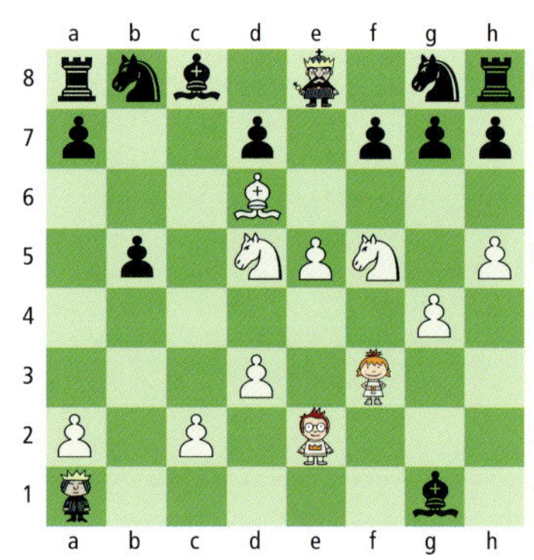

81

»Und jetzt, äh … «, überlegte König Schwarz und suchte krampfhaft nach einer Möglichkeit, König Weiß endlich matt zu setzen. Doch so bedrängt Weiß nun auch stand – es gab einfach kein gutes Feld für die schwarze Dame. Noch nicht jedenfalls. Und so beschloss König Schwarz erst einmal etwas gegen die drohende Springergabel auf c7 zu unternehmen. Dazu zog er seinen eigenen Springer von b8 nach a6, von wo aus er das gefährdete Feld c7 beschützen konnte.

20. . . . . . . Sb8-a6

Da holte Fritz tief Luft und sagte: »OK, jetzt hat er verloren.«

»Er hat was?« Bianca glaubte sich verhört zu haben.

»Verloren hat er. In drei Zügen ist er schachmatt. Es gibt nur noch ein Problem: Wir müssen die Dame dafür opfern. Und die Dame bist nun mal leider du.«

»Ich?! Warum denn nicht du? Na gut, das verstehe ich eigentlich. Aber erklär mir doch bitte, warum.« 82

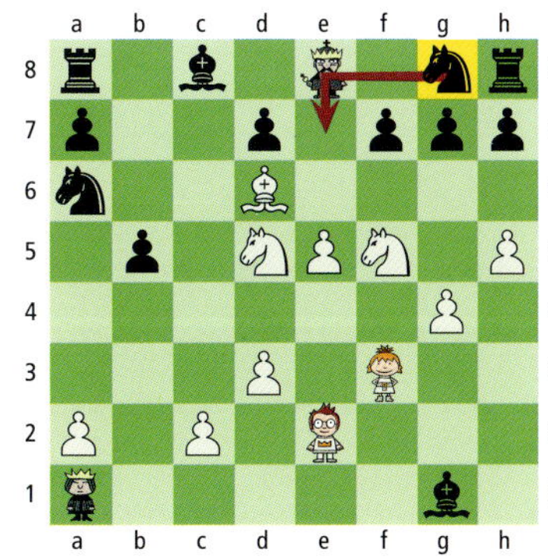

82

»Siehst du den Springer auf g8? Noch beschützt er das Feld e7, das wir gleich zum Mattsetzen von König Schwarz benötigen. Wir müssen ihn irgendwie ablenken, damit wir freie Bahn haben. Verstehst du?«

Da dämmerte es Bianca langsam. »Das ist ja wohl ein ziemlich verflixt genialer Plan«, sagte sie. »Also gut. Soll mich König Schwarz doch raus hauen. Denn wer zuletzt lacht, lacht am besten und ich lache dann einfach ganz am Schluss. Aber erst sollten wir noch unseren Springer aus dem Weg stellen, damit ich auf f6 kann.« Und das taten sie dann auch.

21. Sf5xg7+

»Schach«, sagte Fritz.

»Wie bitte?« König Schwarz schien wie aus einem schönen Traum gerissen. »Also hört mal, Kinder, so geht das aber nicht! Seht ihr denn nicht, dass ich mich konzentrieren muss, um euch fertig zu machen? Da könnt ihr mich doch nicht ins Schach stellen, ihr Rotzgören! Kein Respekt vor dem Alter!« Und er rückte einen Schritt zur Seite um weiter darüber nachzudenken, wie er Fritz den Rest geben konnte.

21. . . . . . . Ke8-d8

Doch plötzlich passierte das, was er am allerwenigsten erwartet hatte: Da zog doch die weiße Dame tatsächlich nach f6! Und bot ihm wiederum Schach.

22. Df3-f6+

Ein dämlicher Zug! Ein verheerender Zug sogar! Ein Zug, wie ihn nur Anfänger, Kinder und sonstige Vollidioten spielen würden! Dachte jedenfalls König Schwarz. Und auch das Publikum stöhnte, denn jeder sah natürlich, dass jetzt der schwarze Springer Bianca schlagen konnte.

»Es ist eine Unverschämtheit, was man sich hier bieten lassen muss!«, protestierte König Farblos. Eigentlich wollte er schon gehen, aber er kam nicht durch.

»Den Zug sollte man sie zurücknehmen lassen!«, jammerte König Bunt. »Ausnahmsweise – es sind doch noch Kinder!«

»Nichts da«, lachte König Schwarz gehässig, nahm seinen Springer und zog ihn von g8 nach f6, woraufhin Bianca winkend und Kusshändchen verteilend vom Feld ging.

22. . . . . . . Sg8xf6

»Jetzt ist eure Dame auch noch futsch!«, rief König Schwarz triumphierend. »Na, was sagt ihr nun?!«

»Was soll man da schon sagen?«, gab Fritz zurück und wandte sich den Zuschauern zu.

Plötzlich war es völlig still im Rund, denn alle wollten wissen, was ihnen Fritz mitzuteilen hatte.

»Wir sagen natürlich Danke!«, sprach er, dass es alle hören konnten. »Danke für diesen tollen Tag, der uns trotz einiger Unerfreulichkeiten viel Spaß gemacht hat. Wir sagen Danke an König Bunt und Fred Fertig, den ich leider immer noch nicht sehen kann. Ohne die beiden hätten wir das hier niemals geschafft! Danke auch an meine lieben Eltern, ohne deren Vertrauen ich nicht hier stände. Natürlich sagen wir auch Danke an unser großartiges Publikum – ihr habt uns wirklich super unterstützt, Leute. Danke, danke, danke! Und dann sagen wir noch etwas, was jetzt wohl am wichtigsten ist. Es könnte allerdings sein, dass es traurig ist für unseren Gegner König Schwarz. Aber schließlich hat er es ja selber so gewollt. Wir sagen nämlich: *schachmatt!*« Damit zog Fritz den Läufer vor nach e7 und verbeugte sich nach allen Seiten. **83**

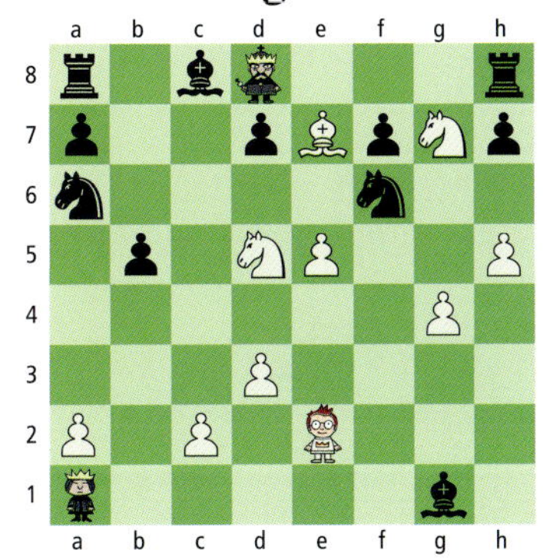

83

23. Ld6-e7++

Zu spät

Stille herrschte in der Arena. Keiner rührte sich. Keiner wagte etwas zu sagen. Und kaum einer wollte begreifen, dass das Duell jetzt zu Ende war.

Dann hörte man ein Geräusch: jemand klatschte. Ganz leise erst, doch schon gesellte sich ein zweiter dazu und irgendwer rief: »Bravo!«

Erst jetzt wurde den meisten Zuschauern klar, dass Fritz und Bianca tatsächlich gewonnen hatten. Und als dann plötzlich die Fans um König Rot mit lautem Getröte einsetzten, gab es kein Halten mehr. Ein wahrer Gewittersturm von Applaus ging über der Arena nieder. Die Leute tobten vor Begeisterung und keinen hielt es mehr auf den Sitzen.

»Ruhe!«, brüllte König Schwarz mit starrem Blick auf das Spielfeld. »Ruhe, ich muss nachdenken, wie ich diese Rotzgören schmachmatt kriege!«

Erst als Fritz ihm die Hand reichen wollte, fiel ihm auf, dass hier etwas nicht stimmen konnte. Und als dann auch noch der Herold kam, um die Figuren wieder auf ihren Ausgangsplatz zu stellen, dämmerte ihm, was hier geschehen war: Er hatte tatsächlich verloren.

»Nein!«, entfuhr es ihm. »Nein, das kann nicht sein! Nicht gegen König Weiß! Nicht gegen ein Kind! Nein! Nein!! *Nein!!!*«

Da stieß ihm die schwarze Dame ihren Ellenbogen in die Rippen und schimpfte: »Du hast es mal wieder versaubeutelt, du Null! Du Nichtsnutz! Du schwarzes Loch von einem Versagerkönig!« Dann holte sie ihren Regenschirm hervor und jagte ihn quer durch die Arena und zum Ausgang hinaus.

Der Herold aber erhob die Stimme und verkündete:

»Dreimal Hoch sei unsren Siegern
Fritz mit Bianca, Kompliment!
König Schwarz habt ihr bezwungen
Mit viel Weisheit und Talent.

König Schwarz, du hast verloren,
Und zwar doppelt, wie mich dünkt:

Gegen Kleine spielt sich's leicht, doch
Peinlich, wenn man Euch bezwingt.«

Der Erste, der zum Gratulieren kam, war König Bunt. »Unglaublich!«, sagte er. »Ich habe zwar keine Ahnung, wie ihr das hingekriegt habt, aber ich muss sagen, ihr wart fast so gut wie ich vorhin gegen diese Kanalratte. Herzlichen Glückwunsch, ihr zwei – ich bin wirklich stolz auf euch!«

»Ohne Ihre Hilfe hätten wir das niemals geschafft«, sagte Fritz dankbar.

»War mir eine Freude. Aber jetzt muss ich schnell nach Hause zum Abendessen. Bin gespannt, was meine Frau dazu sagt, wenn ich ihr erzähle, dass ich vorhin ein Blitzduell gewonnen habe. Und von eurem tollen Sieg gegen König Schwarz gerade erzähle ich ihr natürlich auch.«

Als Nächstes gratulierte König Rot. »Eigentlich hatte ich mich auf ein spannendes Endspiel gefreut«, sagte er mit einem Augenzwinkern, »aber ihr habt den Kerl tatsächlich schon im Mittelspiel mattgesetzt. Kompliment, ihr beiden, das macht euch so schnell keiner nach.«

Es folgten König Blau und König Rösselsprung mit der bunten Truppe ihrer Fans. Auch viele Hofangestellte, Bäcker und Bauern kamen um Autogramme zu erbitten und es wurde viel gelobt und auf die Schultern geklopft.

Sogar König Farblos erschien. Er machte jedoch einen eher missmutigen Eindruck, als er sagte: »Nicht schlecht für den Anfang. Ich weiß aber nicht, ob ein Remis nicht doch die bessere Lösung gewesen wäre. Und Königsgambit ist mir auch ein bisschen zu brutal, wenn ich das mal anmerken darf.«

»Für Anfänger ist Königsgambit aber 'ne feine Sache«, entgegnete jemand. »Da geht's nämlich richtig ab – zackizacki.«

»Fred!«, riefen Fritz und Bianca wie aus einem Mund. »Wo hast du bloß die ganze Zeit gesteckt?!«

»In der ersten Reihe, wo sonst?«, antwortete Fred ärgerlich. »Aber ich bin zu klein für diese dämliche Balustrade und konnte das Ganze leider nur durch einen Spalt beobachten. Ist aber egal, Leute, denn ihr habt auch ohne meine Zeichen alles goldrichtig gemacht.«

»Eigentlich haben wir *gar nichts* richtig gemacht«, wehrte Bianca ab. »Wir haben noch nicht mal einen vernünftigen Stierkopf hingekriegt.«

»Und trotzdem habt ihr da ein prima Königsgambit abgeliefert. Der Sinn eines Gambits ist nämlich, absichtlich einen Bauern zu opfern, um Zeit zu gewinnen, die man nutzen kann, um seine eigenen Figuren besser aufzustellen. Das habt ihr doch wunderbar hingekriegt: Am Ende waren alle Läufer draußen und auch die Springer waren tüchtig unterwegs. Nur die Türme sind nicht so richtig ins Spiel gekommen, aber dafür waren sie prima Köder für König Schwarz. Und dass er euch die Rochade vermasselt hat, ist ja nicht eure Schuld. Aber, wie ihr seht, hat es ihm kein Glück gebracht.«

In diesem Augenblick trat zu ihnen ein greiser König mit langem Bart und dotterfarbenem Mantel.

»König Banane!«, ging es raunend durch das Publikum.

Der alte Mann sah Fritz und Bianca wohlgefällig an und sprach: »Es ist schon lange her, dass wir solch einen Kampf in der Arena gesehen haben, meine Lieben. Wenn ich mich recht entsinne, war es König Weiß der Erste, der hier zuletzt gegen König Schwarz gewinnen konnte. Du bist nicht zufällig verwandt mit ihm?«

»Doch, bin ich«, sagte Fritz stolz, »er war mein Opa.«

»Dann habe ich hier etwas für dich«, sprach König Banane und holte einen Umschlag hervor.

»An den zukünftigen König Weiß den Dritten«, stand in großen Lettern darauf geschrieben.

»Ein Eilbote zu Pferd brachte ihn vorhin und ich habe versprochen ihn weiterzugeben. Wollen wir mal hoffen, dass es nicht die Herausforderung für das nächste Duell ist.«

»Und wenn«, sagte Fritz gelassen, öffnete den Umschlag und zog ein gefaltetes Blatt hervor.

»Mein Lieber«, stand darauf zu lesen, »wir haben soeben mit Schrecken erfahren, dass der elende König Schwarz unsere Abwesenheit schändlich genutzt hat, um dich zum Duell zu fordern. Selbstverständlich sind wir schon auf dem Rückweg. Bitte tu nichts Unüberlegtes bis wir eintreffen, meide vor allem die Arena und wasch dir vor dem Essen immer brav die Hände. Liebe Grüße, Mami und Papi.«

»Zu spät«, grinste Fritz.

»Viel zu spät«, bestätigte Bianca. »Und außerdem können wir das sowieso allein.«

Ende

Wie geht Schach? – Ein Nachwort

Wie geht Schach? Ganz einfach: Genau so wie das Königsduell, von dem hier die ganze Zeit die Rede war. Fritz' Idee, es *Schach* zu nennen und mit kleinen Figuren auf Damebrettern zu spielen, hat sich inzwischen natürlich längst durchgesetzt. Heute wird Schach von vielen Millionen Menschen auf der ganzen Welt gespielt – nicht nur von Königen. Manche spielen Schach als Hobby, andere leben regelrecht davon, indem sie von Turnier zu Turnier ziehen und um Preisgelder kämpfen.

Schachspieler, die besonders gut sind, erklärt man zum *Großmeister*, wobei man allerdings nicht wirklich groß dafür sein muss, um diese Würde zu erringen. Es gibt sogar Kinder, die es geschafft haben, wie es überhaupt ziemlich viele Kinder gibt, die außerordentlich gut Schach spielen! Die Autoren dieses Buches können ein Lied davon singen, denn sie haben selbst die eine oder andere bittere Niederlage gegen irgendwelche Schachvereins-Knirpse einstecken müssen.

Und König Schwarz sowieso.

Aber das ist ja gerade das Schöne am Schach: Jeder hat dieselbe Chance, egal ob Mama, Papa, Tante, Onkel, Enkelin, Neffe, Kusine, Freund, König oder Tortenbäcker. Denn so viel ist klar: Schach kann man lernen. Und gut für die Birne ist es allemal.

Jörg Hilbert & Björn Lengwenus

Teil 4
Dieses und jenes

Die wichtigsten Regeln …

Egal, ob man das Spiel *Königsduell* oder *Schach* nennen möchte – hier sind noch einmal die wichtigsten Regeln zusammengefasst:

1. Das Spiel

Schach wird auf einem Brett von acht mal acht Feldern gespielt. Die Spieler ziehen abwechselnd und Weiß beginnt. Ein Spiel nennt man dabei in der Regel *eine Partie.*

2. Das Ziel des Spiels

Ziel ist es, den gegnerischen König *schachmatt* zu setzen. Das bedeutet, dass der König so angegriffen wird, dass er weder wegziehen noch eine Figur dazwischen stellen oder den Angreifer schlagen kann.

3. Unentschieden oder *remis*

Eine Schachpartie kann auch *remis* ausgehen, das bedeutet unentschieden. Dieses ist der Fall, wenn …

- beide Spieler das wollen
- 50 Züge lang kein Bauer gezogen und keine Figur geschlagen wurde
- dreimal die gleiche Stellung hintereinander auf dem Brett zu sehen ist
- ein Spieler *patt* gesetzt wurde

4. Patt

Patt bedeutet, dass ein Spieler zwar nicht im Schach steht, aber keinen Zug machen kann, ohne hineinzugeraten. Ein Patt gilt als unentschieden.

5. Die Aufstellung

Jeder Spieler hat 16 Figuren: einen König, eine Dame, zwei Türme, zwei Läufer und zwei Springer, dazu 8 Bauern. Sie werden wie folgt aufgestellt:

Die weißen Steine stehen dabei stets auf den Reihen 1 und 2, die anderen auf den Reihen 7 und 8.

6. Das Schlagen

Auf jedem Feld darf immer nur eine Figur auf einmal stehen. Steht auf dem Feld eine gegnerische Figur, kann man diese ähnlich wie beim Mensch-ärgere-dich-nicht schlagen und hinausstellen.

7. Der König

Der König zieht je einen Schritt – die Richtung ist egal.

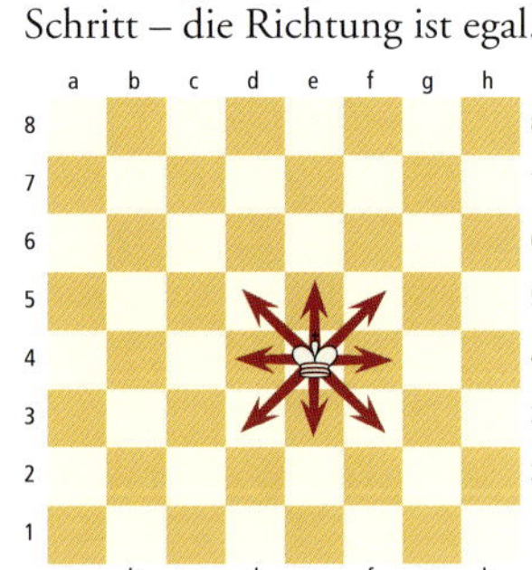

Er darf dabei allerdings niemals direkt neben seinen Königskollegen geraten, denn dort stände er ja im Schach. Ein ganz besonderer Zug des Königs ist die *Rochade* (siehe dazu auch Nummer 14).

8. Die Dame

Egal ob schräg oder gerade – die Dame darf in jede Richtung beliebig viele Felder ziehen und ist deshalb die stärkste Figur.

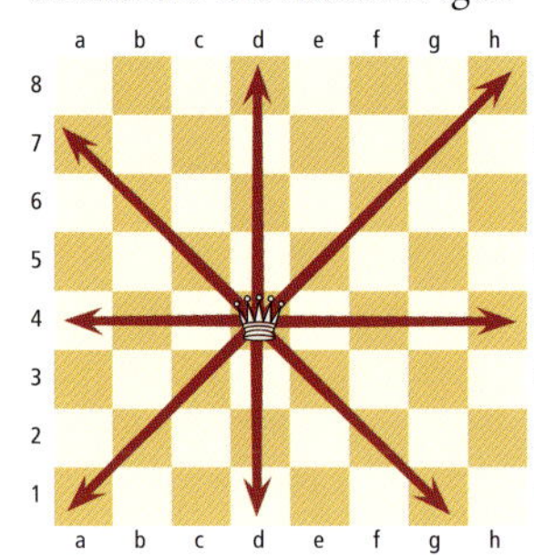

9. Der Läufer

Ähnlich wie die Dame kann der Läufer schräg in jede Richtung ziehen.

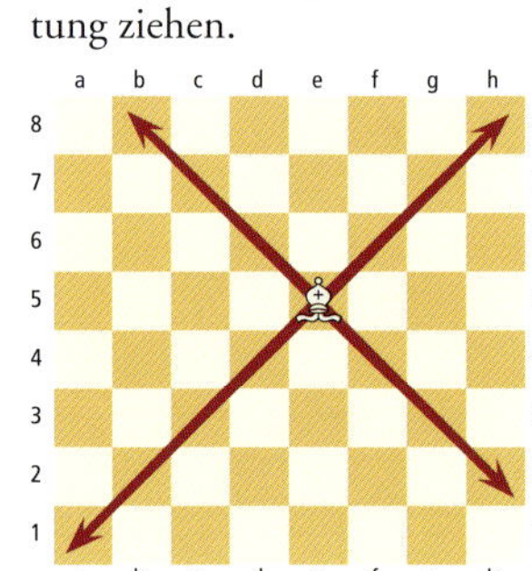

… zusammengefasst

10. Der Turm

Der Turm zieht gerade, so weit er will. Die Richtung ist dabei egal.

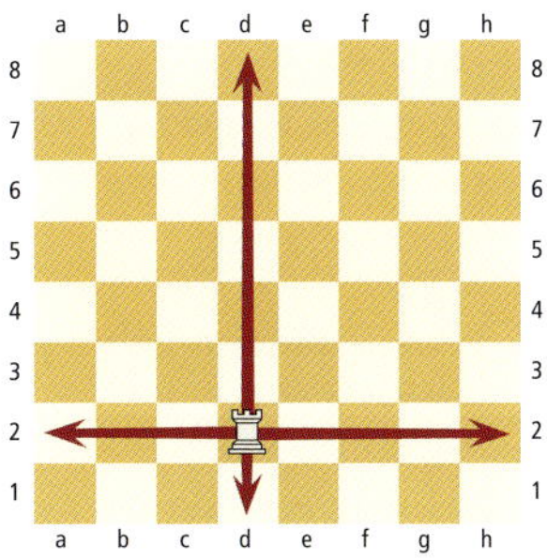

11. Der Springer

Der Springer geht zwei Felder nach vorne und ein Feld zur Seite (die Richtung ist egal). Dabei kann er andere Figuren überspringen.

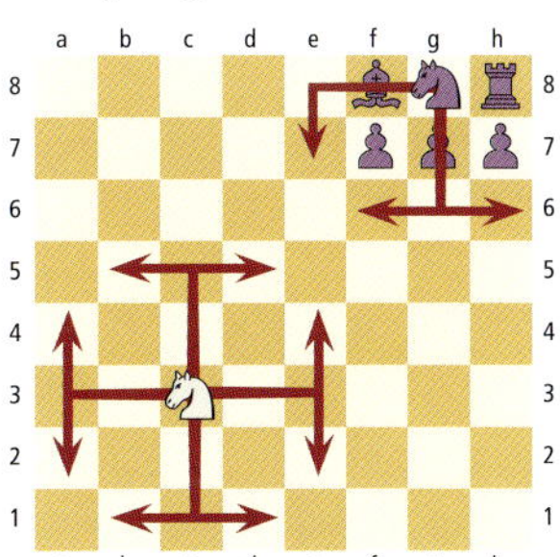

12. Der Bauer

Der Bauer zieht jeweils ein Feld vorwärts. Nur wenn er noch auf seinem Ausgangsfeld steht, darf er ausnahmsweise zwei Felder ziehen. Wenn er eine andere Figur schlägt, geht er dabei schräg nach vorne. Geradeaus schlagen oder rückwärts gehen kann der Bauer nicht.

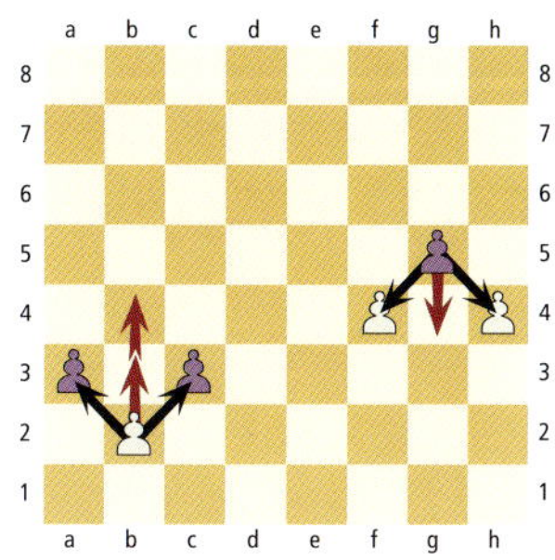

Gelangt ein Bauer auf die gegenüberliegende Brettseite, dann darf er sich in eine Dame, einen Turm, einen Läufer oder einen Springer verwandeln. Wenn eine entsprechende Figur nicht da ist, muss man es sich eben merken.

13. En passant

Wenn ein Bauer mit einem Doppelschritt neben einen gegnerischen Bauern geht, so kann der so tun, als sei der andere nur ein einziges Feld gegangen und ihn schlagen. Diesen Spezialzug nennt man *en passant*. Das ist französisch und heißt »im Vorübergehen«. Das Schlagen *en passant* geht aber nur im Anschluss. Beim nächsten Zug ist die Chance schon vertan.

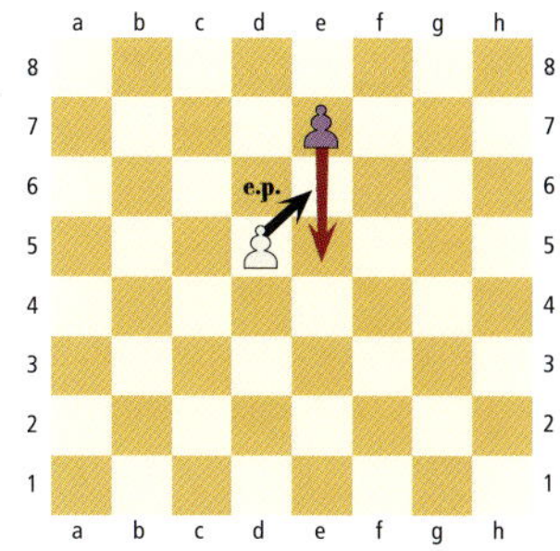

14. Die Rochade

Der König darf einmal pro Partie mit einem seiner beiden Türme eine Art Bocksprung machen, den man *Rochade* nennt.

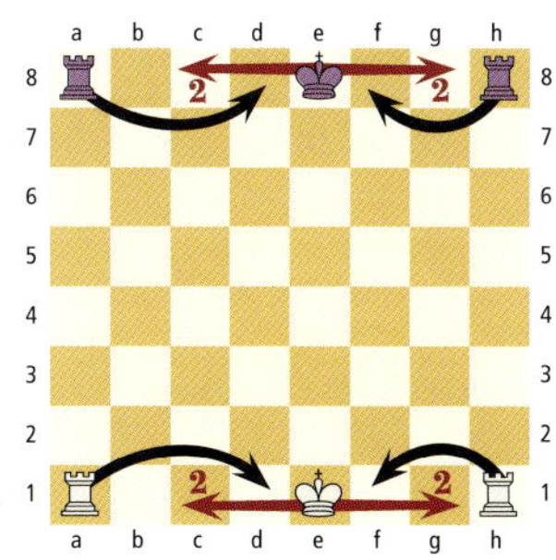

Dabei zieht der König zwei Schritte zur Seite und der Turm springt über den König auf das Nachbarfeld. Dazu müssen aber verschiedene Voraussetzungen gegeben sein:

- Zwischen König und Turm dürfen keine Figuren stehen
- Turm und König dürfen noch nicht gezogen haben
- Der König darf weder im Schach stehen, noch für die Rochade durch das Schach gehen oder im Schach stehen bleiben

15. Berührt, geführt
Berührt man eine Figur, muss man sie auch ziehen. Lässt man eine Figur auf einem Feld los, muss sie dort stehen bleiben. Das nennt sich: »Berührt, geführt.« Am besten, man macht da keine Ausnahme und vereinbart auch von vornherein, dass keine Züge zurückgenommen werden dürfen. Das erspart lästige Diskussionen und macht einfach mehr Spaß.

16. Die Fairness
Schach ist ein Sport. Man sollte immer fair spielen, den Gegner nicht ablenken und keine Hilfsmittel außer seinem eigenen Kopf gebrauchen.
Beide Spieler sollten etwa gleich lange nachdenken können. Es gibt dafür spezielle Schachuhren, bei denen man das genau einstellen kann. Übrigens schüttelt man sich vor und nach der Partie die Hände.

17. Und so weiter …
Für professionelle Turniere, Weltmeisterschaften und Schacholympiaden gibt es noch ein paar Zusatzregeln. Wer sich dafür interessiert, kann ja mal bei einem Schachverein reinschnuppern. Oder er sieht im Internet nach unter:

- **www.schachbund.de**
- **www.chessbase.de**
- **www.deutsche-schachjugend.de**

Die Schachnotation

Die so genannte *Schachnotation* ist sehr praktisch und sieht schwerer aus, als sie ist. Hier noch einmal eine Zusammenfassung der gebräuchlichsten Zeichen:

K	König
D	Dame
T	Turm
L	Läufer
S	Springer
-	Bauer
Ke3-e4	Der König zieht von e3 nach e4
Ke3**x**e4	Der König zieht von e3 nach e4 und schlägt dort eine Figur
0-0	Kurze Rochade
0-0-0	Lange Rochade
Lf1-b5**+**	Der Läufer zieht von f1 nach b5 und bietet dort Schach
h2-h4**++**	Ein Bauer zieht von h2 nach h4 und setzt den gegnerischen König matt
d4xc3**e.p.**	Ein Bauer schlägt *en passant*
e7-e8**(D)**	Ein Bauer verwandelt sich, z. B. in eine Dame
?	Dieser Zug war ziemlich *dullidulli*
!	Verflixt guter Zug
1-0	Weiß gewinnt
0-1	Schwarz gewinnt
0,5-0,5	Unentschieden

Die Kurzschreibweise
Manchmal findet man auch eine Kurzschreibweise, bei der das Ausgangsfeld einer Figur weggelassen wird.

Ta7	statt Ta1-a7
Sxf3	statt Sg1xf3
e4	statt e2-e4

Schlagen des Bauern:

exd5	statt e4xd5

Wenn nicht eindeutig ist, welche Figur gemeint ist, schreibt man Ausgangsreihe oder Ausgangslinie dazu:

Tba7	statt Tb7-a7

Der Rösselsprung

Wenn man den *Rösselsprung* beherrscht, kann man ziemlich viel Eindruck schinden. Dabei ist er gar nicht so schwierig, wie er aussieht und mit ein bisschen Übung kann man ihn prima benutzen, um sein Taschengeld mit einer Wette aufzubessern. Es geht dabei wie gesagt darum, mit dem Springer so zu ziehen, dass er jedes Feld auf dem Schachbrett genau einmal berührt. Dies geht auf verschiedene Arten, die man sich auf unterschiedliche Weise einprägen kann, zum Beispiel indem man sich einfach das spiegelbildliche Muster merkt, wie es hier abgebildet ist:

	a	b	c	d	e	f	g	h	
8	18	27	16	1	54	63	44	37	8
7	9	2	19	26	45	38	55	62	7
6	28	17	8	15	64	53	36	43	6
5	3	10	25	20	39	46	61	56	5
4	24	29	14	7	52	57	42	35	4
3	11	4	21	32	47	40	49	60	3
2	30	23	6	13	58	51	34	41	2
1	5	12	31	22	33	48	59	50	1
	a	b	c	d	e	f	g	h	

Links	Rechts
01.d8	33.e1
02.b7	34.g2
03.a5	35.h4
04.b3	36.g6
05.a1	37.h8
06.c2	38.f7
07.d4	39.e5
08.c6	40.f3
09.a7	41.h2
10.b5	42.g4
11.a3	43.h6
12.b1	44.g8
13.d2	45.e7
14.c4	46.f5
15.d6	47.e3
16.c8	48.f1
17.b6	49.g3
18.a8	50.h1
19.c7	51.f2
20.d5	52.e4
21.c3	53.f6
22.d1	54.e8
23.b2	55.g7
24.a4	56.h5
25.c5	57.f4
26.d7	58.e2
27.b8	59.g1
28.a6	60.h3
29.b4	61.g5
30.a2	62.h2
31.c1	63.f8
32.d3	64.e6

Einige Eröffnungen

Es gibt unendlich viele Eröffnungen, die selbst die Profis nicht alle kennen. Für den Anfang genügt es völlig, sich mit einer oder zweien ein bisschen näher zu beschäftigen – mit beiden Farben. Im Folgenden sind einige wichtige Eröffnungen etwas genauer beschrieben.

1. Königsgambit

1.e2-e4 e7-e5
2.f2-f4

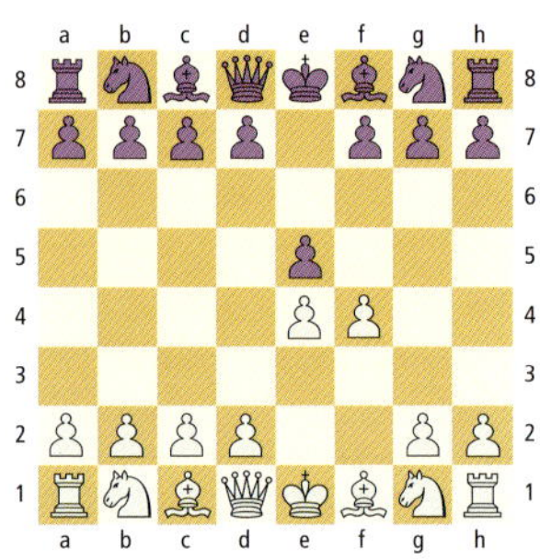

Was bedeutet »Gambit« überhaupt? Es bedeutet, dass man einen Bauern »opfert«, um dafür andere Vorteile zu erhalten, zum Beispiel einen …

- **Zeitvorteil:** Man nutzt die durch das Schlagen gewonnene Zeit, um seine eigenen Figuren besser aufstellen zu können.
- **Raumvorteil:** Durch das Schlagen des f-Bauern gewinnt man Platz, den man für die eigene Entwicklung gut brauchen kann.
- **Zentrumsvorteil:** Das Zentrum ist immer wichtig und es ist von Vorteil, wenn man dort gut steht.

Beim *Königsgambit* wird der wichtige lila Zentrumsbauer von e5 nach f4 gelockt. Lila muss nun entscheiden, ob er das Gambit »annimmt«, indem er den Bauern schlägt, oder ob er es »ablehnt«. Nimmt Lila es an und schlägt den f-Bauern, kann Weiß nun ungestört den d-Bauern auf d4 vorziehen und das wichtige Zentrum für sich erobern. Doch Vorsicht: Noch kann die lila Dame den König auf h4 in Bedrängnis bringen. Deswegen sollte man dieses Feld erst mal absichern und zwar am besten mit Sg1-f3.

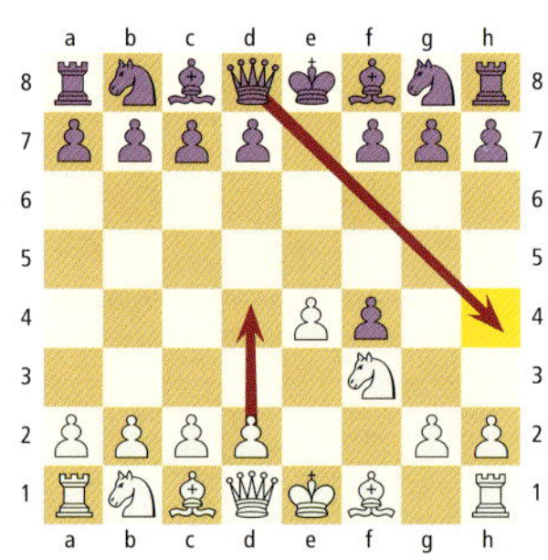

Wenn Lila jetzt seinen vereinsamten Bauern auf f4 behalten möchte, muss er seinen schönen Bauernriegel auf der rechten Seite aufmachen. Und dann ist dort später eine Rochade meistens nicht mehr sinnvoll. Das Duell von Fritz gegen König Schwarz ist übrigens ein Beispiel für ein »angenommenes Königsgambit«.
Für Schachanfänger eignet sich diese Eröffnung besonders, weil sie schnell zu einem offenen Angriffsspiel mit vielen Möglichkeiten führt.

2. Das Damengambit

1.d2-d4 d7-d5
2.c2-c4

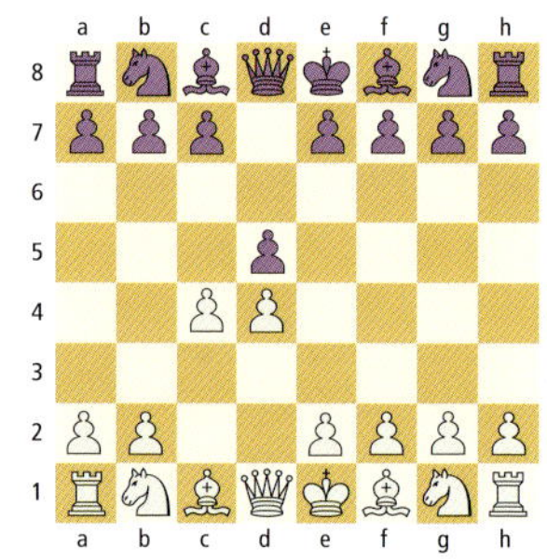

Das Damengambit sieht dem Königsgambit zwar sehr ähnlich, führt jedoch nicht zu einem schnellen Schlagabtausch, sondern eher zu einem bedachten Spiel.
Auch hier bietet der weiße Spieler einen Bauern als Opfer an. Allerdings sollte der von Lila in der Regel nicht geschlagen werden, weil das nicht viel bringt. Besser ist es für Lila hier, den Bauern auf d5 zu unterstützen, zum Beispiel mit e7-e6 oder Sg8-f6. Denn oft versucht auch Weiß den Druck auf den d5-Bauern mit Sb1-c3 weiter auszubauen.

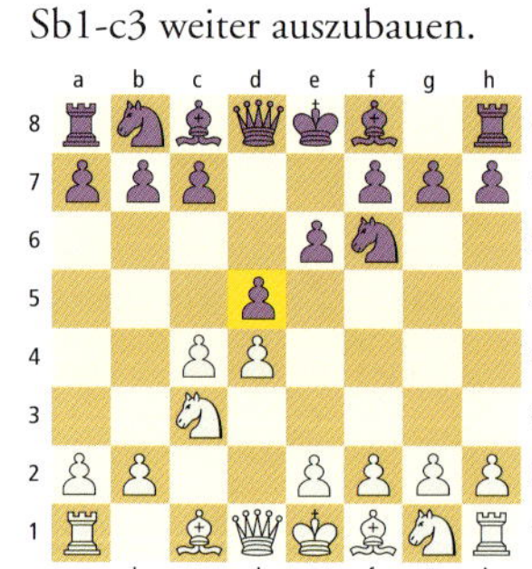

In der Regel spielen beim Damengambit beide Mannschaften eine kurze Rochade und halten sich ansonsten einigermaßen an den Stierkopf. Allerdings hat der lila Läufer auf c8 häufig Probleme, anständig ins Spiel zu kommen.

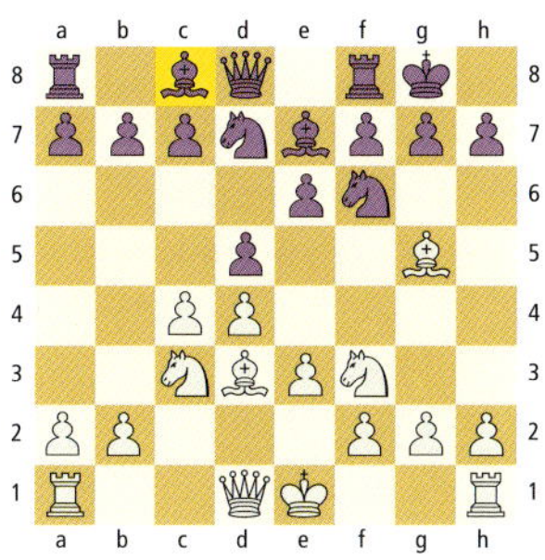

Weiß hingegen kann seinen Läufer bequem auf d3 postieren, von wo aus er vielleicht später mal einen Angriff auf den lila König hinter seinen Bauern organisieren kann.

3. Das ostfriesische Halbpatt

1.a2-a3 e7-e5
2.h2-h4

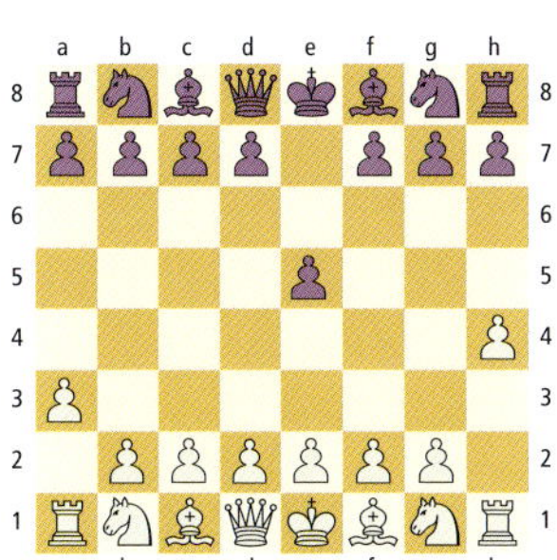

Diese Eröffnung ist vermutlich eine der dämlichsten, die Weiß spielen kann. Warum wohl?

Das kann jeder selber beantworten, der Fred Fertig gut zugehört hat. Das ostfriesische Halbpatt ist jedenfalls absolut nicht zu empfehlen.

4. Italienisch

1.e2-e4 e7-e5
2.Sg1-f3 Sb8-c6
3.Lf1-c4 Lf8-c5

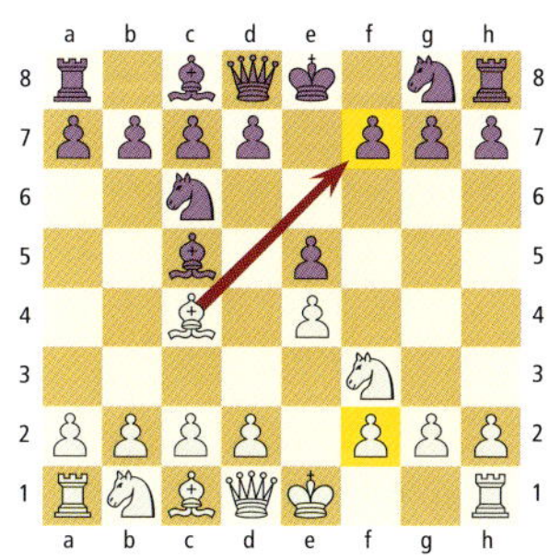

Die italienische Eröffnung wird gerne von Schachanfängern gespielt, weil hier beide Mannschaften dem Stierkopf ziemlich nahe kommen können. Charakteristisch ist der Läufer auf c4, der auf den schwächsten Bauern der lila Abwehr zielt. Der f-Bauer ist nämlich auf beiden Seiten der einzige, der nur von seinem eigenen König gedeckt wird und ist daher meistens ein Schwachpunkt in der Verteidigung.

Meistens postiert Lila seinen eigenen Läufer dann auf c5, von wo aus er ebenfalls auf den schwachen f-Bauern zielt. Die italienische Partie kann entweder ruhig oder eher angriffslustig aufgebaut werden. Der Bauernzug d2-d3 führt zur ruhigeren Variante.

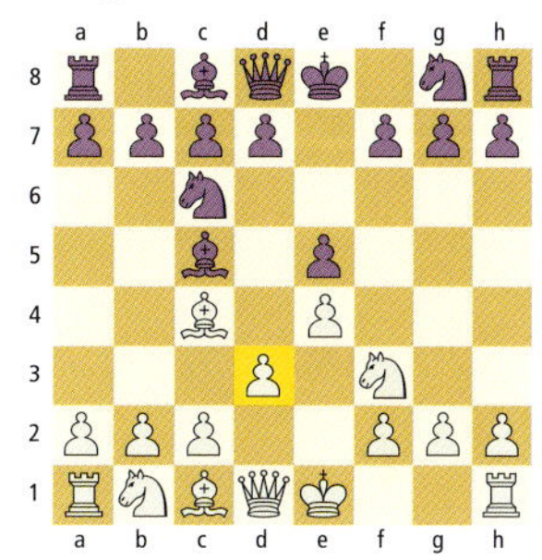

Für die angriffslustige Variante setzt man den Bauern von c2-c3. Damit bereitet man einen späteren Vorstoß ins Zentrum vor und zwar mit dem Bauernzug d2-d4.

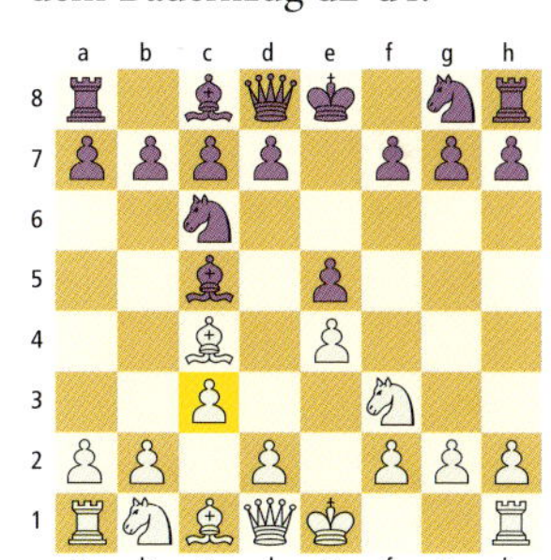

Tipp:
Auf jeden Fall sollte man bei dieser Eröffnung *sehr vorsichtig mit seiner Rochade sein,* sonst hat man schnell ein dickes Loch in der Bauernreihe vor dem König.

5. Sizilianisch

1.e2-e4 c7-c5

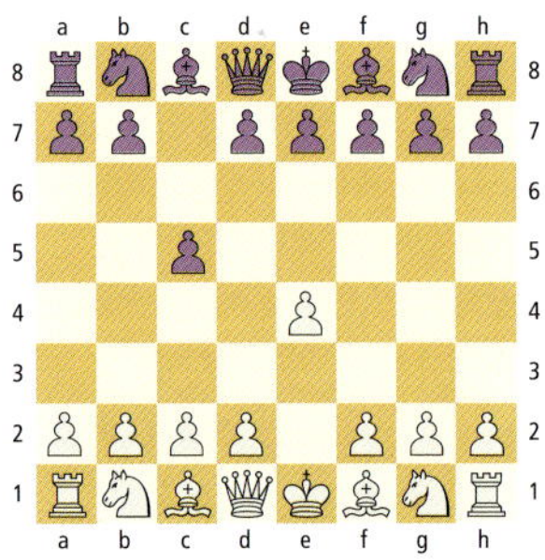

Diese Eröffnung wird gerne von den Profis gespielt. Mit 1…c7-c5 wirkt hier ein lila Bauer ins Zentrum, der sonst eher ein Nebendarsteller ist. Meistens allerdings ist sein Auftritt relativ kurz. In der Regel zieht Weiß schon jetzt nämlich Sg1-f3. Danach kann er mit dem d-Bauern auf d4 vorrücken, denn der ist ja jetzt vom Springer geschützt.

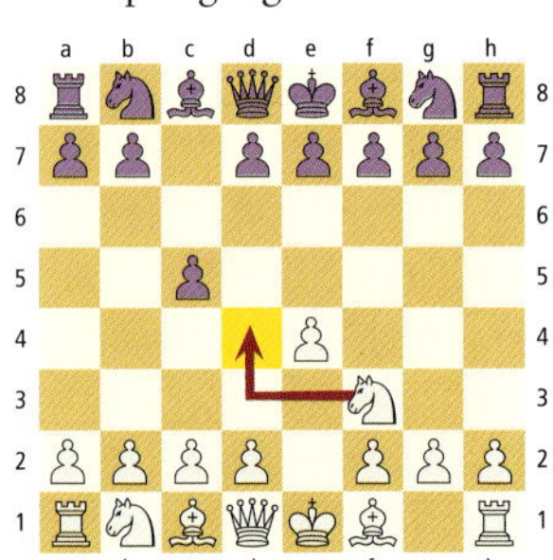

Für das, was jetzt weiter passiert, gibt es ziemlich viele Möglichkeiten, über die es ziemlich viele ziemlich dicke Bücher gibt. 2…Sb8-c6 unterstützt zum Beispiel den Druck auf das Zentrum.

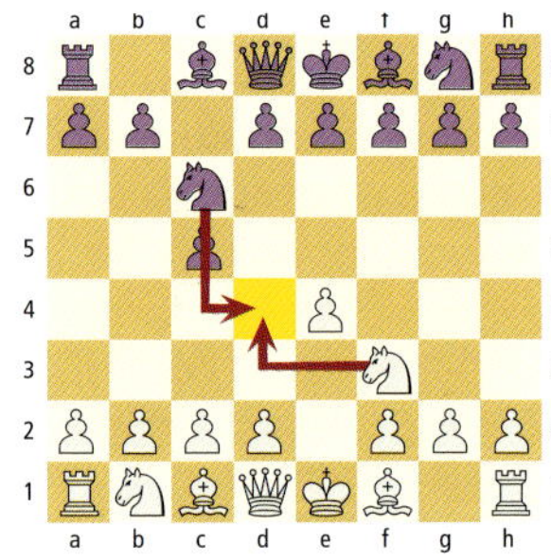

Auch 2…e7-e6, 2…d7-d6 oder 2…g7-g6 sind gern gespielte Varianten. Doch immer geht es darum, das Lila seinen *Nebendarsteller*, den c-Bauern, früher oder später gegen einen *Hauptdarsteller*, den d-Bauern, eintauscht. Weil es dabei aber viel zu beachten gibt, wird Sizilianisch von Anfängern eher selten gespielt.

6. Spanisch

1.e2-e4 e7-e5
2.Sg1-f3 Sb8-c6
3.Lf1-b5

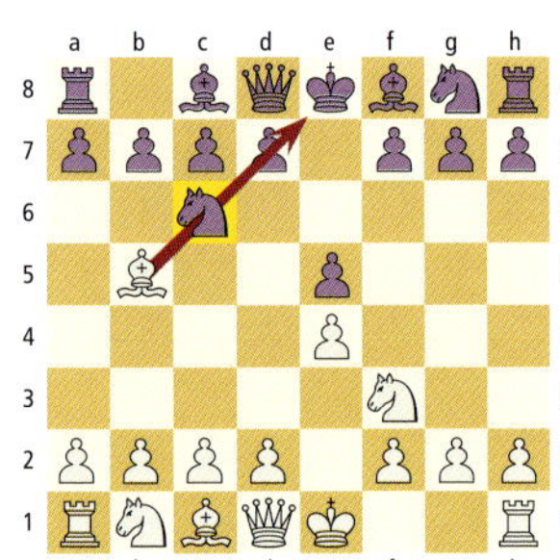

Spanisch ist eine sehr beliebte Eröffnung für Anfänger. Auf den ersten Blick ähnelt sie der italienischen Eröffnung: Die Bauern blockieren sich im Zentrum und die Springer sind frühzeitig dabei, um ordentlich im Zentrum mitzumischen. Doch während der Läufer in der italienischen Eröffnung nach c4 zieht, geht der spanische Läufer einen Schritt weiter auf b5. Dadurch bedroht er den lila Springer auf c6. Und irgendwo dahinter steht ja auch der König! Lila hat jetzt zwei Möglichkeiten. Wenn er weniger angriffslustig ist, kann Lila den Läufer auf b5 erst einmal lassen, wo er ist, um sich seiner eigenen Entwicklung zu widmen. Oder er versucht ihn anzugreifen und zu vertreiben durch: 3…a7-a6 4.Lb5-a4 und b7-b5.

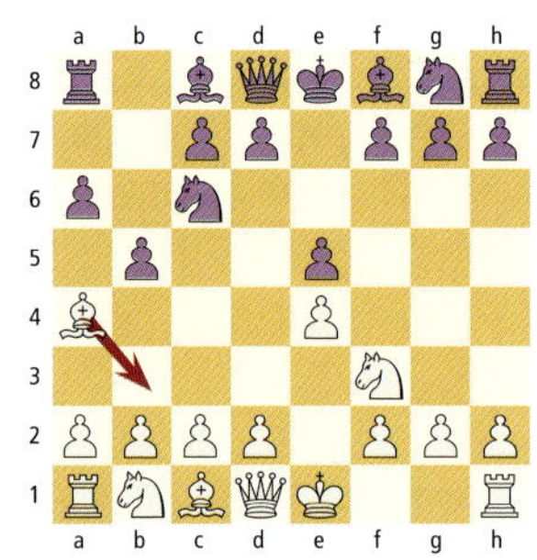

Es kann natürlich aber auch sein, dass Weiß seinen Läufer nicht zurückzieht, sondern den Springer auf c6 einfach schlägt: 3…a7-a6 4. Lb5xc6. Was dann?

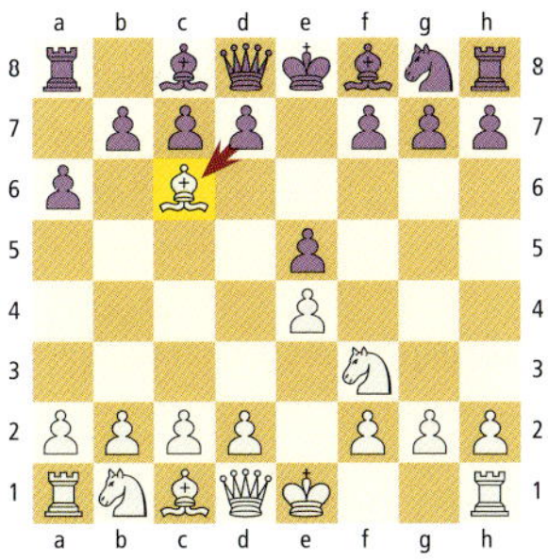

Dann sollte Lila den Läufer natürlich zurückschlagen, und zwar am besten mit dem d-Bauern. Dann hat nämlich der lila Läufer auf c8 freie Bahn. Wenn dieser nicht wäre, würde man zum Schlagen wohl eher den äußeren Bauern auf b7 nehmen. Denn wenn man die Wahl hat, sollte man eher nach innen, Richtung Zentrum, schlagen. Wie auch immer – Weiß kann jetzt schon eine wunderschöne kurze Rochade fabrizieren und dann hübsch mit d2-d4 Richtung Zentrum weiterwursteln.

7. Französisch

1.e2-e4 e7-e6
2.d2-d4 d7-d5

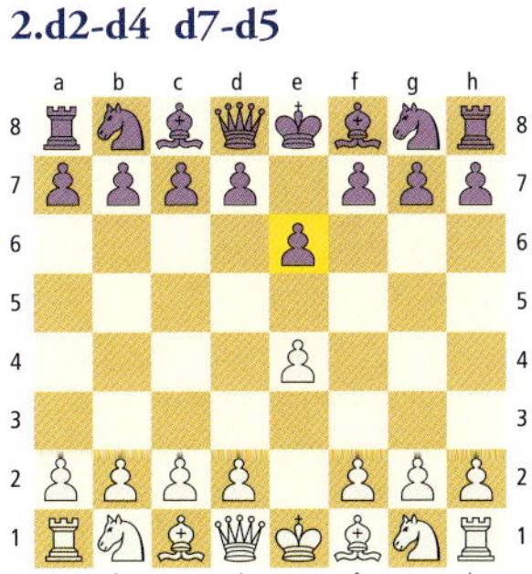

Bei der französischen Eröffnung verzichtet Lila auf den ersten Doppelschritt ins Zentrum und zieht stattdessen seinen e-Bauern nur einen einzelnen Schritt nach vorne auf e6. Dies tut er natürlich nicht ohne Grund – und er ist auch weit davon entfernt, seinem Gegner das Zentrum zu überlassen. Das zeigt sich schon beim nächsten Zug: 2.d2-d4 d7-d5.

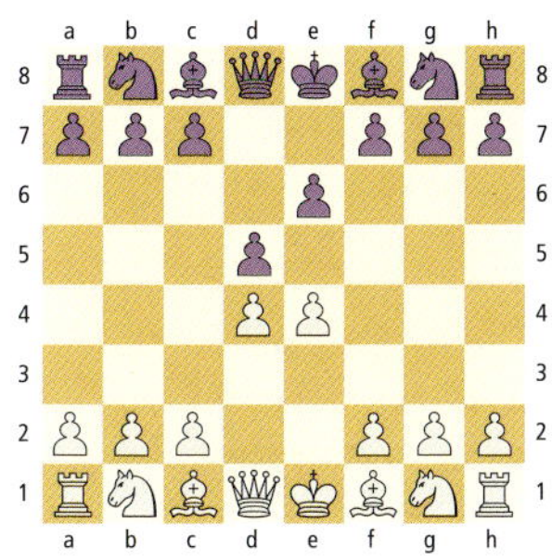

Jetzt sieht es schon ganz anders aus: Weiß und Lila kloppen sich um das Zentrum und versuchen, sich dort eine möglichst gute Ausgangsposition zu erkämpfen. Nun kann es auf verschiedene Weise weitergehen: Oft versucht Weiß mit 3.e4-e5 Platz zu gewinnen.

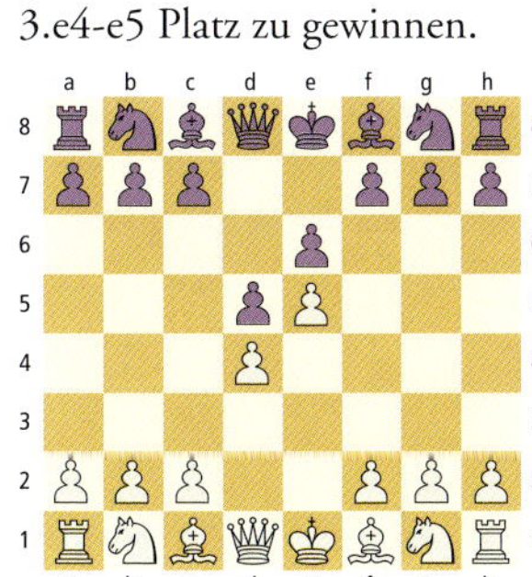

Diese ineinanderstehenden Bauern sind typisch für die französische Eröffnung. Lila versucht mit c7-c5 und später f7-f6 gegenzuhalten, um den weißen Bauernriegel zu knacken. Weiß unterstützt seine Bauern im Zentrum hingegen mit f2-f4 und c2-c3.

Tipp:
Wer dieser Stellungsart nichts abgewinnen kann, der tauscht in der Regel den Bauern auf e4 gleich zu Anfang mit dem Bauern auf d5 (3.e4xd5 e6xd5). Daraufhin kann man eine sehr offene und klare Entwicklung nach den Regeln des Stierkopfes spielen.

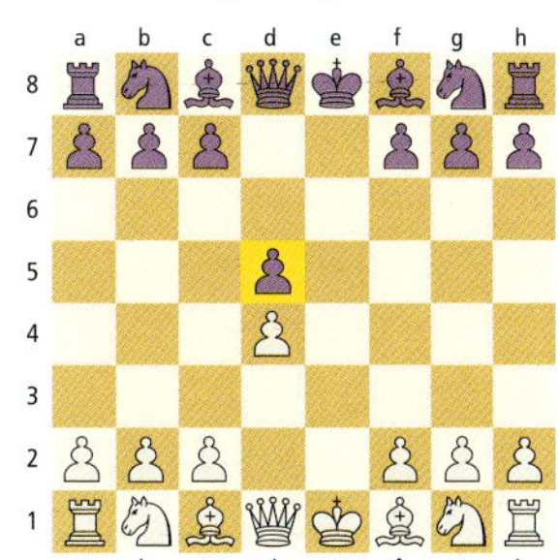

U.s.w.

Natürlich gäbe es noch viel mehr zum Thema Eröffnungen zu sagen. Aber für den Anfang sollte man es nicht übertreiben, sonst wird man noch dullidulli. Wer mehr wissen möchte, kann ja mal bei einem Schachverein nachfragen.

Berühmte Königsduelle ...

Egal, ob man es nun Schach nennt oder Königsduell – die *Übung* macht den Meister. Viel lernt man auch, wenn man den Profis über die Schulter schaut. Deshalb sind hier für alle, die sich noch weiter damit beschäftigen wollen, drei eindrucksvolle Königsduelle zum Nachspielen aufgeschrieben.

Das Duell zwischen:
– Köng Weiß I (mit Weiß)
– und König Rot (mit Lila)

Nicht immer ist man im Vorteil, wenn man mehr Figuren hat als der andere. Beim folgenden Duell zeigte Fritz' Großvater, dass es manchmal wichtiger ist, seine Figuren gut aufzustellen, als seine Zeit mit dem Schlagen von Bauern zu verplempern.
Eine ganz ähnliche Schachpartie wurde übrigens im Jahre 1963 von den Herren Bobby Fischer und Reuben Fine gespielt (allerdings gab Herr Fine dort nach dem 17. Zug auf).

1.e2-e4 e7-e5
2.Sg1-f3 Sb8-c6
3.Lf1-c4 Lf8-c5

Hier wurde die so genannte *Italienische Eröffnung* gespielt (siehe auch Seite 183). Die Läufer zeigen beide auf die schwachen Bauern f7 und f2.

4.b2-b4

Aha, ein Gambit. Der Bauer b4 wird hergegeben, um den Läufer c5 aus dem Zentrum zu locken. Gleich wird man auch sehen, warum.

4...Lc5xb4
5.c2-c3 Lb4-a5
6.d2-d4

Weiß nutzt die Abwesenheit des Läufers nämlich, um seinen d-Bauern schön ins Zentrum vorzuschicken.

6...e5xd4
7.0-0 d4xc3

Nach der kurzen Rochade greift Lila gierig zu und schlägt auch gleich den Bauern auf c3. Aber man sollte ja am Anfang eigentlich nicht so viele Bauernzüge machen. Weiß hat jetzt drei Bauern weniger (und so ein Bauer kann ja sehr wichtig sein), aber dafür haben seine Figuren hinten nun freie Bahn nach vorne.

8.Dd1-b3

Schon bedroht der weiße Läufer den stets etwas schwächelnden Bauern auf f7, von wo aus eine Gabel droht. Das kann gefährlich werden, denn hinter dem Läufer steht auch gleich die weiße Dame. Lila muss was dagegen tun um das Feld f7 besser zu beschützen.

8...Dd8-e7
9.Sb1xc3 Sg8-f6
10.Sc3-d5

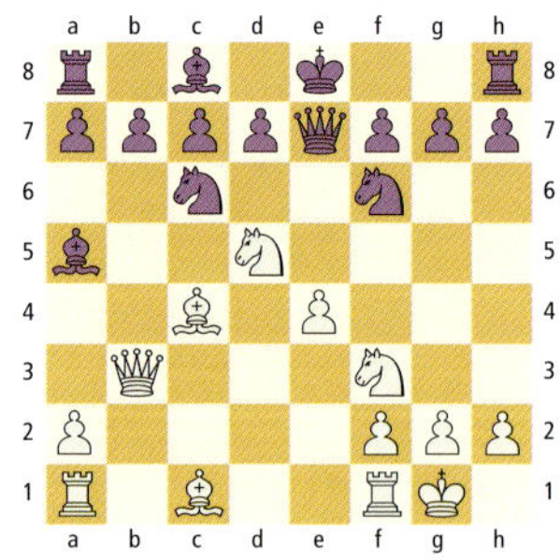

Ein schöner Vorstoß des Springers, der für Platz im Zentrum sorgt. Denn jetzt geht es erst mal zur Sache und es werden Figuren abgetauscht. »Zacki-zacki!«, würde Bianca sagen.

10...Sf6xd5
11.e4xd5 Sc6-e5
12.Sf3xe5 De7xe5

Ein Blick auf das Spielfeld verrät: Lila kämpft nur mit einem Läufer und einer Dame. Der Rest steht noch wie am Anfang hinten herum und popelt in der Nase. Weiß hat zwar zwei Bauern weniger, doch sowohl seine Läufer als auch die Türme haben viel Platz. Sogar die Rochade wurde schon gemacht.

13.Lc1-b2

Die lila Dame wird bedroht. Außerdem sind die Türme jetzt verbunden und können sich gegenseitig beschützen. Die schwarze Dame muss fliehen:

13...De5-g5
14.h2-h4

Huch, warum denn das?! Ganz einfach, damit die Dame noch weiter ins Abseits abgedrängt wird. Sozusagen in die Besenkammer. Dort in der Ecke sieht sie gefährlicher aus, als sie tatsächlich ist.

14...Dg5xh4
15.Lb2xg7

Jetzt kann nämlich der Läufer ungestört den Bauern auf g7 schlagen. Dadurch bedroht er den Turm auf h8 und macht auch eine Rochade ziemlich sinnlos. Ein Nachteil könnte

... zum Nachspielen

allerdings sein, dass Lila irgendwann mal durch dieses Loch den weißen König bedrohen könnte, der ja auch auf dieser Linie steht.
Doch Weiß scheint sich seiner Sache inzwischen schon ziemlich sicher zu sein.

15...Th8-g8

Puh, der lila Turm ist erst mal in Sicherheit. Aber jetzt wird der König persönlich bedroht.

16.Tf1-e1+ Ke8-d8

König Lila geht es nicht so gut in seiner Ecke. Eigentlich beschützt ihn dort nur noch die Dame auf h4. Also will Weiß sie dort weglocken, koste es, was es wolle – zum Beispiel die weiße Dame. Und so zettelt Weiß einen so genannten *Abtausch* an: Die Damen sollen sich gegenseitig schlagen.

17.Db3-g3

Was soll die lila Dame jetzt machen? Das Beste scheint ihr noch zu sein, das Angebot anzunehmen und die weiße Dame zu schlagen.

17...Dh4xg3

Jetzt hat Weiß keine Mühe mehr, den lila König schachmatt zu setzen:

18.Lg7-f6++

Dieser Sieg von Opa Weiß ist ein eindrucksvolles Beispiel dafür, dass es nicht nur entscheidend ist, *wie viele Figuren* man auf dem Feld hat, sondern auch, ob sie gut stehen oder schlecht. Denn was nützt einem schon das schnellste Pferd, wenn es nur im Stall steht?

Das Duell zwischen:
– König Grün (Weiß)
– König Fiesensock (Lila)

Es gibt kurze und lange Königsduelle, spannende oder langwierige, Siege, Niederlagen oder Remis. Doch einmal kämpft man *den Kampf seines Lebens.* Bei König Bunt war es der Sieg gegen Fred Fertig in der Muckibude. Für Fritz und Bianca war es das unsterbliche Duell gegen König Schwarz in der Arena. Und für König Grün war es jenes Duell, das er gegen König Fiesensock ausfocht und das seither seinen Namen trägt: Das *immergrüne* Duell. Jedenfalls sagen das die Einen. Die anderen behaupten, es war einfach nur eine Schachpartie zwischen Jean Dufresne und Adolf Anderssen aus dem Jahre 1852. Wie auch immer – auch diese Partie wird jedenfalls *die Immergrüne* genannt und ist zweifellos eine der schönsten, die jemals gespielt wurde.

1.e2-e4 e7-e5
2.Sg1-f3 Sb8-c6
3.Lf1-c4 Lf8-c5
4.b2-b4

Wer das erste Duell angesehen hat, erkennt womöglich, dass dieses hier ganz ähnlich beginnt. Die Herren spielen die so genannte *Italienische Eröffnung* (siehe auch Seite 183) und Weiß versucht mit dem Zug 4 b2-b4 den schwarzen Läufer aus dem Zentrum abzulenken (man nennt diese Variante übrigens *Evans Gambit).*

4...Lc5xb4
5.c2-c3 Lb4-a5
6.d2-d4 e5xd4
7.0-0 d4-d3

Inzwischen geht es allerdings etwas anders weiter als beim ersten Duell.

8.Dd1-b3

Dieser Zug zielt mal wieder auf den schwachen f7-Bauern. Lila muss ihn mit seiner Dame beschützen, was er auch tut:

8...Dd8-f6
9.e4-e5 Df6-g6
10.Tf1-e1

Der weiße Turm steht da jetzt nicht übel, mit schöner Aussicht auf den lila König. Überhaupt sind die weißen Figuren gut in Stellung. Lila hat allerdings zwei Bauern mehr. Mal sehen, was mehr bringt.

10...Sg8-e7
11.Lc1-a3

Die weißen Läufer und die Dame bilden jetzt eine starke Einheit. Wie ein doppelter Laserstrahl zielen sie auf die Stelle, wo König Lila eine Rochade machen könnte, sodass er sich nicht traut.
Was kann er sonst tun? Sein Läufer auf c8 ist noch zugebaut und der einstmals so vorlaute Bauer auf d3 steht ziemlich verlassen im weißen Feindesland herum. Vielleicht kann man ihn ja mal durchbringen? Aber jetzt muss unbedingt erst mal Platz geschaffen werden, auch wenn es einen Bauern kostet.

11...b7-b5
12.Db3xb5 Ta8-b8

Der lila Turm nutzt die Öffnung, um die weiße Dame zu bedrohen. Aber so richtig dramatisch ist das nicht für Weiß. Schwups, ist die Dame schon wieder weg:

13.Db5-a4 La5-b6
14.Sb1-d2 Lc8-b7

Dieser Läuferzug wird gerne gemacht, denn er ist eine feine Sache. Wenn die Springer erst mal weg sind, zeigt sich auch warum: Von b7 aus wirkt der Läufer quer über das ganze Feld bis auf den Bauern, hinter dem sich der weiße König versteckt. Das kann unter Umständen gefährlich werden, allerdings erst später.

15.Sd2-e4 Dg6-f5
16.Lc4xd3

Eine interessante Situation: Nun hat Weiß genauso viele Bauern geschlagen wie Lila, steht aber wesentlich besser da. Der Läufer auf d3 zielt auf die lila Dame. Wenn der Springer zwischen den beiden abzieht, zum Beispiel nach d6, hätte Lila ein riesiges Problem, denn d6 ist zusätzlich ein Gabel-Feld. Also sollte die lila Dame mal lieber verschwinden!

16...Df5-h5

Aufgepasst, jetzt kommt ein Zug, der es in sich hat! Und wenn ein Zug besonders gut gelungen ist, schreibt man ihn mit einem Ausrufezeichen auf. Oder sogar gleich mit zweien, wenn es ein wahrer Wahnsinnszug war:

17.Se4-f6+!!

Natürlich wären auch andere Züge denkbar gewesen, aber dieser ist einfach besonders. Der Profi erkennt sofort, dass der Springer hier eine Gabel ansetzt. Dame und König werden gleichzeitig bedroht und Lila bleibt nichts anderes, als diesen lästigen Springer zu schlagen. Aber das ist noch nicht alles, denn Weiß hat weit vorausgedacht.

17... g7xf6
18.e5xf6 Th8-g8

Der lila g-Bauer ist weg. An eine Rochade ist nicht mehr zu denken. Dafür hat der lila Turm jetzt einen Weg nach draußen mit Aussicht auf König Weiß. Und einen Springer mehr hat Lila ja auch. Mal sehen, was Weiß nun so zu bieten hat.

19.Ta1-d1!

Huch, wieso denn das? Und warum steht da ein Ausrufezeichen hinter dem Zug? Nun, wenn man sich den weiteren Verlauf ansieht, erkennt man, dass Weiß hier einen Plan verfolgt: Er hat schon so eine Vorahnung, dass da nacher auf d7 etwas Interessantes passieren könnte … Und was macht Lila? Er schlägt den Springer auf f3.

19...Dh5xf3?

Warum steht denn hinter diesem Zug ein Fragezeichen? Soll das heißen, dass dies ein fragwürdiger Zug war? Die Dame kann dort doch gar nicht geschlagen werden, weil der Bauer auf g2 durch den Turm auf g8 gefesselt ist. Ginge der Bauer weg, stände der König im Schach – und das geht nicht. Schlimmer noch: Wenn die lila Dame beim nächsten Zug ihrerseits den g2-Bauern schlüge, wäre Weiß schachmatt! Was also macht Weiß jetzt? Er macht Erstaunliches:

20.Te1xe7+!

Schach – mit Ausrufezeichen! Da muss Lila natürlich erst mal heraus. Aber beim nächsten Zug möchte er Weiß auf g2 dann schachmatt setzen.

20...Sc6xe7

Doch Weiß denkt nicht daran, sich von Lila schachmatt setzen zu lassen. Ganz im Gegenteil!

21. Da4xd7+

Schon wieder Schach – und schon wieder muss der lila König daraus verschwinden. Aber diesmal hat er was Besseres auf Lager: Er kann die weiße Dame schlagen!

22...Ke8xd7

Doch auch dies hat Weiß vorausgesehen. Die passende Antwort hat er schon längst parat:

22.Ld3-f5+ Kd7-e8

Verflixt!

23.Lf5-d7+ Ke8-f8

Mama, Hilfe!!

24.La3xe7++

Schachmatt!!!

Und obwohl er einen Turm und eine Dame weniger hat, heißt der glänzende Sieger hier König Grün mit den weißen Figuren.

Das allererste Königsduell zwischen den Königen:
- Schlabberlatz (Weiß)
- Grob-Klotzing (Lila)

Es gibt Leute, die behaupten, dieses Duell gäbe es auch als Schachpartie zwischen Carl Hamppe und Philip Meitner im Jahre 1870 – aber das ist vermutlich reine Erfindung. Als Königsduell war es das allererste, das in der Arena ausgefochten wurde. Später, mit ein bisschen mehr Erfahrung, hätten es die beiden Duellanten vielleicht ein wenig anders ausgetragen. So ging es Lila vor allem darum, König Weiß aus seiner Deckung zu locken, um ihn dort draußen matt zu setzen.

1.e2-e4 e7-e5
2.Sb1-c3 Lf8-c5
3.Sc3-a4

Nanu, was soll denn das? Wer gut aufgepasst hat, weiß, dass ein Springer am Rande ein Nachteil ist. Trotzdem macht dieser Zug hier Sinn: Der Läufer soll vertrieben werden.

3...Lc5xf2+

Hoppla, ein Opfer! Der Läufer wird dafür hergegeben, um Weiß durcheinander zu bringen, bevor der seine Figuren gut entwickeln kann.

4.Ke1xf2 Dd8-h4+

Eine ziemlich verrückte Eröffnung ist das – und so ziemlich gegen alle Regeln.

5.Kf2-e3

Hilfe! Jetzt muss der König auch noch den Bauern auf e4 verteidigen.

5...Dh4-f4+
6.Ke3-d3 d7-d5

Ein schöner Zug. Der neue Bauer hilft seinem Kollegen auf e4 beim Angriff. Außerdem wird der Weg des Läufers frei gemacht.

7.Kd3-c3

Der König macht sich mal lieber aus dem Staub.

7...Df4xe4
8.Kc3-b3 Sb8-a6

Wenn jetzt die weiße Dame nach b4 zöge, wäre Weiß schachmatt. Er kann aber was dagegen tun, nämlich …

9.a2-a3

Dieser Zug schafft auf a2 auch ein Schlupfloch für den König.

9...De4xa4+

Bums! Warum denn das? Der König kann ja jetzt die Dame schlagen. Aber so gerät er noch tiefer ins Feindesland. Ob das mal gutgeht?

10.Kb3xa4 Sa6-c5+
11.Ka4-b4 a7-a5+

Noch so ein verlockendes Angebot. Vielleicht wäre der Weg zurück besser gewesen, aber der König zieht es vor, den Springer zu schlagen:

12.Kb4xc5 Sg8-e7
13.Lf1-b5+

Schach! Aber das ändert nichts daran, dass der weiße König zu weit draußen steht.

13...Ke8-d8
14.Lb5-c6 b7-b6+

Der Bauer verzichtet darauf, den Springer auf c6 zu schlagen und zieht es vor, den König ins Schach zu stellen.

15.Kc5-b5 Se7xc6
16.Kb5xc6

He, weißer König, du kommst ja immer weiter rüber!

16...Lc8-b7+

Verrückt – Lila hat schon eine Dame und einen Springer weniger als Weiß. Und trotzdem würde er am liebsten noch seinen Läufer hergeben. Aber Weiß erkennt, dass dies eine Falle ist! Denn wenn er den Läufer auf b7 schlüge, ginge König Lila auf d7 und seine Türme könnten König Weiß in aller Ruhe fertig machen. Also geht er nach b5.

17.Kc6-b5 Lb7-a6+

Wohin soll König Weiß jetzt noch gehen? Nach a4? Da würde er schnell matt gesetzt werden, und zwar mit La6-c4 und b6-b5. Aber es gibt ja noch *remis*. Und das kann man erreichen, wenn man eine Stellung dreimal wiederholt.

18.Kb5-c6 La6-b7+
19.Kc6-b5 Lb7-a6+
20.Kb5-c6 La6-b7+
0,5-0,5 = remis

Eigentlich können beide mit dem Unentschieden sehr zufrieden sein. Weiß hatte zwar noch viel bessere Figuren als Lila, aber sie standen nutzlos hinten drin.